Albert Camus face à la violence

À l'épreuve du « siècle de la peur »

Collection « Albert Camus »
dirigée par Anne Prouteau

www.editionsbdl.com
33300 Bordeaux

ISBN : 978-2-38519-065-1

Rémi Larue

Albert Camus face à la violence

À l'épreuve du « siècle de la peur »

LE BORD DE L'EAU

À Paul, Françoise, Michel et Jacques, ainsi qu'à celles et ceux qui restent et luttent encore.

« Il semble que l'utopie n'ait plus foi dans le rayonnement, sa force irrésistible et incorruptible. Elle frappe avec le glaive. Or, aucun glaive n'est simple. Toute épée a deux tranchants ; qui blesse avec l'un se blesse à l'autre. »

Victor Hugo, *Les Misérables*

« J'ai trouvé ma voix le jour où j'ai pensé à tuer un homme
Donc j'suis bien placé pour parler de paix. J'évite de me répéter,
Alors je me tais lorsqu'il est trop tard pour bien faire
Comment apprécier la paix sans la guerre
Comme la fin et le début les deux font la paire
Je viens déclarer la paix, sans heurts
Quelques cartouches d'encre dans le chargeur.
C'est l'arme de paix. »

Oxmo Puccino, *L'Arme de Paix*

Un point de départ, un problème

À peine quelques années après la fin Seconde Guerre mondiale, le monde est en ébullition. Nous sommes au début de l'année 1948 et sur chaque continent on ressent les effets du déchaînement récent de la violence. Alors que l'empire britannique vient de consentir à l'indépendance de l'Inde, la figure quasi prophétique de la lutte indépendantiste non-violente, le Mahatma Gandhi, est assassinée par un militant hindou : un symbole du combat contre l'utilisation systématique de la violence politique est arraché à la vie. Il deviendra une sorte de martyr, dans un pays déchiré par le conflit qui oppose désormais indépendantistes musulmans et indépendantistes hindous. La libération du joug britannique acquise, même si elle se poursuit par une lutte intestine, représente un jalon important dans le mouvement de décolonisation initié à partir de 1945. Non loin de là, l'empire colonial français vacille aussi sous les premières attaques de Ho Chi Minh et de ses partisans.

Dans une dynamique conjointe à celle des différentes aspirations à l'indépendance dans les colonies, un autre affrontement prend lui aussi ses racines dans la fin de la Seconde Guerre mondiale, divisant le camp des vainqueurs. D'une part, on trouve le bloc de l'Est, rangé derrière l'U.R.S.S. communiste. D'autre part, c'est le bloc de l'Ouest représenté par les États-Unis libéraux qui lui fait face. La Tchécoslovaquie est placée sous les feux des projecteurs lorsque, sous la pression des chars soviétiques, son gouvernement bascule définitivement sous l'influence puissante du voisin communiste d'U.R.S.S. Ce « coup de Prague » résonne en Europe comme l'élément déclencheur d'un conflit qui ne deviendra jamais la Troisième Guerre mondiale envisagée et portera le nom évocateur de « guerre froide ». Bientôt suivra un deuxième événement, marquant l'amplification de ce conflit encore latent : le blocus de Berlin Ouest. Pour accentuer la pression sur le bloc de l'Ouest, Staline décide de bloquer la partie occidentale de Berlin qui est pourtant occupée par les Britanniques, les Américains et les Français. Le conflit n'est pas encore vraiment déclaré – et ne le sera finalement jamais vraiment –, mais les pressions diplomatiques sont extrêmes. Une nouvelle guerre peut se déclarer à la moindre étincelle.

Et la France n'est pas en reste. Le climat social, politique et économique est loin d'être apaisé par la sortie des années d'occupation. Les foyers de grèves se multiplient sur l'ensemble du territoire, en métropole comme en outre-mer. Les mineurs sont à la pointe d'un mouvement social dont l'ampleur va grandissant et les premiers versements du plan Marshall ne suffisent pas à étancher la soif de justice sociale d'une population largement éprouvée par la guerre. La répression sera sanglante. Le déploiement des Compagnies Républicaines de Sécurité (C.R.S.), fraîchement constituées, va faire des victimes parmi les grévistes. Révolte et répression, la spirale de la violence poursuit son mouvement destructeur à l'échelle nationale.

Intensification de la décolonisation, début de la guerre froide, mouvements sociaux en France, voilà autant d'événements qui font apparaître la charnière 1947-1948 comme un moment où le sujet de la violence s'impose dans les esprits. Le milieu intellectuel français de l'époque s'empare de ce problème. Jean-Paul Sartre écrit et monte une pièce dont le sujet principal est justement la violence révolutionnaire : *Les Mains sales.* Elle relate le parcours de Hugo, un jeune intellectuel issu de la bourgeoisie qui intègre les rangs d'un parti révolutionnaire. Tout au long de la pièce, celui-ci est en proie à de profondes réflexions sur l'usage révolutionnaire de la violence, en particulier lorsqu'il doit en user dans les rangs mêmes de son organisation. Avant lui – au milieu de 1947 – et sur un plan plus théorique, Maurice Merleau-Ponty avait livré sa réflexion sur les procès de Moscou et sur la question de la violence dite « progressive[1] » utilisée par les révolutionnaires arrivés au pouvoir. Cette forme de violence politique serait destinée, selon le philosophe, à mettre un terme à la spirale de la violence une fois la révolution accomplie et installée.

À cette époque, une autre grande figure du milieu intellectuel français s'intéresse particulièrement à la problématique de la violence. Entré dans la Résistance à la fin de l'année 1943, Albert Camus a pris le temps de peser le poids d'un tel engagement, notamment au regard du sang et des victimes qu'il allait impliquer. Les *Lettres à un ami allemand*, prenant la forme d'un manifeste venant appuyer son choix, peuvent en témoigner :

> Il nous a fallu tout ce temps pour aller voir si nous avions le droit de tuer des hommes, s'il nous était permis d'ajouter à l'atroce misère de ce monde. Et c'est ce temps perdu et retrouvé, cette défaite acceptée et surmontée, ces scrupules payés par le sang, qui nous donnent le droit, à nous Français, de penser aujourd'hui, que nous étions entrés dans cette guerre les mains pures – de la pureté des victimes et des convaincus – et que nous allons en sortir les mains pures – mais de la pureté, cette fois, d'une grande victoire remportée contre l'injustice et contre nous-mêmes[2].

1 Maurice Merleau-Ponty, *Humanisme et terreur : essai sur le problème communiste*, Paris, Gallimard, 1980, p. 83-84.

2 Extrait de la première lettre datant de la fin de l'année 1943. Albert Camus, *Œuvres complètes Tome II, 1944-1948*, Paris, Gallimard, coll. « Bibliothèque de la Pléiade », 2006, p. 11-12.

La réaction de la victime qui entre en résistance contre l'oppression de l'envahisseur, qui peut s'apparenter à un réflexe défensif, Camus a pris le temps de la questionner. Le fait de subir l'injustice et l'oppression octroie-t-il à la victime le droit de tuer, et donc d'endosser même ponctuellement, le rôle du bourreau à son tour ? L'écrivain avait besoin d'opérer un tel détour pour entamer une réflexion qui va s'inscrire dans la durée et qui s'attaque en profondeur à ce lien si complexe qui unit victime et bourreau.

Et l'on retrouvera ces deux protagonistes de l'acte violent, quelques mois après la fin officielle du conflit mondial, dans une série d'articles que Camus publie dans les colonnes du journal dont il est l'auteur le plus en vue depuis la sortie de la clandestinité : *Combat.* « Ni victimes ni bourreaux » ou huit articles qui pourraient représenter la structure d'un essai de philosophie politique à venir. Dès le premier article, « Le siècle de la peur », l'auteur explicite le fil conducteur de son raisonnement :

> Et si la peur n'est pas le climat de la juste réflexion, il leur faut donc d'abord se mettre en règle avec la peur.
>
> Pour se mettre en règle avec elle, il faut voir ce qu'elle signifie et ce qu'elle refuse. Elle signifie et elle refuse le même fait : un monde où le meurtre est légitimé et où la vie humaine est considérée comme futile. Voilà le premier problème politique d'aujourd'hui. Et avant d'en venir au reste, il faut prendre position par rapport à lui. Préalablement à toute construction, il faut aujourd'hui poser deux questions : « Oui ou non, directement ou indirectement, voulez-vous être tué ou violenté ? Oui ou non, directement ou indirectement, voulez-vous tuer ou violenter ?[1] »

1 *Ibid.*, p. 438.

Quand le meurtre devient légitime, c'est la vie humaine qui perd sa valeur sacrée et c'est un ensemble moral et politique qui s'effondre. Avant toute chose, c'est avec ce problème qu'il faut compter à l'époque, un préalable indispensable, selon Camus, pour élaborer une conduite individuelle et collective. Si pendant la Seconde Guerre mondiale, il a compris que l'on pouvait devenir un bourreau lucide de la limite qu'il franchit, après le conflit, il prend conscience que l'on peut aussi être une victime qui ne se résigne pas.

Plus tard, en 1947, alors qu'une nouvelle publication de sa série « Ni victimes ni bourreaux » dans les colonnes de *Caliban* crée la polémique, l'écrivain reproduit le mouvement du pas de côté. Répondant aux attaques d'Emmanuel d'Astier de la Vigerie[1], Camus décide de s'extraire de l'affrontement binaire entre violence et non-violence et franchit, par là, une nouvelle étape dans son raisonnement sur la question :

> Ce n'est pas me réfuter en effet que de réfuter la non-violence. Je n'ai jamais plaidé pour elle. Et c'est une attitude qu'on me prête pour la commodité d'une polémique. Je ne pense pas qu'il faille répondre aux coups par la bénédiction. Je crois que la violence est inévitable, les années d'occupation me l'ont appris. Pour tout dire, il y a eu, en ce temps-là, de terribles violences qui ne m'ont posé aucun problème. Je ne dirai donc point qu'il faut supprimer toute violence, ce qui serait souhaitable, mais utopique, en effet. Je dis seulement qu'il faut refuser toute légitimation de la violence, que cette

1 Grande figure de la Résistance, il est l'un des fondateurs du réseau Libération-Sud avec Jean Cavaillès et de son organe de presse *Libération*. À l'issue de la Seconde Guerre mondiale, il deviendra l'un des « compagnons de route » du communisme les plus en vue de l'époque, avant de se rallier au Général de Gaulle à la fin des années 1950.

> légitimation lui vienne d'une raison d'État absolue, ou d'une philosophie totalitaire. La violence est à la fois inévitable et injustifiable. Je crois qu'il faut lui garder son caractère exceptionnel et la resserrer dans les limites qu'on peut[1].

Mais comment Albert Camus, en cette période charnière que représentent les années 1947-1948 dans l'histoire du XXe siècle, en est-il arrivé à synthétiser sa réflexion sur la violence dans ces quelques lignes si ramassées et pourtant si efficaces ? Par quel chemin – fait d'obstacles, d'expériences et de rencontres – l'écrivain est-il passé pour en arriver à une telle conclusion ? Et puis, si cette synthèse tient lieu de pivot dans son processus de réflexion, qu'est-ce que de telles positions impliquent sur le terrain de la conduite individuelle et collective de l'être humain ? Comment l'artiste, au sens plein du terme[2], s'empare-t-il de cette problématique pour la mettre au centre de l'alliage solide qu'il forge entre morale et politique ? De telles questions imposent un retour méticuleux sur l'ensemble du parcours de Camus, depuis sa jeunesse algéroise dans les années 1930 à l'accident de voiture qui lui coûtera la vie le 4 janvier 1960. Aussi, au-delà du voyage temporel à travers une part essentielle du siècle dernier, il est indispensable de plonger en profondeur dans les mots mêmes de l'auteur, qu'ils prennent une forme littéraire avec le récit/roman et le théâtre ou bien une forme plus philosophique et politique grâce à l'essai et aux articles de presse.

---

1 *Ibid.*, p. 457.

2 Référence aux actes du colloque « Camus l'artiste » qui revenait sur la nécessité de l'emploi de ce terme à l'égard de Camus à la fois parce que c'est lui qui l'avait choisi en lieu et place d'intellectuel ou de philosophe par exemple et par la façon dont cela transparaît de sa pratique complète de la littérature. Sophie Bastien, Agnès Spiquel et Anne Prouteau (dir.), *Camus, l'artiste*, Rennes, Presses Univ. de Rennes, 2015.

« Inévitable ET injustifiable ». Comme souvent dans l'œuvre camusienne, tout tient dans cette conjonction de coordination qui rapproche plus qu'elle n'éloigne. Ou comment deux éléments qui peuvent paraître *a priori* opposés finissent, sous la houlette de l'artiste en réflexion et création, par s'articuler, se mettre en tension. Ici, cette tension concerne la violence, et notamment son utilisation dans la sphère politique et sociale. À travers cette approche, Camus propose une nouvelle articulation entre ce que représente la violence dans les sociétés humaines, presque sur un plan anthropologique, voire métaphysique, et le discours que déploient ceux qui utilisent cette violence pour agir dans ces sociétés.

Inévitable donc, cette violence, l'écrivain a pu l'observer comme telle tout au long d'un itinéraire jalonné par les guerres et les révolutions : Première Guerre mondiale, révolution soviétique, guerre d'Espagne, Seconde Guerre mondiale, guerre froide et enfin révoltes et guerres de décolonisation. Toutefois, une expérience le marque sans doute plus profondément que les autres, peut-être parce qu'elle intervient au moment où il se destine pleinement à l'écriture : la Seconde Guerre mondiale et l'entrée dans la Résistance qui suivra. « J'ai commencé la guerre de 1939 en pacifiste et je l'ai finie en résistant. Cette inconséquence, car c'en est une, m'a rendu plus modeste. » Alors que Camus y voit une inconséquence qu'il aborde avec modestie dans ce passage, de notre côté, nous y voyons plutôt la profondeur de son expérience de ce moment si particulier d'une vie dont l'histoire va changer le cours. C'est là que se tient – et c'est ce que nous allons tenter de démontrer – tout le nœud de la relation qu'entretient Camus avec la violence, dans cette entrée douloureuse en Résistance. Ensuite, un tel virage n'est pas sans conséquence sur la façon dont l'écrivain envisagera, plus largement, la nature humaine. Et si la violence n'était pas une composante de cette éventuelle nature, mais plutôt une dimension centrale de la condition qui est faite aux êtres humains sur terre ? Sur un plan presque métaphysique, un tel postulat implique forcément de revoir la relation dialectique qui oppose, de manière classique, victime et bourreau. Si l'auteur de *L'Homme révolté* la reprend à son compte, c'est pour la modeler à l'image de ce qu'il vient de vivre au cœur de la grande histoire et des leçons qu'il a pu en tirer. Enfin, un tel constat du caractère inévitable de la violence ne suffit pas à l'écrivain qui décide que la problématique de la violence doit durablement orienter les réflexions au sujet de la conduite individuelle et collective des sociétés humaines, à travers notamment l'alliage puissant entre morale et politique.

Mais le mouvement de pensée de Camus concernant la violence ne s'arrête pas là. Il articule à cette réflexion un travail critique concernant le discours qui peut y être conjoint, en revenant sur la question de la justification de la violence par ceux qui l'emploient :

> Je ne prêche donc ni la non-violence, j'en sais malheureusement l'impossibilité, ni, comme disent les farceurs, la sainteté : je me connais trop pour croire à la vertu toute pure. Mais dans un monde où l'on s'emploie à justifier la terreur avec des arguments opposés, je pense qu'il faut apporter une limitation à la violence, la cantonner dans certains secteurs quand elle est inévitable, amortir ses effets terrifiants en l'empêchant d'aller jusqu'au bout de sa fureur. J'ai horreur de la violence confortable. J'ai horreur de ceux dont les paroles vont plus loin que les actes. C'est en cela que je me sépare de quelques-uns de nos grands esprits, dont je m'arrêterai de mépriser les appels au meurtre quand ils tiendront eux-mêmes les fusils de l'exécution[1].

1 Albert Camus, *Œuvres complètes Tome II, 1944-1948*, *op. cit.*, p. 457-458.

En refusant que cette violence inévitable s'appuie sur un discours qui la justifierait et en ferait une nouvelle institution, Camus pense créer une nouvelle manière de limiter ses effets et ses « entraînements ». Cela tient, dans un premier temps, en un retour sur une autre dialectique classique du raisonnement moral et politique, celle de la fin et des moyens. En recourant à des illustrations historiques, proches ou lointaines de sa propre histoire, l'écrivain se réapproprie cette dialectique pour en proposer une nouvelle version. Ce combat pour une limitation de la violence, sur le plan de sa justification va s'opérer sur deux dimensions, les deux facettes d'un même élan. D'une part, il y aura bien sûr la lutte contre la raison d'État qui justifie ses agissements violents au prétexte de son monopole de la violence légitime. D'autre part se trouve l'opposition à une violence dite « progressive » aux mains de révolutionnaires désirant éradiquer toute forme de violence de la surface de notre planète. Entre ces deux grands pôles qui catalysent les réflexions et les écrits de ses contemporains, Camus ne se contente pas de compter les points : il propose sa propre voie, celle du dialogue qui laisse la place à la différence et au conflit sans les exacerber. Nous verrons, en guise de conclusion, les formes que peut prendre, concrètement, une telle conception camusienne du dialogue venant endiguer les déferlements de violence qu'il a connus jusqu'à la fin de sa vie.

Première partie

Une violence inévitable…

Chapitre I

Du pacifisme à la Résistance : une première expérience vécue de la violence

Comme pour beaucoup de ses contemporains, la Seconde Guerre mondiale représente un point d'ancrage important dans le parcours de Camus. Il en connaît les prémices en Algérie jusqu'au début des années 1940, avant d'en subir directement l'oppression en métropole alors qu'il s'y était installé pour se soigner. Cette immersion dans le contexte d'occupation a peut-être précipité le processus de réflexion qui l'a mené jusque dans les rangs de la Résistance à partir de la fin de l'année 1943. Quelques années après, Camus revient sur cette expérience si particulière alors qu'un nouveau conflit couve déjà depuis quelques années :

> Si la guerre vient, quelles que soient nos décisions, elle nous surprendra et nous trouvera désarmés, car elle aura revêtu une forme imprévisible. J'ai commencé la guerre de 1939 en pacifiste et je l'ai finie en résistant. Cette inconséquence, car c'en est une, m'a rendu plus modeste. Je sais seulement que je ne serai jamais du côté des bourreaux. Mais pour le reste, je sais seulement que tout notre effort, si épuisant soit-il, est de maintenir, à travers les hurlements et les violences, la pensée

claire, la générosité, la volonté d'être qui est notre volonté à nous tous, solitaires[1].

Voilà un extrait de la réponse que fait Camus, en 1951, aux interrogations d'un jeune journaliste de *Paris-Normandie*, Jean-Paul Déron. Pour penser la guerre qui se profile, l'écrivain recourt à son expérience de la précédente. Et pas des moindres. En quelques lignes, Camus pointe la soudaineté d'une guerre et son caractère imprévisible, malgré des signes avant-coureurs. Surtout, il établit directement le lien entre son expérience de la Seconde Guerre mondiale et son positionnement au moment de répondre à la sollicitation de Déron, en plein cœur de la guerre froide. Ce qui est d'abord présenté sur un plan factuel, le passage du pacifisme à la Résistance, Camus le juge ensuite.

En effet, à première vue, le pacifisme et la participation à une guerre, même au sein d'un mouvement de résistance, apparaissent comme deux positionnements strictement opposés. Dans ce cas, il serait alors parfaitement illogique de chercher une continuité dans l'enchaînement éventuel de ces deux engagements chez la même personne. Mais après tout est-ce vraiment aussi simple en ce qui concerne Camus ? Quel est exactement ce pacifisme auquel il fait référence et qu'il aurait défendu au moment du surgissement de la Seconde Guerre ? Et puis, quelles ont été précisément les conditions de son adhésion à la Résistance ? Il apparaît important de revenir en détail sur ces deux points pour observer en quoi, comme il le suggère implicitement dans cet extrait, son expérience de la Seconde Guerre mondiale représente un véritable point d'ancrage de ses réflexions au sujet de la violence.

---

1 Albert Camus, *Œuvres complètes Tome III, 1949-1956, op. cit.*, p. 1095.

Un pacifisme singulier

Dans un premier temps, il faut s'interroger sur ce que Camus appelle « pacifiste » et sur la façon dont il se définit à travers cette figure. En effet, son pacifisme a ceci de singulier qu'il ne consiste pas, contrairement aux pacifismes qui se sont exprimés entre les deux guerres, en un refus absolu de la guerre ni du conflit en général. Il suffit de rappeler sa volonté de s'engager dans les forces combattantes républicaines au moment de la guerre d'Espagne, puis au moment de la « drôle de guerre », son désir d'être mobilisé. À trois reprises dans son œuvre, on verra qu'il met en scène son adhésion à ce qu'on pourrait appeler un pacifisme relatif, à savoir, une fois encore, un pacifisme qui en dernier lieu n'évite plus le conflit pour consentir à un usage limité de la violence dans le cadre d'une position défensive.

En ce qui concerne les origines, ce pacifisme est avant tout une histoire d'héritage, en lien direct avec la Première Guerre mondiale. Tout commence sûrement en septembre 1914, sur les champs de bataille de la Marne. Albert Camus n'a pas encore un an que son père, Lucien, est grièvement blessé par un éclat d'obus. Celui-ci ne se relèvera pas, et le 11 octobre, il meurt des suites de ses blessures à l'hôpital de Saint-Brieuc. Nul doute que, même s'il n'a pas vécu directement cet événement et ne peut même pas en avoir de souvenir – il n'avait pas un an –, l'écrivain y attache une importance particulière ; ce premier traumatisme est loin d'être étranger à la naissance de ses premières intuitions pacifistes. Trace visible de ce souvenir, cette scène du *Premier Homme* où l'instituteur du jeune Cormery, lui-même vétéran de la Grande Guerre, lit en classe un passage du roman de Roland Dorgelès, *Les Croix de bois*[1].

1 Ce long passage de plus d'une page raconte les lectures trimestrielles que faisait l'instituteur à la classe et la réception des élèves dont certains étaient pupilles

Par l'intermédiaire de la littérature et d'un survivant, les champs de bataille affleurent à la surface de l'imagination du petit garçon où ils représentent le dernier lieu de vie d'un père qu'il n'a pas vraiment connu. Il s'agirait ici de l'une des nombreuses inspirations autobiographiques que contient le roman puisque Louis Germain, l'instituteur de Camus, avait pu lui écrire, dans une lettre d'avril 1959, qu'il avait toujours considéré son « pauvre papa » comme un « camarade »[1]. D'emblée, l'enfant qu'était Camus se retrouve placé sous la bienveillance d'un survivant de la Première Guerre mondiale qui n'hésite pas à entretenir le souvenir des horreurs de ce début de siècle sans rien en cacher aux élèves qui l'écoutent. Peut-être pourrait-on déjà observer dans de telles initiatives, une volonté de la part de l'instituteur de susciter chez son auditoire une appétence inconsciente pour la paix ?

Ce souvenir, il est entretenu plus largement par de nombreux intellectuels qui ont à cœur de parler de la guerre et de lutter pour la paix. Après l'impulsion donnée par Romain Rolland, alors que le conflit battait son plein, ce dernier devient la figure française du pacifisme pendant et après la Première Guerre mondiale – lui l'ami de Tagore, de Gandhi et le biographe de Tolstoï. Dans son sillon, toute une vague d'écrivains, pour la plupart d'anciens poilus, s'essaie au récit de ce qu'ils ont vécu dans les tranchées. L'horreur de la guerre est directement retranscrite dans des ouvrages tels que *Les Croix de bois*[2] de Roland Dorgelès déjà évoqué plus haut et

---

de la nation comme Cormery. Albert Camus, *Œuvres complètes Tome IV, 1957-1959, op. cit.*, p. 831-832.

1 C'est Olivier Todd dans sa biographie qui évoque cette lettre de Monsieur Germain à Camus, datée du 30 avril 1959. Olivier Todd, *Albert Camus : une vie*, Paris, Gallimard, 1999, p. 41.

2 Roland Dorgelès, *Les Croix de bois. Frontispice de Daragnès*, Paris, Albin Michel, 1919.

qui paraît dès 1919, ou encore *Les Poilus*[1] écrit par Joseph Delteil et publié en 1926. Décrire la violence et la guerre, c'est déjà essayer de convaincre le lecteur de la catastrophe qu'elles représentent, c'est faire acte de militantisme en faveur de la paix. Les rescapés de la Grande Guerre ont été traumatisés en profondeur par ce déferlement de violence dont ils ont été à la fois acteurs et spectateurs. Pour une grande partie d'entre eux, témoigner de ces horreurs, c'est déjà persuader qu'une nouvelle guerre ne doit jamais advenir. Sans parler des argumentaires plus politiques et économiques, que l'on retrouvait au déclenchement de la guerre de 14-18, et qui concernent par exemple la façon dont certains profitent économiquement de la situation sans risquer leur vie ou bien l'occasion que représente un tel conflit pour rebattre les cartes sur l'échiquier politique d'un pays, notamment en faisant refluer les forces révolutionnaires. Dans les années 1930, les thèmes changent et concernent plutôt la peur de l'engagement ou encore la lâcheté. En témoignent le roman de Gabriel Chevallier *La Peur*[2] de 1930, puis en 1931 *Le Grand Troupeau*[3] de Giono, ou encore le *Voyage au bout de la nuit*[4] écrit en 1932 par Louis-Ferdinand Céline. Le thème de la paix reste lui aussi largement évoqué : *Le Journal d'un homme de quarante ans*[5] de Jean Guéhenno voit le jour en 1934, *La Guerre de Troie n'aura pas lieu*[6], pièce de théâtre

---

1 Joseph Delteil, *Les Poilus : épopée (Histoire illustrée de la Grande Guerre 1914-1918)*, Paris, B. Grasset, 1926.

2 Gabriel Chevallier, *La Peur*, Montrouge, Delamain et Boutelleau, 1930.

3 Jean Giono, *Jean Giono. Le Grand Troupeau*, Mayenne; Paris, Gallimard; éditions de la « Nouvelle Revue française », 1931.

4 Louis-Ferdinand Céline, *Voyage au bout de la nuit : roman*, Paris, éditions Denoël et Steele, 1932.

5 Jean Guéhenno, *Journal d'un homme de 40 ans*, Paris, B. Grasset, 1934.

6 Jean Giraudoux, *Jean Giraudoux. La Guerre de Troie n'aura pas lieu, pièce en deux actes. [Paris, Théâtre de l'Athénée, 21 novembre 1935.]*, Montrouge (Seine),

publiée par Jean Giraudoux en 1935 ou encore *La Nausée*[1] que Sartre fait paraître en 1938. De son côté, dans cette première partie des années 1930, Camus n'évoque pas directement cet héritage dans ses écrits. Pour autant, ceci ne veut pas dire qu'il n'y soit pas déjà sensibilisé et que ce passif soit sans lien avec les différents positionnements politiques du jeune homme à cette période.

Deux éléments nous permettent d'établir une telle position sur l'adhésion de Camus à une forme de pacifisme à cette époque. En premier lieu, il y a son adhésion au Mouvement Amsterdam-Pleyel, qui précède de peu son entrée au Parti communiste. En effet, si Camus – qui n'adhère pas au marxisme – entre au Parti, c'est qu'il entend y exprimer son anticolonialisme en même temps que son antifascisme. Au sein de sa section locale, en plus d'être chargé de tisser des liens avec les milieux militants indigènes, il est aussi chargé de l'organisation des réunions pour le Mouvement Amsterdam-Pleyel ce qui représente la face visible de son engagement[2]. Aux origines de ce mouvement, on retrouve deux pacifistes français : Henri Barbusse et Romain Rolland. En mai 1932, les deux écrivains proches du communisme décident de lancer un appel en faveur d'un Congrès mondial contre la guerre. Celui-ci se tient en août de la même année à Amsterdam, il sera relayé dans sa fusion avec le Congrès Européen contre le fascisme et la guerre lors d'une réunion en juin 1933, à la salle Pleyel de Paris.

Grasset, 1935.

1 Jean-Paul Sartre, *La Nausée*, Paris, Gallimard, 1938.

2 On trouve trace de cela dans la présentation de Jacqueline Lévi-Valensi « L'entrée d'Albert Camus en politique » au colloque de Nanterre en 1985 ; Jeanyves Guérin, *Camus et la politique (actes du colloque de Nanterre, 5-7 juin 1985)*, Paris, L'Harmattan, 1986, p. 145 ; Olivier Todd, *Albert Camus : une vie*, Paris, Gallimard, 1999, p. 128 ; mais surtout c'est le fil directeur de cet ouvrage récent et très utile pour comprendre à fois le contexte et le contenu de l'engagement de Camus à cette époque ; Agnès Spiquel et Christian Phéline, *Camus, militant communiste : Alger 1935-1937*, Gallimard, 2017, 391 p.

Par la suite, avec la prise de pouvoir d'Hitler en Allemagne en 1933 et la poussée des ligues d'extrême-droite en France en 1934, le Mouvement tente de s'implanter plus en profondeur dans les milieux militants politiques et syndicaux. D'une lutte initiale pour l'installation d'une paix durable, avec deux pacifistes et vétérans de la Grande Guerre, le Mouvement glisse donc vers un combat antifasciste au milieu des années 1930. S'il refuse la logique de la guerre entre États, ce pacifisme singulier admet pour autant une lutte à l'échelle civile, en particulier contre toutes les formes d'oppression. Alors que Camus entend lutter pour la permanence de la paix en Europe et plus largement dans le monde, il ne s'abstient pas, pour autant, de soutenir les républicains espagnols qui s'opposent à un Franco soutenu par les fascismes européens. Avant même la guerre d'Espagne, ce contexte espagnol donne d'emblée à réfléchir au jeune écrivain. En effet, à la fin de l'année 1935, il participe activement à l'écriture collective d'une pièce de théâtre intitulée *Révolte dans les Asturies* qui devait être jouée l'année suivante. Il y est question d'une révolte armée de mineurs, de la façon dont ils choisissent la violence pour défendre leur cause et de la manière dont ils sont massacrés par l'armée chargée par l'État de faire revenir l'ordre. La question de la violence y était déjà omniprésente, traitée dans toute sa complexité pour un camp comme pour l'autre. Avec la guerre d'Espagne, il semble que le sujet revient sous des termes proches mais avec une échelle qui dépasse largement celle des Asturies pour s'étendre à l'ensemble du pays. Là encore, Camus prend parti pour les républicains qui s'arment pour faire face aux troupes franquistes. Dans ce cadre révolté et défensif, face à la menace autoritaire voire fasciste, le pacifisme camusien admet l'utilisation de la violence tout en continuant de questionner cet usage. Plus loin, nous aurons l'occasion d'approfondir la façon dont Camus affine son approche de la violence au regard de son expérience, en particulier celle de la Seconde Guerre mondiale qui ne tardera pas à venir ébranler ses convictions pacifistes.

Le deuxième élément qui illustre l'adhésion de Camus à un certain pacifisme, s'observe dans ses articles d'*Alger républicain*, journal dirigé par Pascal Pia et dont Camus intègre la rédaction en 1938, et du *Soir républicain*, cette feuille qui prendra le relais du précédent, en septembre 1939, après qu'une nouvelle guerre fut déclarée entre la France et l'Allemagne et leurs alliés communs. Déjà en avril et mai 1939, dans deux articles publiés dans *Alger républicain*[1], il expose les positions d'un professeur à la faculté de droit d'Alger, Robert-Edouard Charlier[2]. « Beaucoup d'entre nous répugnent également à la guerre et à la servitude. M. Charlier réfuta, à cet égard, la théorie de la non-violence. Il est d'avis qu'il faut s'opposer par la force à l'agression et à l'injustice. Mais du moins, il faut circonscrire l'emploi de cette force. Car elle est un moyen et non une fin. Elle doit mettre un terme à la guerre et non la prolonger. Et dans le temps où la résistance à l'agression s'accroît, elle doit s'accompagner, chaque jour et à chaque heure, d'une proposition de paix[3]. » D'emblée, Camus laisse à penser qu'il reprend à son compte l'affirmation du professeur de droit, qu'il adhère à une forme de pacifisme qui n'est pas absolue, c'est-à-dire une forme qui se laisse la possibilité d'employer la force mais dans un cadre bien précis et en connaissance de cause. Ce pacifisme, s'il est évidemment construit sur un dégoût profond de la guerre, n'entend pas laisser la voie libre à la montée des fascismes européens. Avec la déclaration de la

1 Albert Camus, *Œuvres complètes Tome I, 1931-1944*, Paris, Gallimard, coll. « Bibliothèque de la Pléiade », 2006, p. 640 et 651.

2 On pourra se référer à l'entrée qui le concerne dans le *Dictionnaire Albert Camus* pour plus de détails sur son parcours et les idées qu'il n'a eu de cesse de défendre. Une fois de plus, elle est à mettre au crédit de Philippe Vanney. Jeanyves Guérin, *Dictionnaire Albert Camus*, Paris, R. Laffont, 2010, p. 132.

3 Albert Camus, *Œuvres complètes Tome I, 1931-1944*, *op. cit.*, p. 640-641.

guerre en 1939, il a une nouvelle occasion d'affirmer plus fort encore cette position.

« La guerre », voilà comment s'intitule l'un des premiers articles publiés et daté du 17 septembre. L'auteur rapproche ceux qui vivent le déclenchement de ce nouveau conflit mondial avec les « hommes de 1914[1] ». Difficile de ne pas y voir un écho à ce qui a été dit plus haut au sujet de l'héritage, même indirect, de la Première Guerre mondiale. À la toute fin du mois d'octobre, le journal inaugure une nouvelle rubrique inédite présentée comme un « journal dans un journal[2] ». Avec ces « Éclairages de guerre », la rédaction du *Soir républicain* tente de prendre du recul par rapport à une actualité basée sur des informations dont les sources sont de plus en plus difficiles à authentifier en raison des propagandes en marche et d'une censure toujours plus stricte. « Études historiques, publication de textes, documents, prises de position, revues de presse, toutes les formes de la pensée libre et non asservies s'y succéderont. » Le sommaire est clair et en dit long sur les intentions des rédacteurs du journal algérois : opérer un pas de côté quant à l'urgence de l'actualité et s'orienter vers la profondeur d'une analyse critique afin d'éclairer d'une nouvelle lumière l'obscur conflit qui s'avance et grandit chaque jour. Dans le même élan, le 10 novembre 1939, le journal inaugure une nouvelle manchette en première page, « Quotidien d'information et de critique au service de la vraie paix ». Elle sera censurée dès le 18 novembre et Camus décide, en toute ironie, de souligner le fait en indiquant que six mots ont été censurés. De cette manière, il met en lumière toute l'importance que ces mots pourraient prendre[3]. Cette censure dont le journal est victime deviendra l'une des raisons

1 *Ibid.*, p. 715.

2 *Ibid.*, p. 717.

3 Albert Camus, *Fragments d'un combat*, Paris, France, Gallimard, coll. « Cahiers Albert Camus », 1978, p. 37.

de sa faillite au début de l'année 1940, au même rang que la pénurie que connaît le pays en guerre[1]. Au cœur de cette rubrique « Éclairages de guerre », prend forme une articulation entre défense d'une « vraie paix » encore possible et attaque intransigeante des idéologies fascistes d'Europe. À un article « Oui ! Oui ! Manifeste du conformisme intégral[2] », qui pointe ironiquement les responsabilités des élites politiques et économiques européennes dans le déclenchement de la guerre, succède par exemple la publication d'extraits d'une étude de René Capitant intitulée « L'idéologie nationale-socialiste » et initialement parue en octobre 1935 dans *L'Année politique française et étrangère*. Le professeur de droit public à Strasbourg, puis à Paris, revient sur les fondements de ce régime par une analyse point par point de la doctrine nazie. Par une telle démarche, la rédaction du journal affirme sa préférence pour un examen critique fondé et argumenté, plutôt que pour des objections faciles et bellicistes qui sont courantes dans les autres quotidiens de l'époque – en Algérie comme en métropole.

Entre volonté de maintenir toutes les chances d'un retour de la paix et lutte acharnée contre les idéologies de la servitude représentées par le nazisme en Allemagne, le fascisme en Italie et le franquisme en Espagne, le pacifisme de Camus ne choisit pas. En effet, au temps du *Soir républicain*, le jeune écrivain campe sur des positions similaires à celles avancées par Chartier quelques mois auparavant : leur pacifisme n'exclut pas un usage modéré et lucide de la force afin de lutter contre les forces oppressives. De là à admettre que l'on pouvait déjà

1 Jacqueline Lévi-Valensi et André Abbou reviennent en détail dans le *Cahier Albert Camus n° 3* sur la transition d'*Alger républicain* au *Soir républicain*, puis sur la disparition du journal qui aurait des causes diverses entre la pénurie de papier, les assauts de la censure et le refus des administrateurs de soutenir Pia et Camus dans leur « affirmation de principes anarchistes ». Albert Camus, *Fragments d'un combat*, *op. cit.*

2 Albert Camus, *Œuvres complètes Tome I, 1931-1944*, *op. cit.*, p. 718.

trouver, dans ce pacifisme singulier, les germes d'un futur engagement en faveur de la Résistance, il n'y a qu'un pas.

Le temps du « détour » : de la « résistance morale[1] » à l'adhésion à « Combat »

Avec la fin de l'aventure du *Soir républicain*, Camus se retrouve sans emploi à Alger ; pire, les positions pacifistes qu'il a défendues avec ses camarades dans le journal l'empêchent de trouver une nouvelle situation dans le journalisme. Après qu'il a donné des cours particuliers de philosophie à Oran, où il a rejoint sa fiancée Francine dans sa famille, c'est son ami Pascal Pia qui le recommande pour un poste de secrétaire de rédaction à *Paris-Soir* ; premier départ pour la métropole donc, en 1940. Mais très vite, l'avancée des troupes allemandes oblige la rédaction du journal à se replier de Paris à Clermont-Ferrand, puis à Bordeaux, de nouveau à Clermont-Ferrand et enfin à Lyon, où Francine le rejoint et où ils se marient à la fin de l'année 1940. Une fois de plus, ce sont les conditions économiques qui vont contraindre les projets de Camus : il est licencié de la rédaction de *Paris-Soir* que les difficultés financières obligent à effectuer une compression de personnel. Retour à Oran pour les deux époux Camus. Si Francine y occupe un poste d'institutrice suppléante, Albert reste quant à lui,

1 Roger Quilliot emploie ces mots dans sa notice aux *Lettres à un ami allemand*, mais la « résistance morale » concerne bien les articles de 1941 dont il sera question plus bas. Albert Camus, *Essais*, Paris, Gallimard, coll. « Bibliothèque de la Pléiade », 1965, p. 1456-1457 ; Philippe Vanney les reprend, quant à lui, à propos de l'article de Camus « Comme un feu d'étoupes » dont il fait la notice dans la nouvelle édition des *Œuvres complètes* à la Pléiade ; Albert Camus, *Œuvres complètes Tome IV, 1957-1959*, Paris, Gallimard, coll. « Bibliothèque de la Pléiade », 2008, p. 1571.

partagé entre son travail de création littéraire et quelques cours donnés aux enfants juifs qui subissent les premiers effets de la politique de Vichy et qui se voient refuser l'entrée des écoles. *L'Étranger* est à peine achevé que l'écrivain pense déjà à ce qui va suivre, *Le Malentendu* qui se nomme encore *Budejovice,* et même *La Peste*. Ces différents rebondissements dans sa vie professionnelle et sentimentale ne lui ont pas permis la stabilité recherchée, sans pour autant l'empêcher d'écrire. Mais d'agir en résistant, peut-être ?

À cette époque, on peut dire que Camus se limite à une « résistance morale », c'est-à-dire une adhésion encore théorique à la nécessité de résister à l'envahisseur nazi, sans que celle-ci se traduise sur le terrain par des actes ou par l'adhésion franche à une organisation de combat, quels que soient le rôle ou la fonction remplis. Plusieurs éléments permettent d'avancer cela. Lorsqu'il travaillait à *Paris-Soir*, Camus a été en contact avec un certain nombre de personnages intéressants. L'un d'entre eux retient notre attention sans que l'on puisse déterminer avec précision l'influence qu'il a eue sur les réflexions et les engagements de l'écrivain. Il s'agit d'Anna Estorges, alias Rirette Maîtrejean. Figure de l'anarchisme de l'époque, elle a côtoyé quelques grands noms de ce courant de pensée dans les années 1910-1920, notamment Victor Serge dont elle était la compagne, ou encore la bande à Bonnot dont elle s'est rapidement éloignée. Durant la période qui nous intéresse, elle faisait partie de l'équipe de rédaction dont Camus était lui aussi membre en 1940. Tous les deux auraient même fait la route ensemble lorsque la rédaction du journal a été obligée de déménager pour fuir l'avancée allemande. Il est probable que, dans le temps que Camus a passé au contact de Rirette Maîtrejean, ils aient échangé sur l'anarchisme et sur une possible résistance au joug nazi qui s'imposait à l'Europe ; sorte de préalable à l'adhésion active à la Résistance en tant qu'organisation de combat. Quelques semaines plus tard, à son retour à Oran dans sa belle-famille, l'idée d'organisation de combat se dessine un peu plus sérieusement pour Camus : un projet d'un réseau de résistance pensé avec l'un de ses amis Pierre Galindo, ancien sous-lieutenant de la Légion Étrangère, qui dit se tenir prêt avec quelques camarades en cas d'insurrection[1].

S'il est difficile, sans témoignage plus détaillé, de donner de la consistance à ces rencontres et projets entre amis, les textes, eux, sont bien là. Deux articles permettent d'étayer l'hypothèse d'une « résistance morale » de Camus comme fondation d'un engagement ultérieur dans les rangs de la Résistance; ils sont publiés en 1941 dans le supplément littéraire du journal *La Tunisie française*. Le premier, « Pour préparer le fruit… », publié le 24 janvier débute sur une citation de Napoléon Bonaparte concernant la victoire éternelle de l'esprit sur le sabre. Camus commence par souligner que ce n'est plus vraiment le cas à l'époque du tank. L'esprit a bien du mal, selon lui, à reprendre le dessus sur la puissance conquérante décuplée par le progrès technique. Pour autant, l'auteur n'abdique pas et refuse de se laisser aller au désespoir : il encourage chacun à travailler pour l'esprit, dans la plus grande clairvoyance. En cela, il commence à esquisser une ligne morale qui devra faire face à la fois à la volonté de conquête des envahisseurs et au désespoir de ceux qui préfèrent collaborer plutôt que de résister. Le second article, « Comme un feu d'étoupes », est publié le 25 mai de la même année. Ici, le point de départ de l'article est une anecdote historique au sujet de l'élection d'Alexandre Borgia à la fonction de pape : à cette occasion, on avait allumé un feu d'étoupes devant le nouvel élu pour lui signifier que la gloire était comme ce feu : éphémère. Appelant à en finir avec l'espoir béat, l'écrivain demande au lecteur de s'inscrire pleinement dans ce symbole de la fugacité de la gloire et du pouvoir

1 Camus aurait affirmé cela à son ami Louis Bénisti. Olivier Todd, *Albert Camus, op. cit.*, p. 364.

pour ne pas désespérer face à une débâcle qui n'est pas éternelle et qui peut, à tout moment, être retournée par la puissance d'une volonté combative. On pourrait, toutefois, lire aussi un envers à cet appel qui mettrait en garde, déjà à ce stade, face à un espoir absolu dont on penserait qu'il permet de sortir totalement du malheur et des difficultés. Le réinvestissement de l'esprit ne peut se faire sans une dimension critique. Il est indispensable de garder en tête que sa propre victoire – si elle survient – n'est pas, elle non plus, éternelle.

Mais alors pourquoi parler simplement de « résistance morale » à ce stade? selon nous, pendant cette période qui court de la fin de ses fonctions au *Soir républicain* jusqu'à son installation assez durable en métropole, Camus réfléchit à une façon de placer la résistance de l'esprit comme principe fondamental de sa conduite; mais, pour différentes raisons, il lui est impossible de mettre directement en pratique ce principe. Cela s'illustre grâce aux deux textes précédents par exemple qui, s'ils expriment la volonté de placer la résistance au cœur de la réflexion et même de la vie de l'auteur et aussi des lecteurs, n'évoquent pas encore de pistes concrètes pour une mise en place de cette résistance. Diminuée par la tuberculose et soumise à la variabilité de ses crises, la santé de Camus est un élément à prendre en considération, qui s'ajoute à l'instabilité de sa condition professionnelle, lorsqu'on s'intéresse à ce moment de réflexion avant l'engagement actif dans les rangs de la Résistance. Pourtant, c'est en raison de cette santé fragile que la situation de Camus va évoluer à partir de 1942. En effet, il se voit conseiller par un médecin un nouveau séjour en métropole afin d'endiguer une rechute de sa tuberculose. En conséquence, il prend la route avec son épouse Francine vers un petit village du Vivarais, dans la région de Saint-Étienne, le Panelier qui est situé à quelques kilomètres du Chambon-sur-Lignon. Au milieu de cet écrin de verdure, le couple trouve refuge dans la pension de la famille Œttly dont l'un des membres, Paul, est un ami de l'écrivain. En octobre, son épouse retourne à Oran afin de reprendre les cours qu'elle dispense mais l'invasion de la zone libre par l'armée d'occupation allemande, en novembre, empêche Camus de la rejoindre. Commence alors une longue période de séparation, marquée par l'ennui mais aussi le travail de création : réécriture de *Caligula*, lectures diverses, naissance d'une nouvelle pièce qui deviendra *Le Malentendu* et apparition des premiers éléments de *La Peste*. Cette période est surtout marquée par différentes rencontres qui vont avoir une importance capitale dans le passage de la « résistance morale » à la « résistance active ». D'abord, l'écrivain retrouve Pascal Pia, son compagnon de la première heure journalistique, qui est désormais pleinement investi dans les réseaux de la Résistance lyonnaise. Inutile de préciser que les deux hommes ont dû beaucoup échanger sur la question à cette époque. Ensuite, Camus se lie d'amitié avec un poète installé à Saint-Étienne qui lui aussi tient un rôle important dans les réseaux de Résistance de la région : René Leynaud. Cette amitié profonde prendra une nouvelle forme au moment de l'exécution du poète en 1944 et quelque temps plus tard, l'écrivain lui rendra un hommage vibrant[1]. Enfin, on pourrait citer aussi le début de son amitié avec le père Bruckberger, déjà investi dans la Résistance du côté de Nice, arrêté par la Gestapo et en fuite dans le Vivarais. Celui-ci deviendra, ensuite, aumônier général des Forces françaises de l'intérieur. Impossible d'être exhaustif sur les diverses et nombreuses rencontres de Camus en lien avec la Résistance à cette époque, il suffit de se tourner vers les deux grandes biographies de l'écrivain pour en trouver

1 Il écrira une « Introduction aux *Poésies posthumes* de René Leynaud » en 1947, dans laquelle il reviendra sur ce lien profond qui le reliait au poète. Albert Camus, *Œuvres complètes Tome II, 1944-1948*, Paris, Gallimard, coll. « Bibliothèque de la Pléiade », 2006, p. 704.

le détail[1]. Ce qu'il faut retenir avant tout, c'est le fait que cette deuxième période, qui correspond au moment où il est installé au Panelier, où il multiplie les rencontres et les contacts avec des membres de la Résistance, entre la fin de l'année 1942 et la fin de l'année 1943, représente une réelle charnière dans ce que Camus appelle l'« inconséquence » de son passage du pacifisme à la Résistance.

Au fil des discussions, l'écrivain semble prendre la mesure de ce que pourrait être son rôle au sein de réseaux déjà organisés. Une résistance de l'esprit est possible au-delà de la simple déclaration de principes, elle doit nécessairement s'articuler avec des formes de résistance employant la violence, comme nous le verrons plus loin. Au regard de l'itinéraire que nous venons de retracer, ce qui apparaissait comme une « inconséquence » en surface prend plutôt la forme d'une évolution logique. En effet, le pacifisme défendu dans les colonnes du *Soir républicain* n'étant pas d'une nature absolue, il n'empêchait pas le recours à la force en réponse à une agression. Il n'y aurait donc pas de réelle contradiction entre ce combat pour la « vraie paix » et la progression de l'idée de résistance dans l'esprit de Camus. Face à une forme de violence en particulier, la guerre, l'approche morale commence à s'imposer à lui.

Cette approche morale va s'affiner encore avec l'écriture d'un ensemble de textes qui représentent un véritable point d'ancrage dans la pensée de Camus au sujet de la violence. Il s'agit des *Lettres à un ami allemand*, recueil de quatre lettres adressées à un destinataire fictif, publiées au fil de leur écriture

---

1 Dans la biographie de Lottman, deux chapitres reviennent en détail sur cette période, il s'agit de « Qui est cet étranger ?... » et « Paris occupé ». Herbert Lottman, *Albert Camus*, Paris, Éditions du Seuil, 1985, p. 441-484; quant à celle d'Olivier Todd, cela concerne aussi deux chapitres : « Le parti pris des hommes » et « Rutabagas et résistances ». Olivier Todd, *Albert Camus, op. cit.*, p. 436-478.

de la fin de l'année 1943 à 1945 dans des revues diverses, et réunies à la fin de la guerre dans un volume unique. Dans un passage déjà cité en introduction, avant de développer ce qui représente les fondations de son choix d'entrer dans les rangs de la Résistance, Camus revient sur ces premières années de guerre et explique clairement en quoi elles ont consisté pour lui : une période de détour et de réflexions pour être sûr du choix fatal d'avoir le droit de tuer des hommes[1]. La problématique du consentement au meurtre devient explicite, elle est mise en relation avec le fait d'ajouter ou non à « l'atroce misère de ce monde ». Une fois le « goût de l'homme » vaincu, l'écrivain s'est fait à l'idée de devenir un coupable raisonnable aux mains peut-être souillées de sang, mais qui trouveront la pureté ailleurs. Voilà tout l'enjeu de ces lettres : l'acceptation de l'impossibilité d'un monde se partageant entre la violence d'une part et la non-violence d'autre part. L'histoire peut embarquer un peuple et le pousser à dépasser son idéal d'innocence en devant recourir à une forme de violence particulière contre son agresseur. La façon dont l'écrivain a mûri son appréhension de la violence repose sur deux étapes essentielles sur lesquelles il nous faut revenir dans le détail tant elles illustrent idéalement l'évolution de la pensée de Camus à cette période.

D'emblée, l'auteur des *Lettres* explicite le chemin parcouru entre 1939 et 1943. Il va d'ailleurs, pour cela, puiser dans un texte évoqué plus haut, « Pour préparer le fruit… » :

> Car nous serons vainqueurs, vous n'en doutez pas. Mais nous serons vainqueurs grâce à cette défaite même, à ce long cheminement qui nous a fait trouver nos raisons, à cette souffrance dont nous avons senti l'injustice et tiré la leçon. Nous y avons appris le secret de toute victoire et si nous ne le perdons pas

1 Albert Camus, *Œuvres complètes Tome II, 1944-1948*, *op. cit.*,p. 11-12.

> un jour, nous connaîtrons la victoire définitive. Nous y avons appris que contrairement à ce que nous pensions parfois, l'esprit ne peut rien contre l'épée, mais que l'esprit uni à l'épée est le vainqueur éternel de l'épée tirée pour elle-même. Voilà pourquoi nous avons accepté maintenant l'épée, après nous être assurés que l'esprit était avec nous. Il nous a fallu pour cela voir mourir et risquer de mourir, il nous a fallu la promenade matinale d'un ouvrier français marchant à la guillotine, dans les couloirs de sa prison, et exhortant ses camarades, de porte en porte, à montrer leur courage. Il nous a fallu enfin, pour nous emparer de l'esprit, la torture de notre chair. On ne possède bien que ce qu'on a payé. Nous avons payé chèrement et nous paierons encore. Mais nous avons nos certitudes, nos raisons, notre justice : votre défaite est inévitable[1].

Si l'on retrouve, effectivement, les deux éléments du texte de 1941 que sont « l'épée » et « l'esprit », ce n'est plus sous la même forme. Dans l'adage napoléonien comme dans la manière dont Camus le reprenait à son compte au début de la guerre, « esprit » et « sabre » ou « épée » se voyaient opposés, même si l'écrivain pointait déjà l'inégalité d'un tel affrontement dans une époque où l'épée a été remplacée par un tank. Dans la défaite initiale, dans les souffrances de l'humiliation et de l'occupation, Camus a compris qu'une autre articulation était possible entre ces deux éléments. Cette acceptation de l'utilisation de la violence, une utilisation raisonnée et lucide sur les conséquences qu'elle peut produire, marque le passage d'une « résistance morale » à une « résistance active » pour Camus. Avec cette nouvelle articulation de l'épée et de l'esprit, et surtout avec le passage d'une résistance à l'autre, une cohérence nouvelle se dessine dans l'évolution des positions de

1 *Ibid.*, p. 12.

l'écrivain au cœur de la Seconde Guerre mondiale. Preuve que cette cohérence va s'installer durablement : lorsque l'auteur de « Pour préparer le fruit… » reprendra le texte de 1941 pour en faire une nouvelle version, il le fera à la lumière de cette nouvelle articulation et cela donnera « Les Amandiers », publié dans le recueil *L'Été* en 1954.

Pour en revenir à la fin de l'année 1943, après différentes rencontres et discussions, Camus rejoint l'organisation « Combat ». Dans ce mouvement, avec son rôle dans la rédaction du journal, c'est directement à l'articulation entre l'« esprit » et le « sabre » qu'il œuvre. En effet, « Combat » – comme la plupart des mouvements de résistance en France et en Europe – est un mouvement armé, auquel s'ajoute un journal qui doit peser dans la guerre sur le terrain des idées en informant les maquis dans un premier temps, puis en affrontant les appareils propagandistes nazi et pétainiste par la suite. « Esprit » et « sabre », morale et politique, réflexion et action, l'écrivain se retrouve au cœur d'un engrenage dont il connaît les limites, mais qui lui permet d'avancer à travers les allers-retours qu'il opère entre son expérience et la façon dont il tente de l'analyser le plus objectivement possible. Partant de faits précis, de situations singulières ou de déclarations glanées chez ses confrères, Camus en arrive toujours, dans ses articles, à une réflexion sur les grands principes tels que la justice, la liberté ou encore l'égalité, sans oublier de leur donner un ancrage concret, à travers des mesures politiques effectives par exemple. Sa « résistance morale » initiale a trouvé de quoi s'incarner concrètement dans l'action globale du mouvement « Combat ». L'esprit déployé dans ses articles accompagne le sabre qui agit un peu partout sur le territoire par l'intermédiaire des sabotages, assassinats et autres actions violentes.

S'il accepte d'articuler esprit et sabre, ce choix ne s'opère pas à n'importe quel prix et l'écrivain esquisse déjà un revers à cet endroit actif et résistant par l'intermédiaire de limites à l'usage de la violence. Rien ne doit la légitimer, de peur qu'elle ne s'installe comme le seul moyen d'action, devenant ainsi progressivement une forme d'institution. L'auteur des *Lettres* le rappelle dans sa préface ultérieure à l'édition italienne du recueil[1] qui les réunit toutes : il s'agit là d'un « document de la lutte contre la violence[2] », après avoir rappelé qu'il ne déteste que les bourreaux. Mais alors, en quoi consistent ces conditions préalables à l'engagement de Camus du côté de ces résistants se faisant bourreaux pour combattre le nazisme ? De quelle manière ces *Lettres* luttent contre la violence ? Il semble que cela se fasse sur deux plans, autant de limites posées à l'usage de la violence auquel consent l'écrivain. La première de ces limites est d'ordre temporel. D'emblée, il évoque une issue victorieuse à cette guerre, ce qui pourrait sembler présomptueux, mais nous y voyons une volonté d'inscrire dans le temps un terme à l'utilisation de la violence : la défaite de l'ami allemand et plus largement des nazis est « inévitable » et elle « s'avance » alors que le locuteur, qui n'est autre que Camus lui-même, affirme que son camp touche à la victoire. L'utilisation de la violence n'est donc que temporaire et ne doit son maintien qu'à l'existence du régime nazi : le jour où celui-ci disparaîtra, il ne sera plus nécessaire de faire appel à la force. De plus, dans sa troisième lettre, l'auteur esquisse les contours d'une Europe à reconstruire, comme s'il fallait déjà penser à l'après, l'après victoire, l'après violence[3]. Une seconde limite tient au champ d'action de cette violence de résistance : Camus cherche à nommer précisément l'ennemi qui lui fait face. L'ami allemand, qui partageait avec lui un certain

1 Albert Camus, *Œuvres complètes Tome II, 1944-1948, op. cit.*, p. 78.

2 *Ibid.*, p. 8.

3 « Je sais enfin que tout ne sera pas réglé lorsque vous serez abattus. L'Europe sera encore à faire. Elle est toujours à faire. » *Ibid.*, p. 23.

nihilisme dans les années 1930, est devenu un nazi et l'écrivain insiste pour ne cibler que les nazis et non les Allemands en général. Après la guerre, il sentira la nécessité d'opérer explicitement cette distinction dans la préface à l'édition italienne du recueil. Être précis sur ce point, c'est éviter tout amalgame nationaliste qui mènerait à la haine sous une nouvelle forme. Mais déjà dans le corps du recueil on pouvait lire que, contrairement à son interlocuteur, il entendait le combattre sans le déshumaniser. L'ami allemand devient l'ennemi désigné en raison de son injustice et de sa logique criminelle. Camus va jusqu'à le condamner à mort :

> C'est pourquoi ma condamnation sera totale, vous êtes déjà mort à mes yeux. Mais dans le temps même où je jugerai votre atroce conduite, je me souviendrai que vous et nous sommes partis de la même solitude, que vous et nous sommes avec toute l'Europe dans la même tragédie de l'intelligence. Et malgré vous-mêmes, je vous garderai le nom d'homme. Pour être fidèles à notre foi, nous sommes forcés de respecter en vous ce que vous ne respectez pas chez les autres. Pendant longtemps, ce fut votre immense avantage puisque vous tuez plus facilement que nous. Et jusqu'à la fin des temps, ce sera le bénéfice de ceux qui vous ressemblent. Mais jusqu'à la fin des temps, nous, qui ne vous ressemblons pas, aurons à témoigner pour que l'homme, par-dessus ses pires erreurs, reçoive sa justification et ses titres d'innocence[1].

Cette attitude ne va pas de soi au cœur d'un conflit. D'ailleurs, certains des compagnons de résistance de Camus n'auraient sûrement pas abondé dans ce sens tant leur haine des nazis s'était accumulée. Or, c'est précisément ce qui caractérise la

1 *Ibid.*, p. 28.

position de Camus : garder « le nom d'homme » à son ennemi, c'est déjà définir les contours de la violence et surtout éviter la chosification qui mènerait au « Tout est permis ». L'ennemi est un homme comme les autres, pas une chose. Le danger d'une position contraire serait de tomber dans une essentialisation funeste qui réduirait un homme à l'une de ses caractéristiques : juif, communiste, allemand, etc. En tant qu'homme, l'adversaire mérite un minimum de respect dans le combat. Voilà ce qui retient l'écrivain de se laisser tenter par la pure extermination haineuse qui fonde l'idéologie de son adversaire politique. Voilà ce qui l'empêche de basculer dans une forme de nihilisme qu'il combat avec ferveur. Et si ce combat contre le nihilisme, entamé au tout début de la guerre, représentait le fil directeur qui réunit le pacifiste et le résistant chez Camus ? Et si c'était à partir de ce combat que l'écrivain arrivait à faire émerger une cohérence profonde dans ses positions ?

De l'« inconséquence » à la cohérence : un combat contre le nihilisme

Un bref examen des occurrences du mot « nihilisme » dans le corpus camusien nous éclaire sur la façon dont la notion prend une importance singulière dans l'expérience même de la Seconde Guerre mondiale et notamment dans les premiers contacts avec la Résistance. Notons, par exemple, que le mot est absent de l'essai sur l'absurde *Le Mythe de Sisyphe*, alors même que ce premier essai philosophique concerne précisément le sens de la vie et de l'existence – Camus y postulant un décalage entre le silence du monde et le désir des êtres humains d'y trouver du sens. *Nihil*, « rien », comme si rien ne présidait au cours du monde et de la vie des femmes et des hommes sur terre. Comme si aucun principe, aucune valeur, ne se devait d'être placé en amont des actions humaines. Tout de suite, on observe la proximité évidente entre cette notion de nihilisme et celle d'absurde telle qu'elle est proposée par l'écrivain dans son essai publié en 1942. Le nihiliste serait celui qui, contrairement à ce que postule l'auteur concernant les êtres humains, ne cherche plus à donner un sens particulier au monde autour de lui mais considère au contraire, que tout y est égal et que tout y est permis. Le silence du monde est accepté, le nihiliste y consent, il construit même ses actions dans ce silence. Dans *Le Mythe de Sisyphe*, la critique de son auteur ne porte pas encore sur ce choix délibéré, mais plutôt sur ceux qui ont choisi de remplacer le silence du monde par une création des hommes, qu'elle soit d'origine divine ou philosophique. On pourrait même dire que, dans une certaine mesure, la façon dont Camus développe sa position autour de l'acceptation de l'absence de sens dans le monde revient à une forme de nihilisme sans pour autant tomber totalement dans cette dérive puisque s'annoncent déjà les réflexions à venir. Et c'est peut-être ce qui le poussera à ne pas s'exclure, plus tard, de ce nihilisme qu'il dénonce.

C'est au milieu de l'année 1942 que l'on voit apparaître dans les *Carnets* de l'écrivain la première occurrence du mot « nihilisme » :

> L'intelligence moderne est en plein désarroi. La connaissance s'est distendue à ce point que le monde et l'esprit ont perdu tout point d'appui. C'est un fait que nous souffrons de nihilisme. Mais le plus admirable sont les prêches sur les « retours ». Retour au Moyen Âge, à la mentalité primitive, à la terre, à la religion, à l'arsenal des vieilles solutions. Pour accorder à ces baumes une ombre d'efficacité, il faudrait faire comme si nos connaissances n'existaient plus – comme si

> nous n'avions rien appris – feindre d'effacer en somme ce qui est ineffaçable. Il faudrait rayer d'un trait de plume l'apport de plusieurs siècles et l'indéniable acquis d'un esprit qui finalement (c'est son dernier progrès) recrée le chaos pour son propre compte. Cela est impossible. Pour guérir, il faut s'arranger de cette lucidité, de cette clairvoyance. Il faut tenir compte des lumières que nous avons pris soudain de notre exil. L'intelligence n'est pas en désarroi parce que la connaissance a bouleversé le monde. Elle est en désarroi parce qu'elle ne peut pas s'arranger de ce bouleversement[1].

Rappelons que cette année 1942 correspond à la période de « résistance morale » évoquée plus haut, moment de détour où Camus réfléchit aux fondations de son engagement dans la Résistance. La première étape de cette réflexion consiste visiblement à désigner le nihilisme comme un problème rencontré par sa génération et bien d'autres encore, un problème aux conséquences funestes puisqu'il a mené jusqu'au règne de l'efficacité et au monopole de la violence dans le cadre de l'action politique. Un tel mouvement de généalogie du nihilisme doit se fonder, pour l'écrivain, sur l'histoire des idées des siècles passés prise dans une perspective critique et distanciée, sans idolâtrie ni dogmatisme.

Par la suite, Camus continue de creuser ce sillon d'un nihilisme qui se serait installé comme réponse à l'absurde, c'est-à-dire qui viendrait combler le décalage qui existe entre les attentes des êtres humains et le silence du monde. Et cette fois, c'est en relation directe avec la problématique de la violence qu'il l'aborde. En effet, si le mot « nihilisme » n'apparaît pas directement dans les *Lettres à un ami allemand*, le contenu qu'il désigne y est bien présent. Il suffit de lire cet extrait

1 Albert Camus, *Œuvres complètes Tome II, 1944-1948*, *op. cit.*, p. 948.

de la quatrième lettre pour s'en rendre compte. Partant d'un même constat de l'absence d'une raison supérieure du monde, les deux amis se séparent sur la marche à suivre à partir de là :

> Vous n'avez jamais cru au sens de ce monde et vous en avez tiré l'idée que tout était équivalent et que le bien et le mal se définissaient selon qu'on le voulait. Vous avez supposé qu'en l'absence de toute morale humaine ou divine les seules valeurs étaient celles qui régissaient le monde animal, c'est-à-dire la violence et la ruse. Vous en avez conclu que l'homme n'était rien et qu'on pouvait tuer son âme, que dans la plus insensée des histoires la tâche d'un individu ne pouvait être que l'aventure de la puissance, et sa morale, le réalisme des conquêtes. Et à la vérité, moi qui croyais penser comme vous, je ne voyais guère d'argument à vous opposer, sinon un goût violent de la justice qui, pour finir, me paraissait aussi peu raisonné que la plus soudaine des passions[1].

En quelques lignes, Camus trace un lien direct entre le nihilisme, c'est-à-dire le fait de considérer qu'il n'existe pas de sens supérieur dans le monde ni même de principes supérieurs susceptibles d'aider les hommes à se conduire dans ce même monde, et la violence. En l'absence de morale, si tout est équivalent et que tout est permis, c'est la violence qui s'impose comme principe et la domination, dont elle est l'émanation, qui est mise en avant. En se proposant d'analyser un nihilisme dont il ne s'exclut pas, l'auteur des *Lettres à un ami allemand* met en lumière le rôle de cette absence de morale dans la façon dont la violence s'est imposée comme moyen principal de l'action politique et sociale. Partant du même point – l'inexistence d'une raison supérieure dans le monde –, les deux amis ont

1 *Ibid.*, p. 25-26.

emprunté des routes bien différentes lorsqu'ils ont pris conscience des conséquences possibles d'un tel présupposé. L'ami allemand a fait le choix de vivre pleinement dans le nihilisme et d'assumer ce « Tout est permis » qui a commencé par tourner à son avantage puisque sa puissance montante s'est imposée sur l'Europe, profitant d'une sorte de surprise et de l'énergie d'un élan nouveau. L'ami français, quant à lui, ne se résout pas à s'engluer dans le nihilisme, ou plutôt il ne se résout pas à ce règne de la violence et de la ruse qui en découle. Selon lui, des principes, même provisoires et imparfaits, peuvent émaner des êtres humains eux-mêmes. Plus loin, dans la même quatrième lettre, Camus précise : « Je continue à croire que ce monde n'a pas de sens supérieur. Mais je sais que quelque chose en lui a du sens et c'est l'homme, parce qu'il est le seul être à exiger d'en avoir. Ce monde a du moins la vérité de l'homme et notre tâche est de lui donner ses raisons contre le destin lui-même. Et il n'a pas d'autres raisons que l'homme et c'est celui-ci qu'il faut sauver si l'on veut sauver l'idée qu'on se fait de la vie. Votre sourire et votre dédain me diront : qu'est-ce que sauver l'homme ? Mais je vous le crie de tout moi-même, c'est ne pas le mutiler et c'est donner ses chances à la justice qu'il est le seul à concevoir[1]. » Acceptant de vivre dans l'absurde, Camus n'en cherche pas moins du sens ailleurs, et c'est dans les êtres humains eux-mêmes qu'il affirme pouvoir le trouver. Le nihilisme est clairement repoussé ici au profit d'une recherche de sens d'une autre forme. Pour préserver cette chance de trouver du sens, encore faut-il préserver la vie des êtres humains en question. On en revient donc à la nécessité de lutter contre la violence qui mutile les hommes autant que le lien qui les unit. Finalement, dans sa confrontation avec un nihilisme européen des années 1930-1940 dans

1 *Ibid.*, p. 26-27.

lequel il assume avoir baigné, Camus construit l'émergence progressive de son approche morale et politique de la violence.

Dans un article de *Combat* publié en septembre 1945, l'écrivain pose le problème encore plus explicitement et emploie directement le terme de « nihilisme » pour désigner publiquement l'un des grands maux de la civilisation occidentale, dans la droite ligne de ce qu'il avançait, pour lui, dans les *Carnets* en 1942 :

> Si l'époque a souffert de nihilisme, ce n'est pas en ignorant le nihilisme que nous obtiendrons la morale dont nous avons besoin. Non, tout ne se résume pas dans la négation ou l'absurdité. Nous le savons. Mais il faut d'abord poser la négation et l'absurdité puisque ce sont elles que notre génération a rencontrées et dont nous avons à nous arranger[1].

La mise à nu de l'absurdité et le nihilisme qui vont de pair doivent donc représenter une première étape dans le cheminement moral et politique, voilà ce que la Seconde Guerre mondiale a permis à Camus de comprendre. Il est impossible de rester dans l'absurdité et le nihilisme tels quels ; la construction d'une nouvelle morale, qui ne se séparera jamais de son versant concret incarné par la politique, devient indispensable pour lutter contre le règne de la violence. Le nihilisme s'est imposé à toute une génération de jeunes gens qui cherchaient une manière de se conduire face à l'absurde, dans ce décalage entre un monde qui n'a pas de sens et la nécessité humaine de lui en donner un. D'autres ont choisi de se donner eux-mêmes un sens que ce soit par la croyance en Dieu ou dans l'absolu de l'histoire, avec pour destination finale la société idéale sur terre ou dans le ciel. Le nihilisme, comme la croyance

1 *Ibid.*, p. 422-423.

d'ordre religieux ou politique, doit être dépassé en ce qu'il donne aux êtres humains un permis de tuer ou de violenter indistinctement, puisque tout se vaut et que seule compte la vie en tant que volonté de puissance et expression de la force.

Avec la Seconde Guerre mondiale, le meurtre est devenu la question, l'un des nœuds principaux de la pensée de Camus et l'un des ressorts de ce meurtre tient dans ce « Tout est permis » qu'il soit le résultat de l'absence de valeur ou d'une idéologie poussée à l'absolu. Face à cette nouvelle expression du nihilisme, Camus tente d'élever une sorte de cohérence qu'il commence d'esquisser dans les *Lettres à un ami allemand* et qu'il ne va pas cesser de développer à partir de là. Fondée sur le fait de garder le nom d'homme à l'adversaire du moment et sur le refus de la haine dans le combat, cette ligne de conduite va être mise à rude épreuve dans les derniers mois de la guerre, à l'approche de la Libération. La période que l'on appelle l'Épuration s'étend à peu près de la Libération de Paris jusqu'à la fin de l'année 1945. Une fois l'armistice signé, la guerre ne s'est pourtant pas arrêtée du jour au lendemain. En ce qu'elle aurait pu être une occasion de faire table rase de l'ancien système et préparer la mise en place d'une nouvelle organisation morale et politique, cette période était porteuse d'espoir pour l'écrivain qui commençait d'esquisser une vision personnelle de la révolte fondée sur la théorie et la pratique. Or, c'est sous le signe de la haine et, paradoxalement, d'un certain laxisme, que la justice passe, loin des espoirs que Camus fondait dans ce qu'il estimait être une transition idéale entre Résistance et révolution. En devenant l'outil principal de l'Épuration, la violence se traduit par des exécutions, parfois sommaires, mais aussi des traitements infamants comme le sort réservé aux femmes ayant eu des relations avec des soldats de l'armée allemande, et bien d'autres procédés encore. Par-là, la violence s'institue et rompt avec la dimension mesurée que Camus appelait de ses vœux dans les *Lettres à un ami allemand.* L'esprit laisse sa place au ressentiment. Dans ce cadre, on observe une rupture entre la façon dont l'écrivain accepte l'emploi de la violence au moment de son adhésion à la Résistance et la mise en place effective de la justice attendue après la Libération. Cette rupture intervient alors même que l'écrivain aspire à maintenir le mouvement amorcé au cœur des années de guerre.

Le territoire français étant libéré progressivement par les différentes forces alliées, le temps de la reconstruction est venu en cette année 1945, avant même que l'armistice ne soit officiellement signé en mai. Mais pour reconstruire, encore faut-il être sûr que les fondations soient saines et solides. C'est dans cette perspective que se situe, au départ, la justice de la Résistance qui est instaurée sur le plan local comme sur le plan national. Les Français n'ont pas tous été résistants, certains ont même choisi de collaborer avec l'envahisseur, par adhésion idéologique ou pour acheter leur tranquillité et leur confort. Ceux-là doivent être jugés à la hauteur de leur collaboration : s'ils ont aidé à la propagande nazie ou bien participé à la Milice qui faisait régner la terreur aux côtés des S.S. par exemple, leurs actes doivent être punis. La justice est censée faire le jour sur ces collaborations afin de les punir à la hauteur de ce qui est prévu par le nouveau système judiciaire et politique. Camus soutient une telle ligne. Seulement quelques jours après la Libération de Paris, dans un article pour *Combat* paru le 30 août 1944 et intitulé « Le Temps du mépris » – sûrement en référence à l'ouvrage de Malraux – il s'exprime sans ambages sur le sujet :

> Qui oserait parler ici de pardon ? Puisque l'esprit a enfin compris qu'il ne pouvait vaincre l'épée que par l'épée, puisqu'il a pris les armes et atteint la victoire, qui voudrait lui demander d'oublier ? Ce n'est pas la haine qui parlera demain, mais la

justice elle-même, fondée sur la mémoire. Et c'est de la justice la plus éternelle et la plus sacrée, que de pardonner peut-être pour tous ceux d'entre nous qui sont morts sans avoir parlé, avec la paix supérieure d'un cœur qui n'a jamais trahi, mais de frapper terriblement pour les plus courageux d'entre nous dont on a fait des lâches en dégradant leur âme, et qui sont morts désespérés, emportant dans un cœur pour toujours ravagé leur haine des autres et leur mépris d'eux-mêmes[1].

Si nous avons choisi de mettre en avant cet article, c'est que l'écrivain lui-même l'a intégré à son premier recueil *Actuelles, Chroniques 1944-1948* comme synthèse de sa position de l'époque. Nous verrons que sa volonté de justice s'exprime déjà dans d'autres articles de *Combat*, quelques jours, quelques semaines avant la publication de celui-ci. Revenons à l'extrait cité. On commencera par souligner l'emploi par l'auteur de symboles dont on a déjà largement parlé qui sont le « sabre » et « l'esprit » et dont il a usé ailleurs pour décrire précisément le chemin parcouru jusqu'à son entrée dans la Résistance. En maintenant une telle utilisation, Camus trace une ligne directe entre son expérience de la Résistance et la façon dont il entend que la justice fasse son travail au regard des horreurs et cruautés vues ou subies. Les dernières braises à peine éteintes dans un Paris libéré mais encore sous le choc, si l'écrivain écarte la haine, c'est au profit de la mémoire, de ce souvenir des camarades morts dans la lutte contre l'oppresseur nazi. À la base de la justice qui doit rendre son verdict et lancer la reconstruction morale et politique du pays, la mémoire devient essentielle. Pourtant, il est conscient que la mise en place de cette justice est difficile, qu'elle doit à la fois puiser ses fondements dans la mémoire des camarades tombés dans la lutte et torturés, mais

1 *Ibid.*, p. 383.

sans verser dans un simple mimétisme de la violence aveugle subie. Dans le cas contraire, elle deviendrait l'instrument de la vengeance et de la haine, tout ce que Camus refuse comme nous l'avons vu plus haut. En somme, l'écrivain espère qu'elle se place dans la droite ligne de la façon dont la Résistance a accepté de recourir à la violence pour se défendre contre le nazisme, qu'elle soit guidée par l'esprit et la lucidité et connaisse ses limites avec précision. Tout cela vise essentiellement à ne pas tomber dans le mimétisme de la violence et dans la transformation de la victime initiale en nouveau bourreau.

Dans un souci de renouveau politique et moral, il est nécessaire que cette justice soit impitoyable avec les tenants de l'ancien monde afin que la reconstruction s'établisse réellement sur de nouvelles bases. Celles et ceux qui ont collaboré activement doivent être punis, celles et ceux qui ne se sont compromis que par un soutien distant peuvent être pardonnés, mais ne doivent plus, pour autant, occuper des responsabilités. On retrouve ici en substance le souhait de l'écrivain lui-même, mais qui est partagé par une large frange de la Résistance. N'est-ce pas, par exemple, ce que signifie précisément le sous-titre du journal *Combat* : « De la Résistance à la Révolution » ? En appelant à une révolution morale et politique, Camus prend le terme de « révolution » dans son sens originel, c'est-à-dire comme un renversement du système en place et son remplacement par un nouveau système. En cela, la justice attendue doit jouer le rôle de transmission entre le mouvement de destitution de l'ancien monde et l'instauration d'une nouvelle organisation appuyée sur des bases morales et politiques nouvelles. Dans ce cadre, il est indispensable que ceux qui ont collaboré avec l'ennemi nazi soient condamnés pour avoir trahi. Mais à ceux-là, il faut ajouter ceux qui ont précipité le déclenchement de la guerre et qui doivent, à ce titre, être éloignés de toute nouvelle responsabilité. L'écrivain établit explicitement ce lien entre justice et révolution dans l'enchaînement de deux articles significatifs publiés les 21 et 22 août 1944. Le premier s'intitule justement « De la Résistance à la Révolution[1] » et développe une certaine explication du sous-titre du journal. L'appel est on ne peut plus clair : « une démocratie populaire et ouvrière » portée par une nouvelle constitution où justice et liberté s'articulent pleinement, des « réformes de structure profondes » sur les plans politique, social et économique, en un mot : une « révolution ». Dans le second article, intitulé « Le Temps de la Justice », Camus articule clairement à cette volonté de renouvellement moral et politique, la nécessité d'une justice intraitable avec ceux qui ont tué ou consenti à ce que l'on tue, ces hommes et ces femmes qui ont collaboré activement au maintien des fascismes en Europe et aux massacres qui en découlent. Face à eux, la position de l'écrivain est claire :

> Nous ne sommes pas des hommes de haine. Mais il faut bien que nous soyons des hommes de justice. Et la justice veut que ceux qui ont tué et ceux qui ont permis le meurtre soient également responsables devant la victime, même si ceux qui couvraient le meurtre parlent aujourd'hui de double politique et de réalisme. Car ce langage est celui que nous méprisons le plus.
>
> Il n'y a pas deux politiques, il n'en est qu'une et c'est celle qui engage, c'est la politique de l'honneur.
>
> En 1940 a commencé une époque où toutes les paroles et tous les actes engageaient. Et ceux qui prirent alors en main ce qu'ils appelaient les destinées de la France prirent en même temps en charge les têtes qui commencèrent alors de tomber

1 *Ibid.*, p. 516.

> et les visages défigurés par les balles. Il n'y a aucun « réalisme » qui puisse tenir devant ce langage simple[1].

Le lien entre renouveau politique et justice intraitable s'inscrit avec force, toujours dans l'optique de repousser la haine ainsi qu'en convoquant le souvenir des camarades tombés au combat ou torturés et rescapés. En ce sens, cet extrait se rapproche sensiblement de ce que nous avons vu plus haut, mais il y ajoute quelque chose dans ce regroupement qui est fait entre « ceux qui ont tué et ceux qui ont permis le meurtre », ces actifs et passifs qui ont consenti au meurtre par « réalisme » politique d'après Camus. Des membres de la Milice aux plus hautes fonctions du gouvernement de Vichy, en passant par les préfets et autres fonctions intermédiaires, chaque personne ayant collaboré, de près ou de loin, doit se soumettre à la justice de la Résistance.

Très vite, cette position défendue par Camus d'une justice de la Résistance indispensable et intraitable, afin que se mette en place la révolution morale et politique attendue, va donner lieu à une polémique ; elle l'oppose à François Mauriac, alors éditorialiste au *Figaro*, qui défendait un idéal de pardon et de *statu quo* afin d'éviter le déferlement redouté d'une vague de haine et de vengeance. En l'espace d'un an passé à observer les aberrations d'une justice défaillante et expéditive, Camus reconnaît l'erreur de son positionnement initial, dans un article daté du 30 août 1945 et publié dans *Combat* :

> On nous excusera de commencer aujourd'hui par une vérité première : il est certain désormais que l'épuration en France est non seulement manquée, mais encore déconsidérée. Le mot d'épuration était déjà assez pénible en lui-même.

1 *Ibid.*, p. 519.

> La chose est devenue odieuse. Elle n'avait qu'une chance de ne point le devenir qui était d'être entreprise sans esprit de vengeance ou de légèreté. Il faut croire que le chemin de la simple justice n'est pas facile à trouver entre les clameurs de la haine d'une part et les plaidoyers de la mauvaise conscience d'autre part. L'échec en tout cas est complet.
>
> C'est qu'aussi bien la politique s'en est mêlée, avec tous ses aveuglements. Trop de gens ont crié à la mort comme si les travaux forcés, par exemple, étaient une peine qui ne tirait pas à conséquence. Mais trop de gens, au contraire, ont hurlé à la terreur lorsque quelques années de prison venaient récompenser l'exercice de la délation et du déshonneur. Dans tous les cas, nous voici impuissants[1].

Sous le poids du réalisme politique, dont il dénonçait les risques à la Libération, certains se sont vus graciés ou du moins condamnés avec moins de sévérité que prévu. Cependant, le système judiciaire cédant à la vague de ressentiment, de haine et d'instinct de vengeance, d'autres ont fait les frais d'exécutions sommaires, de procès bâclés et de condamnations plus lourdes que méritées. La révolution espérée n'arrivera pas car la justice préalable n'est pas passée comme elle aurait dû le faire. Au lieu de se placer dans la continuité d'un raisonnement de l'usage de la violence qui devait faire barrière à la haine et à l'arbitraire, l'Épuration est bel et bien devenue l'institution d'une violence aveugle qui a fini par faire ressembler la victime à son bourreau. Le tournant révolutionnaire espéré n'aura donc pas lieu. Pire, il se transformera en une dérive qui, sous couvert de justice, va instaurer la violence aveugle comme principe directeur pendant quelque temps. D'un pacifisme singulier à une

1 Albert Camus, *Œuvres complètes Tome II, 1944-1948*, *op. cit.*, p. 407.

résistance lucide de ses possibles dérives, cette expérience de la Seconde Guerre mondiale va marquer durablement le parcours et la pensée de Camus. Elle ne va plus cesser d'irriguer son œuvre et ses réflexions sur la violence, jusqu'à représenter un véritable pivot dans sa façon d'aborder la dimension tragique de la condition humaine et nourrir une réflexion plus métaphysique sur la nature humaine.

Chapitre 2

Le tragique, ce lien entre violence et nature humaine

À peine sorti de la Seconde Guerre mondiale et en pleine réflexion sur l'expérience vécue et les conséquences à en tirer, Camus consigne dans ses *Carnets*, à la fin de l'année 1946, une note où il évoque laconiquement et côte à côte les notions de « nature humaine » et de « condition humaine » :

> Parain. Que l'essence de la littérature moderne est la palinodie. Les surréalistes devenant marxistes. Rimbaud dévotion. Sartre la morale. Et que le grand problème du temps est le conflit. Condition humaine. Nature humaine.
>
> — Mais s'il y a une nature humaine, d'où vient-elle[1] ?

La première référence concerne Brice Parain, dont on sait que Camus était un grand lecteur[2]. Il semble lui reprendre l'idée que « l'essence de la littérature moderne est la palinodie », comme révocation d'une ancienne opinion, pour

1 Albert Camus, *Œuvres complètes Tome II, 1944-1948*, Paris, Gallimard, 2006, p. 1073.

2 Il lui a même consacré un texte, « Sur une philosophie de l'expression », paru en 1944 dans la revue *Poésie*. Albert Camus, *Œuvres complètes Tome I, 1931-1944*, Paris, Gallimard, coll. « Bibliothèque de la Pléiade », 2006, p. 901.

l'appliquer ensuite à un certain nombre de figures ou de courants littéraires et politiques. Camus, dans la lignée de Parain, refuse de souscrire à une palinodie qui le mènerait à renier son approche de la notion de nature humaine au profit de celle de condition humaine ou vice versa. Ce qui est essentiel, c'est justement de les maintenir dans un conflit qui en fait jaillir toute la puissance, toutes les forces. Ce conflit n'empêche pas, pour autant, de réfléchir à l'une ou l'autre des deux notions séparément. En effet, le mot de « conflit » n'est pas à comprendre ici dans le sens d'un combat où l'on doive désigner un vainqueur. Il s'agit pour Camus de maintenir les deux notions dans une tension permanente. Le passage se termine pourtant par une aporie : d'où viendrait la nature humaine ? Par sa recherche d'une conduite à tenir face au crime, Camus amorce une réflexion plus profonde sur le caractère de la violence. Est-elle, comme on la présente souvent dans la philosophie politique classique, une composante de la nature humaine ou bien doit-on la considérer plutôt comme l'une des dimensions de la condition humaine ? Et si la violence était affaire et de nature humaine et de condition des êtres humains ?

« Nature humaine », une notion trop équivoque pour Camus ?

L'emploi camusien de la notion de « nature humaine » reste équivoque puisqu'il peut s'agir à la fois d'un caractère invariant de l'être – c'est souvent le cas, nous le verrons, lorsqu'il veut en parler de manière péjorative – ou bien d'un invariant qui cette fois n'est pas constitutif d'une essence mais plutôt d'une manière d'être. Comme si la « nature humaine » avait quelque chose à voir avec la morale…

Alors que *L'Étranger* vient d'être publié et que Camus travaille déjà à l'écriture de *La Peste*, il couche sur les pages de ses *Carnets* ces quelques lignes, la première occurrence de la notion de nature humaine dans le corpus :

> Vous me prêtez l'ambition de faire réel. Le réalisme est un mot vide de sens (*Mme Bovary* et *Les Possédés* sont des romans réalistes et ils n'ont rien de commun). Je ne m'en suis pas soucié. S'il fallait donner une forme à mon ambition, je parlerais au contraire de symbole. Vous l'avez bien senti d'ailleurs. Mais vous prêtez à ce symbole un sens qu'il n'a pas, et pour tout dire, vous m'avez attribué gratuitement une philosophie ridicule. Rien dans ce livre en effet ne peut vous permettre d'affirmer que je crois à l'homme naturel, que j'identifie un être humain à une créature végétale, que *la nature humaine soit étrangère à la morale* [nous soulignons], etc., etc. Le personnage principal du livre n'a jamais d'initiatives. Vous n'avez pas remarqué qu'il se borne toujours à répondre aux questions, celles de la vie ou celles des hommes. Ainsi il n'affirme jamais rien. Et je n'en ai donné qu'un cliché négatif. Rien ne pouvait vous faire préjuger de son attitude profonde, sinon justement le dernier chapitre. Mais vous « n'en tenez pas compte[1] ».

Dans cette réponse à la critique d'André Rousseaux au sujet de *L'Étranger* dans *Le Figaro* des 18 et 19 juillet 1942, l'écrivain évoque les intentions que lui prête le critique et notamment une certaine philosophie qu'il aurait placée derrière le personnage de Meursault, derrière le détachement du personnage. En repoussant le réalisme qu'on lui prête, il préfère se rapprocher

1 Il s'agit d'une lettre à un critique « destinée à ne pas être envoyée ». Albert Camus, *Œuvres complètes Tome II, 1944-1948*, Paris, Gallimard, coll. « Bibliothèque de la Pléiade », 2006, p. 952.

de la notion de symbole : Meursault signifie plus qu'il ne démontre, nous l'avons déjà évoqué. Camus rappelle ensuite que croire à « l'homme naturel », reviendrait à déconnecter nature humaine et morale : il établit la distinction entre la nature humaine comme essence et la nature humaine comme éthique ; de sorte qu'il met à distance une certaine approche biologique de la notion pour se situer dans le domaine philosophique et moral. Il ne dit pas explicitement s'il est favorable ou non au concept de nature humaine ni même ce qu'il faut entendre par là.

L'expression apparaît de nouveau dans les *Carnets* après 1942 et c'est, bien souvent, dans le but de prendre position par rapport à ceux de ses contemporains qui emploient eux aussi cette notion, de manière positive comme négative. Justement, les mots de « nature humaine » réapparaissent avec force dans le deuxième essai philosophique de l'écrivain, *L'Homme révolté* de 1951, alors qu'il entend revenir sur son expérience de la Résistance[1]. Là encore, l'expression est employée sous différentes formes, essentiellement pour renvoyer à la pensée d'autres écrivains ou philosophes. En début d'essai, alors qu'il s'intéresse à la pensée de Max Scheler[2] et à sa définition du « ressentiment », on en observe une nouvelle occurrence :

1 C'est en tout cas ce qu'il affirme dans sa « Défense de *L'Homme révolté* » qui ne sera jamais publiée : « À la racine de toute œuvre se trouve le plus souvent une émotion simple et forte, mais longtemps ruminée. Pour ma part, je n'aurais pas écrit *L'Homme révolté* si, dans les années 1940, je ne m'étais trouvé en face d'hommes dont je ne pouvais m'expliquer le système et dont je ne comprenais pas les actes. » Albert Camus, *Œuvres complètes Tome III, 1949-1956*, Paris, Gallimard, coll. « Bibliothèque de la Pléiade », 2008, p. 366.

2 Max Scheler (1874-1928) est un philosophe allemand dont l'œuvre « consiste en une phénoménologie de l'affectivité, en une compréhension de l'intuition émotionnelle, de la sympathie et de leurs objets : les valeurs, la personne, les formes de l'éthique, de la culture et de la société ». Daniel Christoff, « SCHELER MAX – (1874-1928) », Encyclopædia Universalis [en ligne], consulté le 5 mars 2018. URL : <https://universalis.aria.ehess.fr/encyclopedie/max-scheler>.

> Scheler veut démontrer que l'humanitarisme s'accompagne de la haine du monde. On aime l'humanité en général pour ne pas avoir à aimer les êtres en particulier. Cela est juste, dans quelques cas, et on comprend mieux Scheler lorsqu'on voit que l'humanitarisme est représenté pour lui par Bentham et Rousseau. Mais la passion de l'homme pour l'homme peut naître d'autre chose que du calcul arithmétique des intérêts, ou d'une confiance, d'ailleurs théorique, dans la nature humaine. En face des utilitaristes et du précepteur d'Émile, il y a, par exemple, cette logique, incarnée par Dostoïevski dans Ivan Karamazov, qui va du mouvement de révolte à l'insurrection métaphysique. Scheler, qui le sait, résume ainsi cette conception : « Il n'y a pas au monde assez d'amour pour qu'on le gaspille sur un autre que sur l'être humain. »[1]

Camus revient sur l'opposition de Scheler à ce qu'il appelle « l'humanitarisme », cette passion de l'espèce humaine, au détriment des êtres humains eux-mêmes selon le phénoménologue allemand, et donnant ainsi une « haine du monde ». L'auteur de *L'Homme révolté* explique la prise de position de Scheler par le fait que ce dernier, lorsqu'il parle de « l'humanitarisme », se réfère essentiellement à deux grandes figures de la philosophie, Jeremy Bentham pour l'utilitarisme et Jean-Jacques Rousseau, qu'il rattache à la confiance théorique dans la nature humaine. Dans la façon dont Camus oppose Scheler – qu'il rapproche ensuite de Dostoïevski dont on connaît l'importance pour lui et son influence sur son œuvre – à Rousseau, on sent affleurer son désaccord avec cette confiance dans la nature humaine.

En effet, ce qu'il semble craindre le plus, c'est que la passion de l'homme pour l'homme ne dérive en une nouvelle religion, un nouveau dogme. Il n'hésite pas à employer le vocabulaire re-

1 Albert Camus, *Œuvres complètes Tome III, 1949-1956*, Paris, Gallimard, coll. « Bibliothèque de la Pléiade », 2008, p. 76.

ligieux pour bien signifier qu'il s'agit d'un nouveau basculement dans l'absolu et l'éternité, non plus à travers Dieu mais à travers les hommes eux-mêmes, et plus précisément encore, la raison chez Rousseau. Les mots « absolu » et « système » reviennent à de nombreuses reprises dans les *Carnets*, les essais ou bien les entretiens accordés à des journalistes. Bien souvent, Camus les utilise pour s'opposer à la position de son époque selon laquelle nous sommes plus forts si notre pensée est soutenue par un système philosophique ou fondée sur un/des absolus. Dans une interview à *Servir* parue le 20 décembre 1945, l'écrivain précise son refus des absolus et des systèmes de pensée :

> 1° – Je ne suis pas un philosophe. Je ne crois pas assez à la raison pour croire à un système. Ce qui m'intéresse, c'est de savoir comment il faut se conduire. Et plus précisément comment on peut se conduire quand on ne croit ni en Dieu ni en la raison.
>
> 2° – L'existentialisme a deux formes : l'une avec Kierkegaard et Jaspers débouche sur la divinité par la critique de la raison, l'autre, que j'appellerai l'existentialisme athée, avec Husserl, Heidegger et bientôt Sartre, se termine aussi par une divinisation, mais qui est simplement celle de l'histoire, considérée comme le seul absolu. On ne croit plus en Dieu, mais on croit en l'histoire. Pour ma part, je comprends bien l'intérêt de la solution religieuse et je perçois très particulièrement l'importance de l'histoire. Mais je ne crois ni à l'une ni à l'autre, au sens absolu. Je m'interroge et cela m'ennuierait beaucoup que l'on me force à choisir absolument entre saint Augustin et Hegel. J'ai l'impression qu'il doit y avoir une vérité supportable entre les deux[1].

---

1 Albert Camus, *Œuvres complètes Tome II, 1944-1948*, *op. cit.*, p. 659.

Dans le sillage de ses lectures nietzschéennes, Camus affirme une conviction ancienne et ancrée : la mise à distance des absolus qu'ils soient philosophiques ou religieux. En préférant s'intéresser à dégager les pistes d'une conduite sans Dieu ni raison absolue, il met en avant l'aspect moral et éthique de la pensée par rapport à une philosophie systémique qui n'aboutirait qu'au remplacement d'un dogme par un autre. De cette manière, il fait face à ses contemporains qui tentent de construire des systèmes idéologiques à l'épreuve du temps et de l'histoire. Les existentialismes que Camus présente ici en sont les meilleurs exemples : le premier, celui de Kierkegaard et Jaspers, a remis Dieu sur son piédestal en critiquant la raison comme nouvel absolu ; le second, celui de Husserl, Heidegger et Sartre, a remplacé Dieu par un nouvel absolu dont l'homme est au cœur, l'histoire. En ce qui concerne Dieu, cet absolu est né en même temps que les religions et Camus se concentre essentiellement sur la religion chrétienne pour affirmer sa position d'agnostique qui refuse de choisir de se positionner pour ou contre cette foi. Pour ce qui est de l'histoire, son avènement en tant qu'absolu est plus récent. Camus le fait remonter à Hegel en mettant en lumière la filiation qui existe entre le philosophe allemand, puis un de ses compatriotes, Marx, et enfin un contemporain, Sartre. Les trois partagent, selon Camus, une vision téléologique de l'histoire qui revient à diviniser le sens historique trouvant son résultat dans la réalisation de la société idéale. Cette filiation n'apparaît pas en tant que telle dans le passage précédent, mais elle est le cœur de la partie dédiée à l'étude de la « révolte historique » dans *L'Homme révolté*.

Justement, si *L'Homme révolté* porte en profondeur sur cette critique de la divinisation de l'histoire – avant lui, *Le Mythe de Sisyphe* était consacré à la dérive religieuse de la pensée absurde –, il y est en même temps question d'une autre divinisation possible : celle de l'homme. Dans une première partie, Camus expose sa propre définition de la révolte s'appuyant sur les travaux de Scheler autour de « l'homme du ressentiment ». Ensuite, au cœur de l'essai, il entame un voyage dans les différents courants de la révolte, un voyage chronologique qui, après un bref retour sur la pensée antique, trouve son point de départ au XVIIIe siècle avec la pensée de Sade. Il s'agit, dans cette partie intitulée « La révolte métaphysique », de revenir sur la façon dont certains penseurs ont tenté de se révolter contre Dieu en lui opposant la figure de l'être humain. C'est sur les recherches de Nietzsche que se clôt cette partie, un Nietzsche qui annonce la fin de Dieu par l'intermédiaire de son Zarathoustra. Débute alors la partie consacrée à « La révolte historique » qui, dans un premier temps, vise à remplacer Dieu par l'homme pour finir par instaurer la divinisation de l'histoire comme achèvement de la révolte dans la révolution. Tout au long de ce voyage au cœur de la révolte, Camus montre les dérives dont ce concept noble est victime. Il termine donc son essai par l'exposition de différentes voies pour éviter ces dérives et maintenir bien haut la notion de révolte telle qu'elle est définie en début d'ouvrage : c'est la « Pensée de midi », cette pensée solaire fondée sur la tension, sur une révolte faite d'un consentement et d'un refus, cet engagement qui marche sur un fil – midi est le point où le soleil est le plus haut mais aussi celui où il entame sa descente. Définition de la révolte, exploration des différents courants de la révolte dans l'histoire des idées, pour revenir ensuite à sa propre vision et la développer grâce à la notion de « Pensée de midi » : cette structure est intéressante à observer parce qu'elle dit beaucoup sur la place de l'homme dans la révolte. En effet, Camus commence par replacer l'homme au cœur du processus de la révolte dans sa définition. Ensuite, il analyse comment cette révolte s'est construite et développée dans l'histoire, contre Dieu mais pour l'homme justement, avant que l'homme finisse par remplacer Dieu. L'histoire de la révolte qu'esquisse l'auteur de *L'Homme révolté* pourrait se rapprocher d'une histoire de l'essentialisation, puis de la divinisation de l'homme. Dans la révolte métaphysique comme dans la révolte historique, c'est toujours l'homme qui tente de décider du sens de l'histoire et qui prend toute la place jusqu'à prendre lui-même figure divine. La « Pensée de midi » propose un contre-point puissant à cette posture absolue en ramenant l'homme à un rôle plus modeste : cultiver les liens qui font la communauté humaine et par là agir à sa mesure sur le cours de l'histoire.

Dans ce cadre, Camus met en lumière un passage extrêmement précis de l'histoire qui marquerait en quelque sorte ce basculement d'une essentialisation de l'homme vers sa divinisation : il s'agit de la transition entre révolte métaphysique et révolte historique. Il établit une filiation directe entre Rousseau et la Révolution de 1789 par l'intermédiaire d'une figure travaillée sur quelques pages, Saint-Just, avant de revenir sur ce qui se joue dans le régicide de 1789. Selon lui, en tuant l'un des derniers représentants du droit divin sur la Terre, les révolutionnaires de 1789 tentent d'achever ce qui a débuté dans la révolte métaphysique, ils essaient d'en finir avec Dieu pour le remplacer par l'homme. Déclaration des Droits de l'Homme et du Citoyen, volonté générale instaurée comme principe fondamental, les hommes reprennent le dessus dans la lutte pour la domination, avec pour arme la raison. Pour cela, il est nécessaire d'en finir avec la symbolique divine, dernière trace de l'ancienne domination, et le roi étant l'incarnation humaine de la volonté de Dieu, c'est en tuant un homme que les révolutionnaires de 1789 pensent pouvoir s'affranchir de l'ancien système. Ils veulent surtout instaurer un nouvel ordre fondé sur l'homme, une vision idéalisée de la nature humaine qui puise largement dans la pensée de Jean-Jacques Rousseau et sa « bonté innocente » érigée en principe de sa réflexion abstraite sur l'état de nature. Pourtant, selon Camus, l'homme n'a pas encore acquis le statut de Dieu avec la Révolution de 1789 :

> 1789 n'affirme pas encore la divinité de l'homme, mais celle du peuple, dans la mesure où sa volonté coïncide avec celle de la nature et de la raison. Si la volonté générale s'exprime librement, elle ne peut être que l'expression universelle de la raison. Si le peuple est libre, il est infaillible. Le roi mort, les chaînes du vieux despotisme dénouées, le peuple va donc exprimer ce qui, de tout temps et en tous lieux est, a été, et sera la vérité. Il est l'oracle qu'il faut consulter pour savoir ce qu'exige l'ordre éternel du monde. *Vox populi, vox naturæ*. Des principes éternels commandent notre conduite : la Vérité, la Justice, la Raison enfin. C'est là le nouveau dieu. L'Être suprême que des cohortes de jeunes filles viennent adorer en fêtant la Raison n'est que l'ancien dieu, désincarné, coupé brusquement de toute attache avec la terre et renvoyé, tel un ballon, dans le ciel vide des grands principes[1].

C'est le peuple qui tient lieu de nouvelle icône, un peuple dont la volonté « coïncide avec la nature et la raison ». On retrouve alors la notion de « nature » dans le sens d'essence. La nature du peuple, ce qui fait qu'il est peuple, c'est la volonté générale et cette volonté générale n'est autre qu'une « expression universelle de la raison » : par l'intermédiaire de la raison, c'est une forme de nature du peuple qui est divinisée par les révolutionnaires de 1789 Les expressions de « nouveau dieu » et d'« Être suprême » désignent la raison : la Révolution de 1789 est bien cette première étape de la divinisation de l'homme qui puise ses racines dans l'approche rousseauiste de la première forme d'essentialisation de l'homme, la nature humaine.

---

1 Albert Camus, *Œuvres complètes Tome III, 1949-1956*, *op. cit.*, p. 164.

Et déjà, de nouvelles formes de révolte se succèdent, tentant, une nouvelle fois, d'instaurer le règne de l'homme :

> Le communisme russe, par sa critique violente de toute vertu formelle, achève l'œuvre révoltée du XIXe siècle en niant tout principe supérieur. Aux régicides du XIXe siècle succèdent les déicides du XXe siècle qui vont jusqu'au bout de la logique révoltée et veulent faire de la terre le royaume où l'homme sera dieu. Le règne de l'histoire commence et s'identifiant à sa seule histoire, l'homme, infidèle à sa vraie révolte, se vouera désormais aux révolutions nihilistes du XXe siècle qui, niant toute morale, cherchent désespérément l'unité du genre humain à travers une épuisante accumulation de crimes et de guerres. À la révolution jacobine qui essayait d'instituer la religion de la vertu, afin d'y fonder l'unité, succéderont les révolutions cyniques, qu'elles soient de droite ou de gauche, qui vont tenter de conquérir l'unité du monde pour fonder enfin la religion de l'homme. Tout ce qui était à Dieu sera désormais rendu à César[1].

Camus tisse une filiation directe entre la « révolution jacobine » celle de 1789 qui a tenté d'instaurer « la religion de la vertu », et les « révolutions cyniques » qui ont achevé le processus entamé de longue date : la fondation d'une « religion de l'homme ». Il précise que ces « révolutions cyniques » peuvent être de droite comme de gauche, alors que jusque-là, il n'avait fait référence qu'au communisme russe. De cette façon, il renvoie dos à dos capitalisme et communisme, ces deux systèmes où l'homme domine et surtout, où il s'identifie désormais à ce qu'il fait et à ce qu'il a, et non plus à ce qu'il est. Car ce qu'annonce Camus dans cet extrait,

---

1 *Ibid.*, p. 173-174.

c'est le dépassement de la notion de nature humaine dans le processus d'instauration de la « religion de l'homme ». En abandonnant les vertus formelles et les principes moraux, ces révolutions du XXe siècle recherchent désormais l'unité des hommes du côté de l'histoire, d'une « épuisante accumulation de crimes et de guerres », dit Camus. La nature humaine, qui était à l'origine du processus d'essentialisation de l'homme, se voit désormais critiquée en ce qu'elle représente une contrainte potentielle au déroulement de cette histoire divinisée. L'écrivain ne veut pas aller dans un tel sens, il reste attaché à la notion de nature humaine malgré son équivocité et les biais possibles de son utilisation. Décidé à riposter à cette divinisation de l'homme et de l'histoire, il va même s'en servir comme d'un véritable point d'appui à sa réflexion.

L'affirmation d'une préférence pour un « soupçon qu'il y a une nature humaine[1] »

Entre 1945 et l'un des premiers textes publiés sur la révolte – « Remarque sur la révolte » publié dans la revue *L'Existence* dirigée par Jean Grenier – et 1951 avec la publication de *L'Homme révolté*, Camus choisit de changer son illustration du mouvement de la révolte. Il passe de la figure du fonctionnaire à celle de l'esclave, comme pour aller encore plus en profondeur dans ce qui se joue dans ce processus :

> Si confusément que ce soit, une prise de conscience naît du mouvement de révolte : la perception, soudain éclatante, qu'il y a dans l'homme quelque chose à quoi l'homme peut s'identifier, fût-ce pour un temps. Cette identification jusqu'ici

1 Albert Camus, *Œuvres complètes Tome III, 1949-1956*, *op. cit.*, p. 72.

> n'était pas sentie réellement. [...] Avec la perte de la patience, avec l'impatience, commence au contraire un mouvement qui peut s'étendre à tout ce qui, auparavant, était accepté. Cet élan est presque toujours rétroactif. L'esclave, à l'instant où il rejette l'ordre humiliant de son supérieur, rejette en même temps l'état d'esclave lui-même. Le mouvement de révolte le porte plus loin qu'il n'était dans le simple refus. Il dépasse même la limite qu'il fixait à son adversaire, demandant maintenant à être traité en égal. Ce qui était d'abord une résistance irréductible de l'homme devient l'homme tout entier qui s'identifie à elle et s'y résume. Cette part de lui-même qu'il voulait faire respecter, il la met alors au-dessus du reste, et la proclame préférable à tout, même à la vie[1].

La figure de l'esclave, Camus l'emploie ici pour illustrer la prise de conscience qui naît dans le mouvement même de la révolte. Mais la conscience de quoi exactement ? Sur quoi le révolté ouvre-t-il les yeux lorsqu'il cesse de se tenir à genoux ? L'auteur le précise tout de suite : cette part de l'homme à laquelle il peut s'identifier lui-même. L'écho avec le « lieu commun » évoqué plus haut apparaît alors, d'autant plus que nous le relions à la notion de nature humaine. Voilà ce que le révolté défend et ce qui lui permet de revendiquer l'égalité face à son maître : l'appartenance à une même communauté, celle des êtres humains. Commençant par s'opposer à une attaque portée à sa dignité – ou à la dignité d'un autre être humain car Camus ne laisse pas de côté la possibilité que la révolte naisse d'une observation plutôt que de l'expérience personnelle de l'attaque initiale –, l'homme affirme la raison de son refus. Elle tient dans l'appartenance à la communauté humaine et donc dans un droit au respect de sa dignité ou de la dignité de l'at-

1 *Ibid.*, p. 72.

taqué. Par ce double mouvement de négation et d'affirmation, l'être humain qui se révolte place son appartenance à la communauté des hommes au-dessus de tout – de la vie même, et il faudra revenir sur ce que cela implique dans le cadre du sacrifice. Victime et bourreau, maître et esclave se retrouvent complices[1], embarqués dans un même élan sur les flots de la révolte, et dans l'obligation de prendre conscience du rôle qu'ils doivent y tenir. « Pourquoi se révolter s'il n'y a, en soi, rien de permanent à préserver[2] ? » C'est justement pour préserver cette part mystérieuse qui est contenue en lui-même que l'homme doit se révolter face au dépassement des limites de sa dignité. Par cette phrase simple, Camus esquisse le lien qui unit révolte et « soupçon » de nature humaine. Plus qu'une simple affirmation, le « soupçon qu'il y a une nature humaine » devient principe directeur de la révolte, il en émerge autant qu'il permet de la maintenir. Cela, il faut le garder en mémoire pour éviter la dérive de la révolte vers chacun des biais dénoncés par Camus dans son voyage à travers les différents courants s'étant emparés de la notion entre le XVIIIe siècle et son époque.

> La révolte prouve par là qu'elle est le mouvement même de la vie et qu'on ne peut la nier sans renoncer à vivre. Son cri le plus pur, à chaque fois, fait se lever un être. Elle est donc amour et fécondité, ou elle n'est rien. La révolution sans honneur, la révolution du calcul qui, préférant un homme abstrait à l'homme de chair, nie l'être autant de fois qu'il est nécessaire, met justement le ressentiment à la place de l'amour. Aussitôt que la révolte, oublieuse de ses généreuses origines, se laisse contaminer par le ressentiment, elle nie la vie, court à la des-

1 Dans « Remarque sur la révolte », Camus disait : « Il y a une complicité qui n'est ni plus ni moins évidente que la complicité qui unit à la victime le bourreau. » *Ibid.*, p. 327.

2 *Ibid.*, p. 73.

> truction et fait se lever la cohorte ricanante de ces petits rebelles, graine d'esclaves, qui finissent par s'offrir, aujourd'hui, sur tous les marchés d'Europe, à n'importe quelle servitude. Elle n'est plus révolte ni révolution, mais rancune et tyrannie[1].

Camus n'a de cesse de dénoncer cet oubli des « généreuses origines » dans son examen de la pensée de la révolte, de Sade aux compagnons de route du communisme parmi ses contemporains. Qu'il soit de nature métaphysique ou historique, cet oubli conduit inévitablement à une forme de nihilisme qui n'a pour issue que le meurtre, ou plus largement la violence. Se rappeler le principe fondateur de la révolte, garder à l'esprit ce « soupçon » de nature humaine à préserver, c'est maintenir la révolte dans son cadre et faire perdurer sa tension initiale entre oui et non. Maurice Weyembergh parle, dans ce cadre, d'une « mémoire des origines[2] ».

Garder la mémoire des origines au cœur même des combats, c'est là tout l'enjeu de la vision camusienne de la révolte. Une nouvelle fois, c'est grâce à la littérature que l'écrivain affirme avec force cette nécessité de maintenir vivant le principe initial, alors même que la lutte est en cours. Dans *La Peste*, cela fait déjà longtemps que les formations sanitaires volontaires sont à l'œuvre lorsque le docteur Rieux et Tarrou s'accordent une pause au milieu du combat contre l'épidémie. « À la fin, c'est trop bête de ne vivre que dans la peste. Bien entendu, un homme doit se battre pour les victimes. Mais s'il cesse de rien aimer par ailleurs, à quoi sert qu'il se batte[3] ? » Dans ce récit, c'est la peste qui fait violence, pas les hommes. L'allégorie de l'occupation nazie fait ressortir ce que l'auteur veut mettre en

1 *Ibid.*, p. 322.

2 Maurice Weyembergh, *Albert Camus ou La mémoire des origines*, Bruxelles ; Paris, De Boeck université, 1998,

3 Albert Camus, *Œuvres complètes Tome II, 1944-1948*, *op. cit.*, p. 211-212.

valeur. À l'occasion d'une baignade à deux, donc d'un moment loin de la peste et de la violence, c'est l'amitié qui est à l'honneur. Celle-ci soude Rieux et Tarrou dans la lutte comme en dehors, c'est aussi dans le but de la préserver qu'ils se battent avec autant d'ardeur contre l'épidémie :

> Ils se déshabillèrent. Rieux plongea le premier. Froides d'abord, les eaux lui parurent tièdes quand il remonta. Au bout de quelques brasses, il savait que la mer, ce soir-là, était tiède, de la tiédeur des mers d'automne qui reprennent à la terre la chaleur emmagasinée pendant de longs mois. Il nageait régulièrement. Le battement de ses pieds laissait derrière lui un bouillonnement d'écume, l'eau fuyait le long de ses bras pour se coller à ses jambes. Un lourd clapotement lui apprit que Tarrou avait plongé. Rieux se mit sur le dos et se tint immobile, face au ciel renversé, plein de lune et d'étoiles. Il respira longuement. Puis il perçut de plus en plus distinctement un bruit d'eau battue, étrangement clair dans le silence et la solitude de la nuit. Tarrou se rapprochait, on entendit bientôt sa respiration. Rieux se retourna, se mit au niveau de son ami, et nagea dans le même rythme. Tarrou avançait avec plus de puissance que lui et il dut précipiter son allure. Pendant quelques minutes, ils avancèrent avec la même cadence et la même vigueur, solitaires, loin du monde, libérés enfin de la ville et de la peste[1].

La prise de conscience de l'autre se voit matérialisée, dans cet extrait, non pas entre la victime et le bourreau, mais entre deux hommes devenus amis dans la lutte au-delà de leurs nombreuses différences. Moment d'amitié profonde, la baignade est l'occasion de se souvenir de ce lien qui les unit

1 *Ibid.*, p. 212-213.

réellement. Parce qu'il faut du silence pour entendre le bruit, des moments de pause pour se sentir en activité et en mouvement. Mais ce n'est pas tout, les deux hommes se battent avant tout pour la préservation de ces moments de bonheur, ces temps de l'harmonie entre les êtres humains que l'instant de la baignade illustre et symbolise dans le récit. Le roman illustre avec profondeur l'affirmation détaillée ensuite dans l'essai de 1951 : la révolte se construit avant tout comme la défense d'une part singulière des êtres humains. Ce « soupçon » qu'il existe une nature humaine pour lequel le révolté se lance dans la lutte prend alors chair, il devient plus qu'une formule et se matérialise dans la solidité des rapports humains, entre dignité et solidarité.

En s'éloignant de la définition classique de la nature humaine qui revient le plus souvent à essentialiser l'être humain pour trouver ce qui réunirait la communauté des membres de cette espèce, Camus en construit une nouvelle, prenant soin justement d'éviter ce qu'il considère comme un écueil. Il se refuse, pourtant, à aller sur le terrain opposé qui le pousserait à renier l'essence pour l'existence – avec pour risque que cette dernière devienne un nouvel absolu – à la manière de certains de ses contemporains dont l'un des plus illustres est Jean-Paul Sartre, pour qui « l'existence précède l'essence[1] ». Camus précise à ce sujet dans ses *Carnets* : « Deux erreurs vulgaires : l'existence précède l'essence ou l'essence l'existence. L'une et l'autre marchent et s'élèvent du même pas[2]. » La tension : l'auteur marche sur un fil entre existence et essence. Pour lui, il devient indispensable d'éviter de donner la primauté à l'une ou

1 Sartre avance cet argument fort dans l'un de ses textes bien connus publié en 1946 et issu d'une conférence d'octobre 1945 pour le club Maintenant. Jean-Paul Sartre, *L'Existentialisme est un humanisme*, Paris, France, Nagel, 1960, 141 p.

2 Albert Camus, *Œuvres complètes Tome IV, 1957-1959*, Paris, Gallimard, 2008, p. 1161.

l'autre de ces notions, tout en se distinguant de deux formes d'absolu auxquelles elles peuvent mener. La première qui vise à établir une essence immuable des êtres humains peut revenir à les enfermer dans un système clos et qui justifierait la majorité des schémas de domination. La seconde qui prétend que les êtres humains sont des êtres à la nature totalement plastique, peut revenir à verser dans une autre forme d'absolu, celui du progrès et de la société idéale. Mais alors en quoi consiste précisément le lien que nous voyons entre existence, essence et nature humaine chez Camus ?

Lorsque Camus place au cœur de sa pensée de la révolte le « soupçon qu'il y a une nature humaine », il fait référence à un principe fondateur qui jaillirait du mouvement de la révolte autant qu'il devrait le guider. Ce principe, il en éclaircit la nature en faisant référence à deux éléments qu'il emploie de manière quasi indistincte : « solidarité » et « dignité humaine ». La nature humaine pensée par Camus ne résiderait pas dans une essence, un caractère particulier contenu dans les êtres eux-mêmes, mais plutôt dans la façon dont ils se voient imposer la nécessité de collaborer et d'échanger avec respect entre eux. Avant de poursuivre son raisonnement sur ce principe à l'origine de la révolte en le comparant à un aspect négatif qu'il observe dans la notion de « ressentiment » chez Scheler, l'auteur de *L'Homme révolté* affirme : « Dans la révolte, l'homme se dépasse en autrui et, de ce point de vue, la solidarité humaine est métaphysique. Simplement, il ne s'agit pour le moment que de cette sorte de solidarité qui naît dans les chaînes[1]. » On observe à cette occasion le basculement qui est opéré entre le plan individuel de la prise de conscience de la nécessité de se révolter et le plan collectif de la mise en actes de la révolte ainsi que de la justification concrète de ces actes. Ce qu'exprime de

1 Albert Camus, *Œuvres complètes Tome III, 1949-1956*, *op. cit.*, p. 74.

manière plus ramassée et synthétique la courte assertion « Je me révolte donc nous sommes[1] » se trouve développé et l'on comprend alors mieux la référence aux notions de « solidarité » et de « dignité humaine ». D'ailleurs, plus loin dans l'essai, Camus précise encore ce qu'il entend par là :

> En assignant à l'oppression une limite en deçà de laquelle commence la dignité commune à tous les hommes, la révolte définissait une première valeur. Elle mettait au premier rang de ses références une complicité transparente des hommes entre eux, une texture commune, la solidarité de la chaîne, une communication d'être à être qui rend les hommes ressemblants et ligués. Elle faisait accomplir un premier pas à l'esprit aux prises avec un monde absurde[2].

Si les hommes sont unis entre eux, c'est plus par leur comportement que par leur caractère, un comportement dont Camus semble faire le territoire du sacré[3], c'est-à-dire un territoire placé au-dessus de tout et à défendre quoi qu'il arrive : tout ce qui porte un être humain vers un autre, ce qui les rapproche plus que ce qui les sépare, en un mot l'amour. L'amour, c'est la seule chose qui puisse être l'objet de la démesure des hommes sans risquer d'être puni par « d'obscures Érinyes[4] », ces divinités de l'antiquité grecque qui punissent le dépassement des limites qui mène au déséquilibre du monde.

---

1 *Ibid.*, p. 79.

2 *Ibid.*, p. 301-302.

3 Pour comprendre précisément la façon dont Camus en fait un « territoire du sacré », voir ma communication « *L'Homme révolté* ou la tentation de limiter la violence par le sacré » à l'occasion du colloque d'Angers en 2016, intitulé « Albert Camus et les vertiges du sacré ». Carole Auroy et Anne Prouteau (dir.), *Albert Camus et les vertiges du sacré*, Presses universitaires de Rennes, 2019.

4 Albert Camus, *Œuvres complètes Tome III, 1949-1956*, *op. cit.*, p. 597.

L'écrivain y fait d'ailleurs référence dans l'un des textes où il évoque longuement ces influences grecques qui ont irradié son œuvre et plus largement sa pensée : « L'exil d'Hélène » publié dans le recueil *L'Été* en 1954, mais daté de 1948, ce qui correspond à la période d'intenses réflexions sur la révolte. La démesure dans l'amour ne mène pas au châtiment des Érinyes, il s'agit de la seule démesure qui ne donne pas lieu à un déferlement de violence de la part de ces créatures mythiques. « La démesure dans l'amour, seule souhaitable en effet, est le propre des saints. Les sociétés, elles, n'ont jamais sécrété de démesure que dans la haine. C'est pourquoi il faut leur prêcher une mesure intransigeante. La démesure, la folie, l'abîme, ce sont là secrets, et risques, pour quelques-uns, et qu'il faut taire ou tout au plus suggérer, à peine[1]. » Camus évoque cette « démesure dans l'amour » à l'occasion d'une lettre que l'on trouve dans ses *Carnets*, en 1953, sans savoir à qui elle est destinée, sinon qu'elle entre dans le cadre de ses travaux sur Némésis. Cette démesure dans l'amour tient justement dans ce qui réunit en profondeur les êtres humains. Finalement, cela revient à évoquer le « soupçon qu'il y a une nature humaine », à dire qu'il pourrait rejoindre la façon dont Camus décrit l'amour. Il n'est pas question ici, selon nous, de l'amour particulier entre deux êtres dans leur singularité, cette relation amoureuse avec laquelle, on le sait, Camus entretient un rapport complexe[2]. Il s'agirait plutôt de cette force qui pousse inévitablement les

1 La lettre dont est extrait ce passage est reproduite en partie dans les *Carnets*, elle est précédée de ceci : « Pour Némésis. Paris, le 9 juillet 53 » tout en étant adressée à un « Cher Monsieur ». Albert Camus, *Œuvres complètes Tome IV, 1957-1959, op. cit.*, p. 1161.

2 L'entrée « Amour », écrite par Jacques Le Marinel dans le *Dictionnaire Albert Camus*, revient avec précision sur ce rapport complexe de Camus avec les relations amoureuses tout en proposant les références nécessaires pour approfondir la question. Jeanyves Guérin, *Dictionnaire Albert Camus*, Paris, R. Laffont, 2010, p. 42-44.

hommes à aller les uns vers les autres, à faire société ou communauté, cette tension entre l'individu dans sa singularité et le groupe comme seule possibilité de s'épanouir pleinement en tant qu'tre humain. C'est cet *Éros* grec que l'écrivain reprend à son compte, cette vision de la nature humaine, que Camus entend opposer à la violence, à l'atteinte initiale qui déclenche le processus de la révolte, aux conséquences de la démesure dans la haine sécrétée par les sociétés.

En plaçant la solidarité – cette forme d'amour plus globale entre les êtres humains, presque universelle – au cœur de sa vision de la révolte, l'auteur de *L'Homme révolté* affirme une position singulière quant aux définitions classiques de la nature humaine. Sans en faire un absolu, à la manière de Rousseau, il insiste sur le fait que ce qui réunit les êtres humains en communauté n'est pas à chercher du côté de caractéristiques physiques ou psychologiques, mais simplement dans la nécessité qu'ils ont à être portés les uns vers les autres, à faire société. Face à une atteinte à leur dignité, les hommes se révoltent et ils le font avec force, pour l'ensemble de la communauté humaine. Il l'affirmait déjà dans « Remarque sur la révolte[1] », il le développe dans *L'Homme révolté* :

> Le surgissement du Tout ou rien montre que la révolte, contrairement à l'opinion courante, et bien qu'elle naisse dans ce que l'homme a de plus strictement individuel, met en cause la notion même d'individu. Si l'individu, en effet, accepte de mourir, et meurt à l'occasion, dans le mouvement de sa révolte, il montre par là qu'il se sacrifie au bénéfice d'un bien dont il estime qu'il déborde sa propre destinée. [...] On voit que l'affirmation impliquée dans tout acte de révolte

1 « On remarquera d'abord que la révolte n'est pas dans son essence un mouvement d'égoïsme. » Albert Camus, *Œuvres complètes Tome III, 1949-1956*, *op. cit.*, p. 327.

s'étend à quelque chose qui déborde l'individu dans la mesure où elle le tire de sa solitude supposée et le fournit d'une raison d'agir[1].

Solitaire et solidaire, le révolté se lève, non pas en son nom propre, mais au nom de tous ceux qui l'entourent, et même au nom de celui qui est à l'origine de l'atteinte. En cela, Camus ancre profondément sa définition de la révolte dans ce principe de solidarité comme nature humaine ; mais surtout elle pose un regard nouveau sur la relation entre « le maître et l'esclave ». De là l'écrivain repense le lien qui unit victime et bourreau et renouvelle la pensée de la violence. Cette question ne semble plus alors se poser dans le cadre de la nature humaine – comme si les hommes portaient en eux la violence et ne pouvaient s'en défaire – mais plutôt dans le cadre de la condition humaine dont la violence serait un élément constitutif. De cette manière, l'écrivain replace l'être humain non pas dans la perspective de son essence, mais plutôt dans le contexte où il prend place, sa condition violente et historique.

Placer l'être humain face à sa condition violente, car historique

Nous avons, jusque-là, beaucoup évoqué *L'Homme révolté* à propos de la nature humaine. Pourtant dans l'essai de 1951, il est aussi question de condition humaine, en particulier sous sa dimension violente. Alors qu'il est question d'opérer une transition entre meurtre nihiliste et meurtre historique, en plein cœur de son exposé sur la « Pensée de midi », l'écrivain affirme :

1 *Ibid.*, p. 73.

> Mais si l'homme était capable d'introduire à lui seul l'unité dans le monde, s'il pouvait y faire régner, par son seul décret, la sincérité, l'innocence et la justice, il serait Dieu lui-même. Aussi bien, s'il le pouvait, la révolte serait désormais sans raisons. S'il y a révolte, c'est que le mensonge, l'injustice et la violence font, en partie la condition du révolté. Il ne peut donc prétendre absolument à ne point tuer ni mentir, sans renoncer à sa révolte, et accepter une fois pour toutes le meurtre et le mal. Mais il ne peut non plus accepter de tuer et de mentir, puisque le mouvement inverse qui légitimerait meurtre et violence détruirait aussi les raisons de son insurrection[1].

D'emblée, la divinisation de l'homme est repoussée en ce qu'elle s'opposerait directement à la révolte : dans un monde idéal, les hommes auraient tout loisir de faire le bien, et la révolte ne serait donc pas nécessaire. C'est dans sa condition même que le révolté trouve les raisons de sa révolte, une condition constituée, en grande partie de mensonge, d'injustice et de violence. Le lien entre condition humaine et violence est ainsi explicité : l'une des dimensions de la condition humaine prend les traits de la violence. À ce titre, le révolté, et plus largement l'être humain, est condamné à vivre avec le problème de la violence. Nous avons tenté de montrer que Camus ne s'approchait que prudemment de la question des sources de la violence, mais que l'on pouvait toutefois avancer une piste d'analyse grâce à la violence instinctive et la grille de lecture nietzschéenne. La violence serait donc contenue en l'homme, ce dernier ne pouvant totalement s'en défaire. Cependant, elle ne constitue pas ce que nous avons appelé un élément de la nature humaine puisque, rappelons-le, Camus n'a de cesse d'affirmer que ce « soupçon qu'il y a une nature humaine »

1 *Ibid.*, p. 305-306.

réside précisément dans ce qui rapproche les êtres humains, nous avons vu qu'il parle même de « solidarité ». Alors quel lien existe-t-il entre la violence comme élément de la condition humaine et cette « solidarité » comme « première valeur » et donc comme forme de nature humaine[1] ?

Un autre passage de *L'Homme révolté* semble pouvoir nous aider à répondre à cette question : « La solidarité des hommes se fonde sur le mouvement de révolte et celui-ci, à son tour, ne trouve de justification que dans cette complicité. Nous serons donc en droit de dire que toute révolte qui s'autorise à nier ou à détruire cette solidarité perd du même coup le nom de révolte et coïncide en réalité avec un consentement meurtrier[2]. » Solidarité et révolte se présentent comme indispensables l'une à l'autre. Là où Camus va plus loin dans ce passage, c'est qu'il décrit par la dérive de la révolte même, ce que fait la violence à la solidarité, et donc à la nature humaine. Une révolte qui romprait avec la solidarité initiale, voire la détruirait, coïnciderait avec un autre élément qui détruit la solidarité : le « consentement meurtrier[3] ». Au moment de revenir sur le « meurtre nihiliste », il développe sa position à ce sujet :

---

1 C'est en tout cas ce que nous pouvons tirer du passage suivant : « En assignant à l'oppression une limite en deçà de laquelle commence la dignité commune à tous les hommes, la révolte définissait une première valeur. Elle mettait au premier rang de ses références une complicité transparente des hommes entre eux, une texture commune, la solidarité de la chaîne, une communication d'être à être qui rend les hommes ressemblants et ligués. Elle faisait accomplir un premier pas à l'esprit aux prises avec un monde absurde. Par ce progrès, elle rendait plus angoissant encore le problème qu'elle doit maintenant résoudre face au meurtre. Au niveau de l'absurde, en effet, le meurtre suscitait seulement des contradictions logiques ; au niveau de la révolte, il est déchirement. Car il s'agit de décider s'il est possible de tuer celui, quelconque, dont nous venons enfin de reconnaître la ressemblance et de consacrer l'identité. La solitude à peine dépassée, faut-il donc la retrouver définitivement en légitimant l'acte qui retranche de tout ? Forcer à la solitude celui qui vient d'apprendre qu'il n'est pas seul, n'est-ce pas le crime définitif contre l'homme ? » *Ibid.*, p. 301-302.

2 *Ibid.*, p. 79.

3 Dans un ouvrage de référence, Marc Crépon a repris à son compte l'expres-

> Il n'y a rien de commun en effet entre un maître et un esclave, on ne peut parler et communiquer avec un être asservi. Au lieu de ce dialogue implicite et libre par lequel nous reconnaissons notre ressemblance et consacrons notre destinée, la servitude fait régner le plus terrible des silences. Si l'injustice est mauvaise pour le révolté ce n'est pas en ce qu'elle contredit une idée éternelle de la justice, que nous ne savons où situer, mais en ce qu'elle perpétue la muette hostilité qui sépare l'oppresseur de l'opprimé. Elle tue le peu d'être qui peut venir au monde par la complicité des hommes entre eux. De la même façon, puisque l'homme qui ment se ferme aux autres hommes, le mensonge se trouve proscrit et, à un degré plus bas, le meurtre et la violence, qui imposent le silence définitif[1].

Nous reviendrons sur la dimension positive de cette déclaration dans ce qu'elle place le dialogue comme une sorte d'antidote à la violence, comme une façon d'entretenir la complicité et la solidarité entre les hommes. Pour le moment, il nous faut nous concentrer sur ce qui est dit au sujet de la violence et sur la manière dont Camus la joint au mensonge et à l'injustice pour l'opposer au dialogue. Ces trois éléments – mensonge, injustice et violence – que Camus conçoit comme inhérents à la condition humaine, l'écrivain les relie avec vigueur au silence, en cela qu'ils détruisent précisément ce qui constitue le lieu commun entre les hommes, cette solidarité où ils se reconnaissent par le dialogue et l'échange. De cette façon, il met en lumière une part de ce qui constitue le conflit entre condition humaine et nature humaine. Cependant, il ne faut pas oublier qu'en sens inverse si l'on peut dire, c'est au nom

---

sion camusienne avant de la développer à l'aide du corpus camusien mais aussi de diverses autres œuvres et auteurs. Marc Crépon, *Le Consentement meurtrier*, Paris, les Éd. du Cerf, coll. « Passages », 2012, 274 p.

1 Albert Camus, *Œuvres complètes Tome III, 1949-1956*, *op. cit.*, p. 304.

d'une forme de nature humaine que le révolté lutte contre sa condition et tente de la changer ne serait-ce qu'un peu, à son échelle, à hauteur d'homme, et par la création. Destruction et création semblent à l'œuvre dans le même mouvement, celui de la tension entre nature humaine et condition humaine, comme l'envers et l'endroit d'un même élan.

Nous comprenons désormais un peu mieux pourquoi, lorsqu'il fait référence à la condition humaine, Camus utilise souvent un champ lexical proche de celui de la violence et de la mort. Une note des *Carnets* qui date de 1954 va dans ce sens :

> Bombe thermonucléaire : à la limite, la mort généralisée, coïncide avec la condition humaine sous cet angle. Il suffit donc de se mettre en règle. Nous retrouvons le premier et le plus ancien des problèmes. Arrivés à l'infini, nous recommençons à zéro. Le déplacement du problème : le fléau universel n'a plus Dieu pour auteur, mais les hommes. Les hommes viennent enfin d'égaler Dieu, mais dans sa cruauté. Nous devons donc recommencer la révolte des anciens âges, mais cette fois contre l'humanité. On réclame un nouveau Lucifer qui niera la puissance des hommes[1].

Il associe la bombe thermonucléaire dont il a été l'un des premiers à dénoncer les dégâts en 1945[2], avec la condition humaine en ce que l'une comme l'autre impliquent une mort généralisée. Il dépasse ce simple rapprochement en désignant un coupable : l'homme, ce dernier ayant enfin réussi à « égaler Dieu, mais dans sa cruauté ». La bombe représente l'un des

---

1 Albert Camus, *Œuvres complètes Tome IV, 1957-1959*, *op. cit.*, p. 1189.

2 Il suffit de jeter un œil sur son éditorial dans *Combat* en date du 8 août 1945 pour relever la profondeur critique de son approche concernant la question de la bombe atomique. Albert Camus, *Œuvres complètes Tome II, 1944-1948*, *op. cit.*, p. 409.

aboutissements du processus de divinisation de l'homme, ce dernier ayant acquis le pouvoir de tuer en masse. Une fois de plus, condition humaine et nature humaine se déchirent dans la violence. Il est désormais clair que la violence joue un rôle central dans l'articulation entre condition humaine et nature humaine. Pourtant, il faut encore se pencher sur une autre dimension de cette condition.

Dans la droite ligne de sa position quant à la violence, Camus s'appuie de nouveau sur la posture de tension pour évoquer son rapport à l'histoire. L'excipit de *L'Homme révolté* est particulièrement éclairant à ce sujet : « À cette heure où chacun d'entre nous doit tendre l'arc pour refaire ses preuves, conquérir, dans et contre l'histoire, ce qu'il possède déjà, la maigre moisson de ses champs, le bref amour de cette terre, à l'heure où naît enfin un homme, il faut laisser l'époque et ses fureurs adolescentes. L'arc se tord, le bois crie. Au sommet de la plus haute tension va jaillir l'élan d'une droite flèche, du trait le plus dur et le plus libre[1]. » Reprenant à son compte la métaphore de l'arc qu'il emprunte au penseur présocratique Héraclite, il dépeint, en quelques lignes, le mouvement global de la « Pensée de midi » et la définition de la révolte esquissée tout au long de l'essai. Une expression retient notre attention, « dans et contre l'histoire » : l'être humain n'a pas d'alternative, il doit lutter contre la violence à l'intérieur même de situations violentes au sein desquelles il est poussé à l'utiliser. Ni totalement innocent ni entièrement coupable, il est profondément en prise avec ce problème qui se pose à lui, empêtré dans une violence omniprésente et parfois même indispensable, mais aussi obligé de la limiter afin qu'elle ne s'impose pas comme le seul moyen de révolte, qu'elle ne détruise pas la complicité/solidarité des hommes. Ce n'est donc pas

1 Albert Camus, *Œuvres complètes Tome III, 1949-1956*, *op. cit.*, p. 324.

un hasard si, dans une note des *Carnets* de septembre 1954, on retrouve cette tension profonde à la fois concernant l'histoire et la violence alors que Camus fait référence, une nouvelle fois, à l'alternance vainqueurs/vaincus : « L'histoire est un long crime perpétré par des innocents[1]. » Histoire et violence se trouvent reliées, dans cet extrait, par la figure qui illustre le mieux, avec une pointe d'ironie, la tension qui traverse toute la pensée de Camus : l'oxymore d'innocents perpétrant un crime. Il résume donc toute l'histoire en une formule ramassée où la violence est centrale, dans une alternance infinie entre les coupables et les innocents, entre les victimes et les bourreaux. Cette répétition du même, le crime, mais avec des acteurs différents, on ne peut s'empêcher d'y voir une référence à Nietzsche. Le philosophe allemand a pensé l'histoire comme un « Retour éternel », une « répétition des grands moments[2] » selon Camus, où ce sont simplement certains acteurs qui changent, voire qui permutent. Cependant, l'écrivain semble s'éloigner de ce qu'implique une telle vision comme nous le montre cet autre extrait de *L'Homme révolté* – Camus revient dans l'essai sur les éléments qui le rapprochent et ceux qui l'éloignent de Nietzsche justement :

1 Albert Camus, *Œuvres complètes Tome IV, 1957-1959*, *op. cit.*, p. 1193-1194.

2 Dans une note du début de l'année 1942 alors qu'il continue de lire Nietzsche et réfléchit sérieusement à l'engagement qu'il doit prendre dans la guerre qui dure déjà depuis quelques années, Camus évoque cette notion : « On comprend mieux le « Retour éternel » si on l'imagine comme une répétition des grands moments – comme si tout visait à reproduire ou faire retentir les moments culminants de l'humanité. Les primitifs italiens ou la Passion selon saint Jean faisant revivre, imitant, commentant à perte de vue le « Tout est consommé » de la colline sacrée. Toutes les défaites ont quelque chose d'Athènes ouverte aux Romains barbares, toutes les victoires font penser à Salamine, etc., etc. » Albert Camus, *Œuvres complètes Tome II, 1944-1948*, Paris, Gallimard, coll. « Bibliothèque de la Pléiade », 2006, p. 949-950.

> Cette approbation supérieure, née de l'abondance et de la plénitude, est l'affirmation sans restriction de la faute elle-même et de la souffrance, du mal et du meurtre, de tout ce que l'existence a de problématique et d'étrange. Elle naît d'une volonté arrêtée d'être ce que l'on est dans un monde qui soit ce qu'il est, « Se considérer soi-même comme une fatalité, ne pas vouloir se faire autrement que l'on est... » Le moi est prononcé. L'ascèse nietzschéenne, partie de la reconnaissance de la fatalité, aboutit à une divinisation de la fatalité. Le destin devient d'autant plus adorable qu'il est plus implacable. Le dieu moral, la pitié, l'amour sont autant d'ennemis de la fatalité qu'ils essaient de compenser. Nietzsche ne veut pas de rachat. La joie du devenir est la joie de l'anéantissement. Mais l'individu seul est abîmé. Le mouvement de révolte où l'homme revendiquait son être propre disparaît dans la soumission absolue de l'individu au devenir[1].

Il met ainsi en lumière le risque d'une inévitable divinisation de la fatalité contenue dans la posture même de Nietzsche lorsqu'il pense le « Retour éternel ». L'homme serait pleinement dans l'histoire tout en devant accepter sa condition et ne pas lutter contre elle. On voit bien en quoi cette affirmation nietzschéenne d'un grand consentement à l'histoire s'oppose clairement à la position de Camus : l'homme révolté doit se maintenir « dans et contre l'histoire ». La vision nietzschéenne tronquerait donc l'une des faces du mouvement camusien ; mais elle n'est pas la seule à laquelle Camus s'oppose frontalement. Une autre vision, cette fois contemporaine, lui fait face et maintient qu'une lutte contre l'histoire est inutile, voire qu'il

1 Albert Camus, *Œuvres complètes Tome III, 1949-1956*, *op. cit.*, p. 122-123.

faudrait lutter pour l'histoire et uniquement l'histoire : c'est ce que Camus appelle l'« historisme[1] ».

En effet, s'il nuance son jugement quant à la vision nietzschéenne de l'histoire en ce qu'elle tronque sa propre position, il critique, avec plus de vigueur, celle qui décrit l'histoire comme une ligne droite dont la fin serait proche, contre laquelle il est inutile de lutter, voire qu'il faudrait accélérer. Cette dernière tendance, l'écrivain la fait remonter, en premier lieu, à la tradition judéo-chrétienne avant de mettre en lumière une certaine filiation entre cette dernière et ce qu'il désigne sous l'appellation « l'idéologie allemande » :

> Les chrétiens ont, les premiers, considéré la vie humaine, et la suite des événements, comme une histoire qui se déroule à partir d'une origine vers une fin, au cours de laquelle l'homme gagne son salut ou mérite son châtiment. La philosophie de l'histoire est née d'une représentation chrétienne, surprenante pour un esprit grec. La notion grecque du devenir n'a rien de commun avec notre idée de l'évolution historique. La différence entre les deux est celle qui sépare un cercle d'une ligne droite. Les Grecs se représentaient le monde comme cyclique. Aristote, pour donner un exemple précis, ne se croyait pas postérieur à la guerre de Troie. Le christianisme a été obligé, pour s'étendre dans le monde méditerranéen, de s'helléniser et sa doctrine s'est du même coup assouplie. Mais son originalité est d'introduire dans le monde antique deux notions jamais liées jusque-là, celles d'histoire et de châtiment. Par l'idée de médiation, le christianisme est grec. Par la notion d'historicité, il est judaïque et se retrouvera dans l'idéologie allemande[2].

---

1 Pour en savoir plus sur l'usage de ce mot par Camus, il est indispensable de consulter l'entrée « Historisme » par Maurice Weyembergh dans le *Dictionnaire Camus*. Jeanyves Guérin, *Dictionnaire Albert Camus*, *op. cit.*, p. 377.

2 Albert Camus, *Œuvres complètes Tome III, 1949-1956*, *op. cit.*, p. 222-223.

L'auteur met ici le doigt sur ce qui pourrait apparaître comme un paradoxe : la filiation au sujet de la vision de l'histoire entre la doctrine chrétienne et l'idéologie allemande. Rappelons que cette idéologie allemande, Camus la décrit comme l'origine elle-même du marxisme et donc plus largement du communisme du XXe siècle, en ce qu'il trace une ligne droite entre Hegel, Marx et Lénine. De Hegel qui reprend à son compte cette vision linéaire et téléologique de l'histoire jusqu'aux compagnons de route du communisme qui l'entourent, en passant par Marx bien sûr et même Lénine, Camus montre que cette approche de l'histoire mène irrémédiablement vers l'« historisme » à la mise en place d'un nouvel absolu, d'une nouvelle divinité. Selon lui, il s'agit là du dernier stade connu de la divinisation de l'homme. Son essence étant dépassée – donc sa nature – au profit de son existence, seuls les actes comptent et ils doivent aller dans un seul et unique sens, celui de l'histoire.

Dans un monde où la dialectique domine, seule compte l'issue de la contradiction. Appliquant cela sur le plan historique, la philosophie de l'histoire renvoie le bonheur à la réalisation future d'une société idéale. Si seule compte la fin de l'histoire, l'individu s'efface devant les moyens à déployer pour l'atteindre. La véritable nature humaine ne se conquiert qu'une fois la totalité acquise, l'empire du monde réalisé. L'histoire se transforme en « crime objectif[1] » et mutile l'homme dans la perspective d'un monde meilleur à venir. Camus opère la distinction entre un fascisme qui exalte le bourreau par le bourreau et un communisme « plus dramatique[2] » qui exalte le bourreau par les victimes. Dans ce cadre, le nihilisme historique naît d'une volonté de l'homme de fuir devant sa condition.

1 *Ibid.*, p. 273.

2 *Ibid.*

Contrairement à la révolte métaphysique, la révolte historique absolutise la transformation de la condition humaine, niant au passage l'existence originelle d'une nature commune à tous les individus. Nature humaine, condition humaine, violence, ces notions se retrouvent solidement articulées entre elles par Camus dans le déroulement de sa critique de la révolte historique comme source d'un nouveau nihilisme. Il en fait même l'origine de ce qu'il appelait le « crime de logique » – opposé au « crime de passion » dans l'introduction de l'essai – et qui reviendrait en fin de compte à la justification par l'idéologie du crime généralisé, véritable mal du XXe siècle, ce « siècle de la peur[1] ». De la divinisation de l'histoire au meurtre historique, le chemin n'est pas long. Camus met en lumière les détails du processus qui conduit de l'un à l'autre, en particulier dans le cas des partisans de la révolution communiste :

> La valeur positive contenue dans le premier mouvement de révolte suppose le renoncement à la violence de principe. Elle entraîne, par conséquent, l'impossibilité de stabiliser une révolution. La révolte traîne sans cesse avec elle cette contradiction. Au niveau de l'histoire, elle se durcit encore. Si je renonce à faire respecter l'identité humaine, j'abdique devant celui qui opprime, je renonce à la révolte et retourne à un consentement nihiliste. Le nihilisme alors se fait conservateur. Si j'exige que cette identité soit reconnue pour être, je m'engage dans une action qui, pour réussir, suppose un cynisme de la violence, et nie cette identité et la révolte elle-même. En élargissant encore la contradiction, si l'unité du monde ne peut lui venir d'en haut, l'homme doit la construire à sa hauteur, dans l'histoire. L'histoire, sans valeur qui la transfigure,

---

1 Il s'agit du titre de l'article introductif de la série « Ni victimes ni bourreaux » publié le 19 novembre 1946 dans *Combat*, nous aurons l'occasion de revenir sur ce texte. Albert Camus, *Œuvres complètes Tome II, 1944-1948*, *op. cit.*, p. 436.

> est régie par la loi de l'efficacité. Le matérialisme historique, le déterminisme, la violence, la négation de toute liberté qui n'aille pas dans le sens de l'efficacité, le monde du courage et du silence sont les conséquences les plus légitimes d'une pure philosophie de l'histoire[1].

La liste des conséquences d'une « pure philosophie de l'histoire » est longue sous la plume camusienne, et la violence comme la négation de la liberté y trouvent une place de choix. Cette nouvelle forme de nihilisme, « conservateur » cette fois, suppose désormais un « cynisme de la violence ». L'efficacité s'installe comme valeur centrale dans le sillon de l'histoire divinisée ; le crime devient un moyen justifié par la fin, une issue de l'histoire justement qui s'accomplirait dans la réalisation de la société idéale.

De nouveau, on observe tout l'intérêt d'étudier l'articulation entre violence et histoire à travers la notion de condition humaine. C'est précisément sur ce point que Camus s'oppose à une grande partie de ses contemporains. Il y revient de manière plus argumentée et moins polémique que dans sa « Lettre à M. le Directeur » adressée à Sartre, dans un texte qui ne sera finalement jamais publié : « Défense de *L'Homme révolté* » de novembre 1952. Il y clarifie sa pensée du rapport entre individu et histoire tout en réfutant « l'individualisme absolu et ses licences en même temps que l'historicisme et ses soumissions[2] ». Déjà dans l'essai, plus exactement dans la conclusion qu'il consacrait à la « Pensée de midi », il mettait vigoureusement en lumière la position esquissée du révolté face à l'histoire, à la violence, à la condition humaine en somme :

1 Albert Camus, *Œuvres complètes Tome III, 1949-1956*, *op. cit.*, p. 306-307.

2 *Ibid.*, p. 374.

> Le révolté, loin de faire un absolu de l'histoire, la récuse et la met en contestation, au nom d'une idée qu'il a de sa propre nature. Il refuse sa condition et sa condition, en grande partie, est historique. L'injustice, la fugacité, la mort se manifestent dans l'histoire. En les repoussant, on repousse l'histoire elle-même. Certes, le révolté ne nie pas l'histoire qui l'entoure, c'est en elle qu'il essaie de s'affirmer. Mais il se trouve devant elle comme l'artiste devant le réel, il la repousse sans s'y dérober. Pas une seconde, il n'en fait un absolu. S'il peut participer, par la force des choses, au crime de l'histoire, il ne peut donc le légitimer[1].

En revenant sur la nécessaire opposition du révolté face à sa condition historique – rappelant toutefois qu'il lui est impossible d'en sortir –, Camus évoque de nouveau le « crime de l'histoire ». De fait, histoire et violence sont représentées comme liées en ce qu'elles constituent toutes les deux une dimension de la condition humaine contre laquelle il est indispensable de se battre mais dont on ne peut s'extraire. De nouveau, c'est le « soupçon qu'il y a une nature humaine » comme solidarité et complicité entre les êtres humains qui apparaît en tension extrême avec une condition humaine historique et violente sans issue. Cette façon dont la fatalité du sort des êtres humains est couplée à la nécessité de lutter contre elle-même ne relève-t-elle pas de la tragédie ?

Si on se réfère aux définitions classiques du terme « tragédie », il s'agit d'une situation conflictuelle, dramatique ou encore douloureuse, dans laquelle une personne est prise dans un piège dont elle ne peut s'échapper[2]. Cette situation trouve, bien souvent, sa conclusion dans une issue funeste. Autant

1 *Ibid.*, p. 309.

2 C'est en tout cas ce que précise le *Littré*, par exemple, dans sa définition du mot « tragique ».

d'éléments que nous avons rencontrés dans la vision de la condition humaine adoptée par Camus. Pris dans une sorte d'étau, l'être humain doit se situer sans arrêt face à la question de la violence en tant que dimension de cette condition. Cette violence est induite par la condition historique qui détruit la complicité censée l'unir à ses semblables et que Camus appelle « soupçon qu'il y a une nature humaine ». Et pourtant, elle représente parfois le seul – le dernier ? – moyen pour changer la condition et défendre cette part de commun chez les hommes. En aucun cas, il n'est question d'une éventuelle sortie de cette condition ou même de l'histoire. Camus l'affirme dans sa définition de la révolte : il est nécessaire de rester « dans et contre l'histoire ». On comprend mieux alors la façon dont cette prise de position l'oppose à l'historisme qui, s'il divinise l'histoire, en prédit la fin en invoquant la réalisation de la cité idéale.

En effet, par sa vision linéaire de l'histoire, cet historisme mise sur la construction progressive d'un nouvel idéal de l'homme et plus largement de la société, mais cette course ne se fait pas sans but, elle a pour objectif la fin de l'histoire réalisée dans l'avènement de la société communiste idéalisée[1]. À terme, les êtres humains seraient donc amenés à sortir de l'histoire pour entrer dans l'ère de la société idéale imaginée en amont comme la fin du processus politique. Ce serait la fin de la dimension historique de la condition humaine. Or, pour Camus, cette sortie apparaît comme impossible et, à l'image de Sisyphe, nous sommes tous condamnés à pousser notre rocher invariablement en haut de la montagne en sachant qu'il dévalera de nouveau la pente. La condition historique des êtres humains n'a pas d'issue, elle peut connaître quelques

1 Aujourd'hui, les mouvements communistes contemporains ou qui s'en rapprochent semblent avoir rompu avec cette vision linéaire de l'histoire et parmi eux, ceux qui croient en la réalisation prochaine de la société idéale ne sont que peu nombreux.

améliorations infimes sur le temps long, mais pas plus ; elle est sans arrêt négociée par la communauté humaine avec la tension extrême qui est illustrée par la formule « dans et contre l'histoire ». Un progrès ? L'écrivain ne semble pas réellement attaché à cette idée. On peut même dire qu'il s'y oppose comme il le rappelle dans un extrait de l'essai « Les Amandiers », qui date de 1941 dans sa version initiale, avant qu'il ne soit repris ensuite dans le recueil *L'Été* en 1954 :

> Je ne crois pas assez à la raison pour souscrire au progrès, ni à aucune philosophie de l'Histoire. Je crois du moins que les hommes n'ont jamais cessé d'avancer dans la conscience qu'ils prenaient de leur destin. Nous n'avons pas surmonté notre condition, et cependant nous la connaissons mieux. Nous savons que nous sommes dans la contradiction, mais que nous devons refuser la contradiction et faire ce qu'il faut pour la réduire. Notre tâche d'homme est de trouver les quelques formules qui apaiseront l'angoisse infinie des âmes libres. Nous avons à recoudre ce qui est déchiré, à rendre la justice imaginable dans un monde si évidemment injuste, le bonheur significatif pour des peuples empoisonnés par le malheur du siècle. Naturellement, c'est une tâche surhumaine. Mais on appelle surhumaines les tâches que les hommes mettent longtemps à accomplir, voilà tout[1].

Pour Camus, croire fortement en la raison mène à souscrire à la notion de progrès, ainsi qu'à une philosophie de l'histoire. Nous avons vu ce qu'il dit de la raison comme nouvel absolu au moment de la Révolution de 1789 et la façon dont elle se plaçait dans la lignée de Rousseau. S'il y a un progrès selon lui, c'est dans la conscience que les êtres humains ont de leur

1 Albert Camus, *Œuvres complètes Tome III, 1949-1956*, *op. cit.*, p. 587.

destin et dans la lucidité quant au maintien de la contradiction qui existe dans la condition humaine. Cette contradiction pourrait concerner ici l'usage de la violence qui détruit ce qu'il y a de commun alors qu'elle peut aussi s'avérer indispensable dans l'expression de la révolte. Cela justifierait la suite, ce passage où Camus affirme qu'il faut lutter contre cette contradiction et « faire ce qu'il faut pour la réduire ». La violence, en ce qu'elle est contradictoire avec une forme de nature humaine fondée précisément sur ce qu'elle détruit, la solidarité et la communauté, est à réduire au maximum. Nous verrons que cela trouve un écho particulier sur les plans moral et politique.

En attendant, avec cette « tâche surhumaine » qu'il s'assigne ainsi qu'à tous les autres humains, Camus préfère affronter sa condition historique et violente et lui opposer sa vision de la révolte, une révolte qui tente justement de « recoudre ce qui est déchiré ». Cela, il l'exigeait déjà, en 1944, dans ses *Carnets* au prétexte d'évoquer la notion de grâce :

> La grâce ?
>
> Nous devons servir la justice parce que notre condition est injuste, ajouter au bonheur et à la joie parce que cet univers est malheureux. De même, nous ne devons pas condamner à mort puisqu'on a fait de nous des condamnés de mort.
>
> Le médecin, ennemi de Dieu : il lutte contre la mort[1].

L'injustice réapparaît ici, comme le malheur et la mort qui constituent la condition des hommes. Camus énonce ici précisément ce que doit faire l'homme pour lutter contre cette condition : servir la justice, ajouter au bonheur et à la

1 Albert Camus, *Œuvres complètes Tome II, 1944-1948*, *op. cit.*, p. 1019.

joie, mais aussi ne pas condamner à mort, c'est-à-dire ne pas consentir au meurtre que ce soit de manière active ou passive. L'image du médecin est mise en avant, dans ce cadre, comme « ennemi de Dieu » en ce qu'il lutte contre la mort, comme le fera le docteur Rieux contre la peste dans le récit éponyme, en chantier à cette époque et publié en 1947. Le roman illustre parfaitement cette articulation entre une condition humaine symbolisée par la peste qui sème la mort sur son passage et la lutte acharnée de ceux qui s'organisent pour la combattre, en particulier le docteur Rieux ou encore Tarrou. Leur complicité est, d'ailleurs, mise en avant à la fois parce qu'elle est issue de cette lutte, et parce qu'elle est menacée par le combat lui-même et les sacrifices qu'il demande.

Ailleurs, dans les deux essais philosophiques essentiellement, Camus s'empare des figures mythiques de l'antiquité pour penser le sort des hommes, ce combat sans victoire finale, cette lutte « dans et contre ». Il choisit deux personnages dont la torture se répète indéfiniment et qui restent pourtant fidèles à leurs principes en acceptant de vivre ce destin. Le premier, Sisyphe, doit sans cesse remonter son rocher en haut de la montagne avant de le voir inlassablement retomber. Condamné à vivre cette torture, il lui est impossible de s'extraire de sa condition, la loi des dieux est toute-puissante, on ne peut la transgresser. Il tente de s'en détourner et se bat, car tant qu'on se bat, on vit pleinement, et on n'a pas besoin de sortir du nœud tragique. Sisyphe est lucide sur sa condition, conscient de son destin, et c'est peut-être en raison de cette lucidité que l'écrivain nous demande de l'imaginer heureux, heureux de se battre et de lutter, d'opposer la joie au sort malheureux qui lui a été infligé[1]. Le second, Prométhée, se voit puni de ses actes

1 Le cas de Sisyphe mériterait que l'on s'y attarde plus longuement en ce qui concerne la dimension tragique et la façon dont Camus l'aborde pour le placer au cœur de son cycle sur l'absurde. Malheureusement, nous n'en avons pas le temps

en faveur des hommes par un supplice cruel : enchaîné à un rocher, le jour il est condamné à se faire dévorer le foie par un aigle, alors que la nuit ce foie se régénère en vue de redonner lieu au supplice le lendemain. Quelle figure plus dramatique et plus douloureuse choisir pour illustrer la condition humaine ? Nous l'avons vu, cette condition, Camus la décrit comme « injuste », prenant les traits d'un « univers malheureux » sur lequel plane une constante condamnation à mort. Faite de sang et d'histoire, cette condition pourrait porter vers le désespoir ; l'écrivain s'y refuse pourtant dans ses *Carnets* :

> Les communistes et les chrétiens me diront que leur optimisme est à plus longue portée, qu'il est supérieur à tout le reste, et que Dieu ou l'histoire, selon les cas, sont les aboutissements satisfaisants de leur dialectique. J'ai le même raisonnement à faire. Si le christianisme est pessimiste quant à l'homme, il est optimiste quant à la destinée humaine. Le marxisme, pessimiste quant à la destinée, pessimiste quant à la nature humaine, est optimiste quant à la marche de l'histoire (sa contradiction !). Je dirai moi que, pessimiste quant à la condition humaine, je suis optimiste quant à l'homme.
>
> Comment ne voient-ils pas que jamais n'a été poussé pareil cri de confiance en l'homme[1] ?

En soulignant, une fois de plus, ce qui l'éloigne des chrétiens et des marxistes dans leurs croyances, qu'elles concernent Dieu ou l'histoire, Camus affirme avec vigueur la façon dont il articule condition humaine et nature humaine. Tout au long de ce chapitre, nous avons pu observer en quoi il peut

---

ici et cela nous porterait trop loin de notre sujet.

1 Albert Camus, *Œuvres complètes Tome II, 1944-1948, op. cit.*, p. 1038-1039.

se définir comme « pessimiste quant à la condition humaine », une condition faite d'injustices, de mensonges et de violence. Mais à ce pessimisme, il articule une forme de confiance ou d'optimisme quant à l'homme; on retrouve alors le « soupçon qu'il y a une nature humaine » et la manière dont il s'en empare par l'intermédiaire de la solidarité et de la volonté de préserver ce qu'il y a de commun entre les êtres humains. À ce stade d'extrême tension entre condition et nature humaine, au cœur du nœud tragique que cette tension constitue, il est nécessaire de donner de la consistance à ce « cri de confiance en l'homme » évoqué plus haut. C'est là tout l'objet de la « tâche d'homme » dont il parlait, celle « de trouver les quelques formules qui apaiseront l'angoisse infinie des âmes libres » en rendant « la justice imaginable dans un monde si évidemment injuste, le bonheur significatif pour des peuples empoisonnés par le malheur du siècle ». Cela implique une nouvelle approche du problème de la violence, une approche que Camus va tenter d'esquisser à partir de son expérience de la Seconde Guerre mondiale, au cœur d'un nouveau conflit qui couve et qui présage déjà une redistribution nouvelle des rôles de victimes et de bourreaux.

Chapitre 3

« Ni victimes ni bourreaux » ou la recherche d'une conduite face à la violence

À partir de la sortie de la Seconde Guerre mondiale un constat clair s'impose à Camus : il existe une part commune entre tous les êtres humains. Si cette dernière reste souvent mystérieuse et voilée, elle n'en doit pas moins servir d'appui pour faire face à la condition que ces êtres partagent, une condition dont l'un des principaux caractères tient à sa violence. En 1945, dans sa « Remarque sur la révolte » publiée dans l'ouvrage collectif *L'Existence* dirigé par Jean Grenier, il écrit : « C'est pour toutes les existences en même temps que le fonctionnaire se dresse lorsqu'il juge que, par tel ordre, quelque chose en lui est nié qui ne lui appartient pas seulement, mais qui est un lieu commun où tous les hommes, même celui qui l'insulte et l'opprime, ont une solidarité toute prête[1]. » En 1951, dans *L'Homme révolté*, la formule se retrouve à l'identique, ou presque, puisque le fonctionnaire a laissé place à l'esclave et que le trait est grossi pour faire ressortir la puissance d'un tel constat : « C'est pour toutes les existences en même temps que l'esclave se dresse, lorsqu'il juge que, par tel ordre, quelque chose en lui est nié qui ne lui appartient pas seulement, mais qui est un lieu commun où tous

1 Albert Camus, *Œuvres complètes Tome III, 1949-1956*, Paris, Gallimard, 2008, p. 326-327.

les hommes, même celui qui l'insulte et l'opprime, ont une communauté prête. [note : La communauté des victimes est la même que celle qui unit la victime au bourreau. Mais le bourreau ne le sait pas.] [1] »

Que faire alors pour que le bourreau ouvre les yeux ? Et peut-être pour que cette prise de conscience s'élargisse à l'ensemble de la société ? Que tirer concrètement de cette position ontologique ? Autant de questions que Camus va poser et se poser à partir de son expérience de la Résistance, de la Libération et d'une nouvelle guerre qui se profile. Loin de se contenter d'un constat, même aussi puissant, l'écrivain va tenter de tracer un sillon singulier à partir de lui : une conduite entre morale et politique, qui refuse d'opposer stérilement victimes et bourreaux pour les mettre en tension, et qui trouvera un écho particulier dans tout un pan de son parcours avec la « question algérienne ».

La nécessité de penser une conduite alliant morale et politique

Très tôt dans son parcours, Camus a perçu l'importance de réfléchir à des principes fondateurs d'une conduite dans un premier temps individuelle mais qui pourrait être élargie ensuite au reste du groupe. On en trouve notamment une première occurrence dans les *Carnets* en date de 1938 [2] où

1 *Ibid.*, p. 73-74.

2 La note entière est la suivante, elle date d'avril 1938 : « Il s'agit d'abord de se taire – de supprimer le public et de savoir se juger. D'équilibrer une attentive culture du corps avec une attentive conscience de vivre. D'abandonner toute prétention et de s'attacher à un double travail de libération – à l'égard de l'argent et à l'égard de ses propres vanités et de ses lâchetés. Vivre en règle. Deux ans ne sont pas de trop dans une vie pour réfléchir sur un seul point. Il faut liquider tous les états antérieurs et mettre toute sa force d'abord à ne rien désapprendre, ensuite

« Vivre en règle » prend la forme d'un leitmotiv qui caractérise avec précision la façon dont Camus appréhende le monde. Avant tout, cela signifie avoir une vie qui soit à l'image des convictions que l'on affiche. Ce souci permanent de cohérence et de fidélité aux principes que l'on a placés en amont de sa conduite, et cela tout au long de sa vie, apparaît donc très tôt chez le jeune écrivain. Pourtant, il n'est pas question de figer sa vie dans des principes rigides qui deviendraient des contraintes. Au contraire, Camus semble envisager cette démarche plutôt comme un moyen d'adapter sa conduite au mouvement du monde qui l'entoure, comme si ces principes allaient lui permettre de se mouvoir dans un monde bien souvent fait de chaos et d'obscurité.

Quelques années plus tard, c'est avec son ancien ami allemand – acquis désormais au nihilisme le plus violent – qu'il souhaite se « mettre en règle » : « Je vous le dirai plus loin, la certitude du cœur ne fait pas pour autant sa gaieté. Cela donne déjà son sens à tout ce que je vous écris. Mais auparavant, je veux me mettre encore en règle avec vous, votre souvenir et notre amitié[1]. » Dans cette deuxième *Lettre*, la mise en règle consiste en une définition précise, au cœur de cet échange épistolaire, de ce qui a pu rapprocher mais aussi éloigner les deux amis. Car « se mettre en règle », c'est établir une limite ou des limites en travaillant sur des principes permettant de distinguer ce qui réunit comme ce qui sépare. Si Camus s'emploie, dans un premier temps, à préciser sa proximité avec l'ami allemand dans une forme de nihilisme qu'ils partageaient avant la guerre – et qui puisait ses racines dans le constat commun

à patiemment apprendre. À ce prix-là, il y a une chance sur dix d'échapper à la plus sordide et la plus misérable des conditions : celle de l'homme qui travaille. » Albert Camus, *Œuvres complètes Tome II, 1944-1948*, *op. cit.*, p. 849-850.

1 Il s'agit d'un extrait de la deuxième lettre qui date de décembre 1943. *Ibid.*, p. 1415.

de l'absurde, c'est pour mieux s'en éloigner, ensuite, en esquissant les chemins différents qu'ils ont décidé d'emprunter. D'ailleurs, il affirmera même dans sa quatrième et dernière lettre que cette mise en règle accomplie, il est prêt à détruire l'ami allemand devenu nazi dans toute sa puissance : « Et si même demain, comme tant d'autres, il nous fallait mourir, nous serions encore sans haine. Nous ne pouvons répondre de ne pas avoir peur, nous essaierions seulement d'être raisonnables. Mais nous pouvons répondre de ne rien haïr. Et la seule chose au monde que je pourrais aujourd'hui détester, je vous dis que nous sommes en règle avec elle et que nous voulons vous détruire dans votre puissance sans vous mutiler dans votre âme[1]. » Il est important d'être clair quant à ce qu'il pense de son ancien ami, affirmer de manière tranchée le choix qu'il a fait de rompre avec le nihilisme qui leur était commun avant la guerre, pour choisir finalement une position opposée. Contre le nihilisme et ses conséquences, Camus construit les nouvelles bases de ses réflexions morales et politiques. La « seule chose » qu'il pourrait détester – ici il faut sûrement entendre le fascisme et en particulier l'idéologie nazie pour sa cruauté aveugle –, l'auteur affirme qu'il est désormais en règle avec elle, c'est-à-dire qu'il sait comment la combattre sans haïr. Il en profite pour rappeler que cette mise en règle ne mène pas à la destruction de l'ennemi dans sa chair, mais uniquement dans ses actions et dans ce qu'il s'est donné comme principes pour guider ces actions. L'écrivain veut rester au contact de ce qui lui pose problème et en posant des limites, en cherchant les principes temporaires qui peuvent l'y aider, il ne s'isole pas, mais tente de construire une dynamique qu'il pourra partager avec ses contemporains. Voilà ce qui constitue le cœur de l'approche morale et politique proposée par Camus, celle qui naît

1 *Ibid.*, p. 28.

dans la confrontation au nihilisme comme règne de la puissance et de l'efficacité, dans le contact direct avec la violence.

Il semblerait alors que, au-delà de ces lettres en forme de manifeste de la Résistance, l'écrivain puise dans une autre de ses expériences fortes afin de faire émerger ces principes. Cette expérience formatrice, c'est celle du journalisme qu'il retrouve après des années d'interruption, depuis l'aventure d'*Alger républicain* et du *Soir républicain*. Avec son engagement dans *Combat*, cette dimension morale et politique du journalisme camusien franchit un nouveau cap. Alors que dans les colonnes du *Soir républicain*, c'était au profit d'un pacifisme – dont on a dit toute la singularité – que le journaliste prenait la plume, dans celles de *Combat*, la donne semble avoir changé. Dans un article qu'il publie le 22 novembre 1944, Camus parle de ce rôle du journaliste, qui tient justement dans la délimitation de principes en rapport direct avec la morale et la politique d'un même élan. En prenant appui sur une posture d'autocritique, il tente de redéfinir dans ce sens les prérogatives d'un métier qu'il connaît désormais dans le détail et dont il sait les travers possibles : « Nous avons le désir sincère de collaborer à l'œuvre commune par l'exercice périodique de quelques règles de conscience dont il nous semble que la politique n'a pas fait, jusqu'ici, un grand usage. C'est toute notre ambition et, bien entendu, si nous marquons les limites de certaines pensées ou actions politiques, nous connaissons aussi les nôtres, essayant seulement d'y remédier par l'usage de deux ou trois scrupules. Mais l'actualité est exigeante et la frontière qui sépare la morale du moralisme, incertaine[1]. » En creux, derrière la mise en lumière des risques pour le journaliste d'aller sur le terrain de la morale, l'auteur affirme la nécessité de franchir ce cap qui permet de donner au métier toute sa densité et sa profondeur sans

1 Albert Camus, *Œuvres complètes Tome II, 1944-1948*, *op. cit.*, p. 388-389.

rester dans la simple description de l'actualité. Ce n'est alors pas un hasard si, dans la construction de son recueil *Actuelles, Chroniques 1944-1948*, Camus a choisi de faire suivre immédiatement après cet article une sous-partie intitulée « Morale et politique » où il rappelle, à travers différents sujets, qu'il est indispensable d'« introduire le langage de la morale dans l'exercice de la politique[1] ». Morale et politique, deux facettes d'un même élan qui émerge au cœur de cette Seconde Guerre mondiale alors que l'écrivain a fait le choix de s'engager dans les rangs de la Résistance, alors qu'il a trouvé sa place, un endroit où ses capacités seraient utiles au mouvement.

Jusqu'à la publication de *L'Homme révolté* en 1951, plusieurs textes vont se succéder comme autant de jalons des réflexions de Camus dans ce mouvement qui tente de faire tenir ensemble morale et politique. L'un de ces jalons, peut-être le plus consistant, tient dans une autre série d'articles, déjà brièvement évoquée, et reprise dans *Actuelles, Chroniques 1944-1948* : « Ni victimes ni bourreaux ». Elle est publiée dans les colonnes de *Combat* dont Camus est encore le rédacteur en chef en 1946. Cette série, l'écrivain-journaliste l'ouvre par un article, « Le siècle de la peur », où il pose d'emblée le problème qu'il souhaite aborder de front en cette sortie de Seconde Guerre mondiale : « Et si la peur n'est pas le climat de la juste réflexion, il leur [ces hommes et femmes qui refusent de se placer en faveur d'un bloc ou de l'autre] faut donc d'abord se mettre en règle avec la peur. Pour se mettre en règle avec elle, il faut voir ce qu'elle signifie et ce qu'elle refuse. Elle signifie et elle refuse le même fait : un monde où le meurtre est légitimé et où la vie humaine est considérée comme futile. Voilà le premier

1 Extrait d'un article du 7 octobre 1944 publié dans *Combat* et repris en deuxième position dans la sous-partie « Morale et politique » d'*Actuelles, Chroniques 1944-1948*. *Ibid.*, p. 393.

problème politique d'aujourd'hui[1]. » Si le XXe siècle est celui de la peur, d'une peur généralisée, c'est que progressivement le meurtre s'est imposé comme un moyen légitime d'agir politiquement. Peu importe dans quel camp l'on se trouve, c'est comme si l'on ne pouvait que légitimer la violence sur le terrain de l'action, pour changer le monde et le faire coïncider avec l'idéologie défendue. Selon Camus cette peur est l'alerte de la généralisation de cette situation mais aussi le signe que les sociétés humaines ne se font pas tellement à ce constat. C'est d'ailleurs à partir de là qu'il va tenter d'esquisser des pistes concrètes de réflexions et d'actions afin de s'opposer à la légitimation forcenée de la violence comme moyen et de défendre la part de l'être humain qui lui résiste. Pas la définition d'une « position absolue », mais plutôt des conditions d'une « pensée politique modeste, c'est-à-dire délivrée de tout messianisme, et débarrassée de la nostalgie du paradis terrestre[2] », dira-t-il dans l'article suivant intitulé « Sauver les corps ». Dans « Le monde va vite », il s'attache par exemple à mettre en évidence le décalage entre « les grandes politiques » contemporaines et les principes sur lesquels elles s'appuient, des principes d'un autre temps « formés au XVIIIe siècle en ce qui concerne le libéralisme capitaliste, et au XIXe en ce qui regarde le socialisme, dit scientifique[3] ». En revenant sur les principes fondateurs – ces grandes notions qu'il faut retravailler à la lumière de leur actualité mais aussi de leur histoire et de leurs dérives –, l'écrivain veut forger dans le même geste une nouvelle politique. De la sorte, morale et politique, toujours distinguées, parfois opposées, se retrouvent articulées dans une tension profonde

1 *Ibid.*, p. 438.

2 *Ibid.*, p. 440.

3 *Ibid.*, p. 449.

qui les rend indissociables, fonctionnant par des allers-retours permanents entre les principes et l'action.

De là, c'est une autre tension qui se dessine et qui constitue une autre base de l'alliage camusien entre morale et politique. Celle-ci concerne les plans individuel et collectif de la réflexion et de l'action qui puise ses racines, en profondeur, dans la posture d'écrivain construite par Camus dans sa jeunesse. Dans un court extrait de « Pourquoi je fais du théâtre? », texte écrit pour l'émission télévisée « Gros plan » de mai 1959, il affirme : « Vraiment, le peu de morale que je sais, je l'ai appris sur les terrains de football et les scènes de théâtre qui resteront mes vraies universités[1]. » Ce bref passage conclut un assez long développement au sujet de la solitude de l'écrivain et de l'occasion que représente le théâtre de se retrouver intégré dans une aventure collective, des bienfaits de ce passage de l'individu solitaire au groupe en mouvement. En quelques mots, l'écrivain met directement en relation sa découverte de la morale avec son intégration dans un collectif, que ce soit l'équipe de football ou la troupe de théâtre – notons que la deuxième troupe qu'il fonde avec des amis se nomme le Théâtre de l'Équipe. Camus était enfant, puis adolescent, quand il a découvert les joies du football; quelques années plus tard, il découvrira celles de la troupe théâtrale. Il fait donc remonter à sa prime jeunesse cette découverte de la morale dans l'intégration au collectif. On pourrait aussi évoquer d'autres expériences du collectif qu'il a connues dans ces années-là et qui concernent davantage le plan politique : la participation au Mouvement Amsterdam-Pleyel, son passage au Parti communiste d'Algérie et son rôle actif dans sa section locale de Belcourt[2]. Viendra ensuite l'aventure

1 Albert Camus, *Œuvres complètes Tome IV, 1957-1959*, Paris, Gallimard, 2008, p. 607.

2 Citons de nouveau cet ouvrage récent qui propose un panorama tout à fait intéressant de l'engagement politique de Camus au cœur des années 1930 et fait

journalistique dont on a déjà évoqué l'importance à travers *Alger républicain* mais surtout, pour l'époque concernée, *Le Soir républicain*, l'équipe qu'il forme à cette époque avec Pascal Pia et d'autres, comme Roger-Édouard Charlier. Cependant, ce qui était vécu de manière intuitive n'était pas encore pensé en tant que tel. En effet, si l'on s'intéresse aux créations du jeune artiste, la période des années 1930 auxquelles on peut ajouter sûrement les premières années de la guerre, renvoie à un certain point de vue centré sur l'individu. C'est en cela que Camus se rapprochait peut-être le plus du personnage de Meursault, dans ce sentiment de se sentir étranger au monde des hommes avec pour revers la volonté d'être pleinement fondu dans la nature comme elle est décrite dans *Noces*.

Avec l'expérience de la guerre et de la Résistance, l'articulation entre les plans individuel et collectif devient encore plus prégnante. Lorsqu'elle évoque la transition entre les cycles de l'absurde et de la révolte, Jacqueline Lévi-Valensi, pionnière des études camusiennes, résume les choses simplement : « L'entrée dans l'Histoire, même malgré soi et sous la contrainte, est aussi une manière de passer de la "négation" au "positif" – et de l'individualisme au collectif[1]. » Cette entrée dans l'Histoire, c'est l'entrée dans la Résistance ; elle correspond à la décision prise par Camus, après le « détour » que l'on vient d'examiner, de se joindre aux groupes qui combattent activement l'occupant nazi et ses collaborateurs. Sans pour autant se fondre dans une masse informe, l'écrivain découvre la nécessité de se joindre au groupe afin que sa révolte s'incarne réellement. L'individu n'est pas renié, il est mis en tension avec le groupe social, en l'occurrence ici la Résistance, dans le but d'exprimer au plus

le jour sur son rôle au Parti communiste notamment, jusqu'à son départ. Christian Phéline et Agnès Spiquel, *Camus, militant communiste*, *op. cit.*

1 Albert Camus, *Œuvres complètes Tome I, 1931-1944*, Paris, Gallimard, 2006, p. XXXIX.

près et au plus fort sa révolte. Il faut être seul pour se suicider mais il faut être deux pour commettre un meurtre, voilà en substance ce que l'on retrouve dans le changement de focale sur le problème philosophique placé au cœur des deux essais que Camus fait se succéder. Cela peut paraître simple comme raisonnement et pourtant, cet exemple éclaire efficacement la façon dont l'écrivain met en tension profonde les plans individuel et collectif, sans en délaisser un pour l'autre. Ce moment d'évolution de la pensée de Camus cristallise donc plusieurs éléments et ne se limite pas à un changement de point de vue : du suicide au meurtre, du « crime de passion » au « crime de logique », du « je » au « nous », de la réflexion sur des principes jusqu'à leur mise en application. C'est dans ces différentes tensions que tient justement l'articulation singulière chez Camus entre morale et politique.

Dans une telle perspective, une analyse un peu plus approfondie et distincte de ce que l'on appelle le plan individuel et le plan collectif permet d'entrer un peu plus dans la densité de leur articulation proposée par Camus. *Le Mythe de Sisyphe* conjoint à *L'Étranger* dans le cycle de l'absurde et paru en 1942 lui aussi, nous éclaire sur la dimension individuelle de la découverte de l'absurdité de la condition humaine. Cette dernière force les êtres humains à aspirer sans cesse à trouver le sens de leur vie alors qu'en retour, le monde qui les entoure ne leur répond que par un silence assourdissant. La découverte de l'absurde, si elle se déroule au cœur même de la société, reste du domaine de l'individu et le point de départ de l'essai nous confirme cela avec vigueur : « Il n'y a qu'un seul problème philosophique vraiment sérieux : c'est le suicide[1]. » Le suicide s'inscrit comme la forme ultime de violence que l'individu retourne envers lui-même. Désespéré par le silence

1 Albert Camus, *Œuvres complètes Tome I, 1931-1944*, Paris, Gallimard, coll. « Bibliothèque de la Pléiade », 2006, p. 221.

qui l'entoure, l'homme absurde n'envisage qu'une seule option possible : en finir avec cette condition par le saut dans la mort, dans la croyance philosophique ou dans la croyance religieuse. Pourtant, Camus estime qu'il n'est pas inéluctable d'aller au-devant de ce saut, avant d'affirmer qu'il est même possible de vivre pleinement dans l'absurde. Tout l'objet de la fin de son essai tient dans cela, lorsqu'il revient sur les figures du séducteur, de l'acteur et du conquérant avant de défricher les terres de la création absurde. Vivre au cœur de l'absurde ne veut pas forcément dire pouvoir en tirer une règle de vie, un tel choix « laisse même dans l'impasse » comme l'auteur de *L'Homme révolté* l'affirme dans son second essai philosophique : « L'absurde, considéré comme règle de vie, est donc contradictoire. Quoi d'étonnant à ce qu'il ne nous fournisse pas les valeurs qui décideraient pour nous de la légitimité du meurtre ? Il n'est pas possible, d'ailleurs, de fonder une attitude sur une émotion privilégiée. Le sentiment de l'absurde est un sentiment parmi d'autres[1]. » Camus aborde explicitement à travers ces quelques lignes l'impossibilité de bâtir une conduite morale et politique uniquement sur l'absurde. Au passage, il évoque même les dégâts provoqués dans l'entre-deux-guerres par ceux qui avaient tout misé sur cette illusion et se sont laissé embarquer dans un nihilisme funeste.

Avec l'expérience de la Seconde Guerre mondiale, des différentes formes de violence mais aussi d'engagement, Camus comprend donc qu'il est impossible de puiser uniquement dans ses réflexions sur l'absurde pour construire la conduite qu'il envisage. Se dessine alors un nouveau sillon de sa pensée, entièrement liée au précédent, mais qui s'en sépare sur certains points : la révolte. Dans un éditorial du 8 septembre 1944 publié dans les colonnes de *Combat*, l'écrivain évoque la

1 Albert CAMUS, *Œuvres complètes Tome III, 1949-1956*, *op. cit.*, p. 69.

profonde tension qui réunit individu et société. Cela devient d'autant plus explicite lorsqu'il choisit cet éditorial pour ouvrir la série intitulée « Morale et politique » placée au cœur du premier volume d'*Actuelles*.

> Contre une condition si désespérante, la dure et merveilleuse tâche de ce siècle est de construire la justice dans le plus injuste des mondes et de sauver la liberté de ces âmes vouées à la servitude dès leur principe. Si nous échouons, les hommes retourneront à la nuit. Mais, du moins, cela aura été tenté.
>
> Cet effort, enfin, demande de la clairvoyance et cette prompte vigilance qui nous avertira de penser à l'individu chaque fois que nous aurons réglé la chose sociale et de revenir au bien de tous chaque fois que l'individu aura sollicité notre attention[1].

La tension entre individu et société apparaît encore une fois comme explicite, notamment dans ce qu'elle entraîne des allers-retours permanents d'un plan à l'autre pour éviter de tomber dans les travers que Camus retrouve dans la pensée de certains de ses contemporains et qui constitueront le cœur de son essai sur la révolte en 1951. En revenant à la fois sur ses positions quant aux grandes doctrines politiques de son temps que sont le communisme et le socialisme, mais aussi sur des grandes notions morales et philosophiques telles que la justice, la dignité humaine ou encore la liberté, l'écrivain construit patiemment sa mise en tension des notions de « morale » et de « politique » dans cette partie d'*Actuelles, Chroniques 1944-1948*. Injustices, servitude, la question de l'oppression et de la violence n'est jamais loin. La mise en place de ces allers-retours permanents entre individu et groupe social n'est pas sans incidence sur la fa-

1 Albert Camus, *Œuvres complètes Tome II, 1944-1948*, *op. cit.*, p. 391.

çon dont Camus va penser les relations humaines, notamment l'oppression et la violence qu'elle peut contenir.

Sur cette question, l'écriture de *L'Homme révolté* joue un rôle décisif puisqu'elle permet à son auteur d'entériner définitivement l'articulation entre absurde et révolte et de franchir un nouveau stade dans la construction progressive d'une conduite morale et politique. Camus y avance notamment que « la conscience vient au jour avec la révolte ». Cette conscience, c'est celle d'un commun qui lie les êtres humains entre eux et qui se dévoile alors même que se joue l'injustice d'une relation d'oppression. « L'esclave, à l'instant où il rejette l'ordre humiliant de son supérieur, rejette en même temps l'état d'esclave lui-même. Le mouvement de révolte le porte plus loin qu'il n'était dans le simple refus. Il dépasse même la limite qu'il fixait à son adversaire, demandant maintenant à être traité en égal. Ce qui était d'abord une résistance irréductible de l'homme devient l'homme tout entier qui s'identifie à elle et s'y résume[1]. » Ce qui n'apparaissait alors que comme une réaction individuelle prend alors une ampleur collective dont elle ne se défera plus. Sans aller vers un universel absolu et abstrait, l'auteur met à nu ici le cœur de sa vision de la révolte : le commun partagé entre les êtres humains, leur appartenance à cette espère particulière, s'incarne à la fois comme source du mouvement de révolte et dépassement de la situation individuelle d'où il est né. En conclusion de sa dernière partie de *L'Homme révolté*, Camus achève de nous convaincre de la profonde tension entre plan individuel et plan collectif qu'il souhaite donner comme fondation à sa conduite :

> Dans l'expérience absurde, la souffrance est individuelle. À partir du mouvement de révolte, elle a conscience d'être

1 *Ibid.*, p. 72.

> collective, elle est l'aventure de tous. Le premier progrès d'un esprit saisi d'étrangeté est donc de reconnaître qu'il partage cette étrangeté avec tous les hommes et que la réalité humaine, dans sa totalité, souffre de cette distance par rapport à soi et au monde. Le mal qui éprouvait un seul homme devient peste collective. Dans l'épreuve quotidienne qui est la nôtre, la révolte joue le même rôle que le « cogito » dans l'ordre de la pensée : elle est la première évidence. Mais cette évidence tire l'individu de sa solitude. Elle est un lieu commun qui fonde sur tous les hommes la première valeur. Je me révolte, donc nous sommes[1].

Ce qui était une étrangeté devient une évidence, de la souffrance première subie la révolte doit faire jaillir un lien entre les êtres humains. Le passage du plan individuel au plan collectif ne peut pas être plus explicite que lorsque Camus reprend à son compte le *cogito* de Descartes en l'adaptant aux besoins de sa démonstration : passage de la première personne du singulier à la première personne du pluriel. Afin de déployer toute sa puissance créatrice, la révolte doit créer le collectif, alors même qu'elle est partie d'une souffrance et d'un constat individuel. Pensée à partir de son expérience propre, la morale que propose Camus prend les traits d'une valeur universelle sans pour autant devenir une obligation. Là se trouve précisément le fil de crête sur lequel marche l'écrivain. Sa pensée est souple, en mouvement, elle doit tenter de dégager des repères plus que des sentiers précis dont il serait interdit de s'éloigner. Camus prend pour point de départ son expérience personnelle, son constat de l'absurde, sa volonté de révolte pour déployer ensuite une pensée qui doit trouver une expression collective, une expression profondément morale et politique. Il semble-

1 *Ibid.*, p. 79.

rait que pour cela, il recoure à une autre opposition classique des réflexions sur la violence, et plus largement de la pensée occidentale, afin de produire une tension nouvelle au cœur de son raisonnement.

Sortir d'une opposition vaine pour mettre en tension victimes et bourreaux

Victime et bourreau, voilà les deux figures que l'on retrouve dans chaque acte violent, les deux faces d'un même mouvement de fureur. La morale classique fondée sur la démarcation du bien et du mal voudrait que l'on oppose de manière manichéenne la première à la seconde, simplifiant dans cet élan une relation qui apparaît bien plus complexe. Et c'est à cette complexité que Camus souhaite revenir pour fonder solidement son approche morale et politique de la violence. La frontière entre victimes et bourreaux n'est pas aussi claire que l'on voudrait le croire. Parfois, les rôles s'inversent, l'écrivain a pu en faire l'expérience pendant la Seconde Guerre mondiale, comme vu précédemment.

C'est une nouvelle dialectique entre ces deux acteurs de la violence que semble esquisser Camus à partir de ce qu'il a vécu dans les rangs de la Résistance, entre libération du joug et Épuration manquée. Pour cela, il puise dans une source qu'il connaît bien, depuis ses études classiques en philosophie : la source grecque. Avec cette expression, la référence à un ouvrage de Simone Weil n'est pas déguisée, elle prend même tout son sens. Rappelons que c'est dans la collection « Espoir » des éditions Gallimard que dirige Camus qu'est publié en 1953 un recueil de textes de la philosophe sous le titre *La Source grecque*. Une source qui aura irrigué durablement la pensée de Simone Weil, comme celle de Camus d'ailleurs, depuis ses études de philosophie à l'Université, sous la direction de Jean Grenier, mais aussi de René Poirier. En ouverture de l'ouvrage, on trouve une étude dédiée à *L'Iliade* intitulée « L'Iliade ou le poème de la force ». Si les mots de « victimes » et de « bourreaux » n'y apparaissent pas en tant que tels, on y trouve pourtant la tension entre ces deux pôles de l'acte violent :

> Si tous sont destinés en naissant à souffrir la violence, c'est là une vérité à laquelle l'empire des circonstances ferme les esprits des hommes. Le fort n'est jamais absolument fort, ni le faible absolument faible, mais l'un et l'autre l'ignorent. Ils ne se croient pas de la même espèce; ni le faible ne se regarde comme le semblable du fort, ni il est regardé comme tel. Celui qui possède la force marche dans un milieu non résistant, sans que rien, dans la matière humaine autour de lui, soit de nature à susciter entre l'élan et l'acte ce bref intervalle où se loge la pensée[1].

La philosophe fait ressortir ici ce qui relie durablement la victime et le bourreau. Êtres aux destinées partagées, victimes et bourreaux sont faits d'un même bois et sont soumis à la même force dès la naissance, sans le savoir et prendre conscience de ce qui les unit. La victime plie sous le poids de la force et de la violence alors que le bourreau se pense absolument invincible puisque cette force est de son côté. Achille, héros de l'*Iliade*, devient lui-même l'objet de ce dur constat : il combat, surpasse ses ennemis, puis perd son cher Patrocle, avant de vaincre à son tour le bourreau de ce dernier, Hector, et enfin il perd la vie à la fin du récit, au cœur de la bataille. L'exemple d'Achille est précisément l'un des exemples choisis par Camus dans *L'Homme révolté* au moment d'évoquer la pensée des « Anciens » qu'il

1 Simone Weil, *La Source grecque*, Paris, France, Gallimard, 1953, p. 21.

veut mettre en lumière. « Le défi d'Achille après la mort de Patrocle, les imprécations des héros tragiques maudissant leur destin n'entraînent pas la condamnation totale[1]. » Tout l'art de la pensée grecque pour Camus, comme pour Weil qui décèle tout cela dans l'*Iliade*, tient justement dans la démonstration que cet état de fait n'est pas durable et que, quoi qu'il arrive, victimes et bourreaux ne le restent pas éternellement. C'est en cela que réside précisément la notion de destin chez les Grecs et c'est ce qui fait que les êtres humains appartiennent à une même communauté, malgré l'alternance des statuts de bourreau et de victime :

> Ainsi la violence écrase ceux qu'elle touche. Elle finit par apparaître extérieure à celui qui la manie comme à celui qui la souffre ; naît alors l'idée d'un destin sous lequel les bourreaux et les victimes sont pareillement innocents, les vainqueurs et les vaincus frères dans la même misère. Le vaincu est une cause de malheur pour le vainqueur comme le vainqueur pour le vaincu[2].

On retrouve alors ce lien indéfectible qui unit victime et bourreau dans le même malheur, celui de la violence déchaînée, que Camus évoquera en 1951 dans *L'Homme révolté* en parlant de la « communauté prête » des victimes et des bourreaux.

Ce passage résonne aussi parfaitement avec un autre extrait de la dernière œuvre inachevée du corpus camusien, *Le Premier Homme*, écrit à la fin des années 1950 mais qui ne sera publié qu'en 1994. Grâce à des allers-retours entre présent et passé, l'auteur revient sur des moments particulièrement forts de l'enfance et de l'adolescence du protagoniste, Jacques

---

1 Albert Camus, *Œuvres complètes Tome III, 1949-1956*, *op. cit.*, p. 84.

2 Simone Weil, *La Source grecque*, *op. cit.*, p. 26.

Cormery. Les lieux, les noms laissés à certains personnages comme Monsieur Germain ou l'oncle Étienne, ne laissent que peu de doutes sur l'inspiration principale du livre : la propre enfance de Camus, puis sa jeunesse. Après une bagarre de cours d'école, vient ce moment où l'excitation du combat retombée, le jeune Cormery prend conscience de la profondeur de la situation :

> Jacques, étourdi par la rapidité d'une victoire qu'il n'espérait pas si complète, entendait à peine autour de lui les félicitations et les récits du combat déjà enjolivé. Il voulait être content, il l'était quelque part dans sa vanité, et cependant, au moment de sortir du Champ vert, se retournant sur Munoz, une morne tristesse lui serra soudain le cœur en voyant le visage déconfit de celui qu'il avait frappé. Et il connut ainsi que la guerre n'est pas bonne, puisque vaincre un homme est aussi amer que d'en être vaincu[1].

En l'espace de quelques lignes, une scène de bagarre courante devient une véritable leçon morale et philosophique. Par un simple coup d'œil sur le visage de son adversaire du jour défait, Cormery comprend ce qui l'unit à lui dans une « morne tristesse ». Vainqueur et vaincu se retrouvent réunis dans une amertume et une tristesse qui se ressemblent. Et le narrateur va plus loin encore en explicitant le fait que Cormery a compris que « la guerre n'est pas bonne », justement en raison de cette communauté de destin des vaincus et des vainqueurs. D'ailleurs, cela se confirme : le jeune Cormery, pourtant vainqueur, devient à son tour une victime puisqu'il est puni pour avoir battu son camarade. Les rôles sont inversés. Et Camus d'enfoncer le clou par une autre référence antique, cette fois

1 Albert Camus, *Œuvres complètes Tome IV, 1957-1959*, *op. cit.*, p. 836.

romaine et non grecque : « Pour parfaire son éducation, on lui fit connaître sans délai que la roche Tarpéienne est près du Capitole[1]. » Autrement dit, les honneurs et la gloire n'empêchent pas, au contraire, la déchéance et la chute. La roche Tarpéienne était l'endroit d'où, dans la Rome antique, on jetait les condamnés à mort, à deux pas du Capitole qui était le cœur du pouvoir sous la République ; une manière de rappeler aux puissants que leur force n'est jamais absolue et qu'à tout moment, elle peut se retourner contre eux. La référence à une autre antiquité, romaine celle-là, fait un écho singulier aux différentes scènes de *L'Iliade* que Simone Weil avait choisi d'étudier décrivant ainsi le déroulement fatal d'une dialectique victime/bourreau que rien ne semble pouvoir arrêter.

Et pourtant, à l'issue d'une Seconde Guerre mondiale qui l'a poussé à expérimenter directement l'usage de la violence dans les rangs de la Résistance, Camus ne peut se résoudre à faire de cette dialectique une fatalité. Sur cette expérience, il bâtit ce qui va devenir la pierre angulaire de son approche morale et politique de la violence, et plus largement du monde d'après 1945. Pour s'en convaincre, il suffit de revenir en détail sur la construction du premier volume des *Actuelles* publié en 1950 et dans lequel Camus réunit des textes de différentes natures – articles et allocutions publiques surtout – qui ont vu le jour dans la période 1944-1948. Sans être exhaustif, ce retour permet tout de même de se rendre compte de la manière dont l'auteur élabore progressivement, texte après texte, cette approche singulière qui se résume par l'expression « Ni victimes ni bourreaux ». À la Mutualité, le 15 mars 1945, Camus s'adresse à un auditoire rassemblé par l'Amitié française. Selon lui, la haine nazie a laissé place à une autre haine, celle des victimes, accumulée pendant quatre années d'oppression et

1 *Ibid.*

qui ne demande qu'à éclater à son tour. « À la haine des bourreaux, a répondu la haine des victimes » ou comment résumer la dialectique de la violence alors que l'armistice est sur le point d'être signé. Pourtant, il ne se limite pas à ce constat et soutient une position qu'il ne cessera de défendre à partir de là :

> Eh bien, c'est de cela que nous devons triompher d'abord. Il faut guérir ces cœurs empoisonnés. Et demain, la plus difficile victoire que nous ayons à remporter sur l'ennemi, c'est en nous-mêmes qu'elle doit se livrer, avec cet effort supérieur qui transformera notre appétit de haine en désir de justice. Ne pas céder à la haine, ne rien concéder à la violence, ne pas admettre que nos passions deviennent aveugles, voilà ce que nous pouvons faire encore pour l'amitié et contre l'hitlérisme[1].

Dans la droite ligne de ce qu'il esquissait déjà dans ses *Lettres à un ami allemand*, Camus estime que c'est en gardant le nom d'homme à son ennemi que l'on ne s'abaisse pas à son niveau de brutalité et surtout qu'une autre voie est possible afin d'éviter de reproduire indéfiniment le cercle voyant se succéder les figures des victimes et des bourreaux, comme une histoire de notre humanité. La série « Ni victimes ni bourreaux » le martèle avec force et surtout développe explicitement les différents arguments de cette posture globale, des arguments directement puisés dans l'histoire et dans l'expérience. Publiée initialement dans les colonnes de *Combat* en 1946, elle sera reprise ensuite dans celles de la revue *Caliban* dirigée par Jean Daniel deux années plus tard, avant que Camus ne la place au cœur d'*Actuelles 1944-1948* en 1950. Le premier article, « Le siècle de la peur », revient sur l'instauration progressive d'un régime généralisé de terreur, en lien direct avec un débat

1 Albert Camus, *Œuvres complètes Tome II, 1944-1948*, *op. cit.*, p. 424-425.

idéologique sectaire et figé, au rebours de tout dialogue. Le second, « Sauver les corps », propose de briser la reproduction incessante de la dialectique de la violence, par le recours à une utopie relative, c'est-à-dire fondée non pas sur l'éradication totale de la violence mais plutôt sur le refus de la légitimation du meurtre. Dans « Le socialisme mystifié » et « La révolution travestie », les deux articles suivants, Camus entend revenir sur les errements réformistes du socialisme et autoritaires de la révolution marxiste, se soldant pour les premiers par une acceptation passive de la violence et pour les seconds par une apologie active de son utilisation. En somme, ces deux articles reviennent sur les échecs de deux courants traditionnels de la gauche face à la problématique initiale, et dessinent surtout des pistes nouvelles. Celles-ci trouvent un ancrage fort dans l'internationalisme prôné dans les trois textes suivants, « Démocratie et dictature internationales », « Le monde va vite » et « Un nouveau contrat social » qui défendent la nécessité d'innover sur le terrain de la pensée politique et de déplacer la question au-delà des frontières et des nations pour l'amener sur le plan de l'humanité tout entière. « Le sort des hommes de toutes les nations ne sera pas réglé avant que soit réglé le problème de la paix et de l'organisation du monde. Il n'y aura de révolution efficace nulle part au monde avant que cette révolution-là soit faite. [...] Toute pensée qui reconnaît loyalement son incapacité à justifier le mensonge et le meurtre est amenée à cette conclusion, pour peu qu'elle ait le souci de la vérité[1]. » Se fondant sur la nécessité d'éviter à tout prix la légitimation du meurtre et de la violence, Camus pose les bases d'un nouvel élan au sein duquel morale et politique se mêlent durablement. Intervient alors une nouvelle notion indispensable, comme un jalon supplémentaire à cet élan : le dialogue. En conclusion

1 *Ibid.*, p. 451.

de la série, l'article « Vers le dialogue » prend la forme d'une ouverture vers une possible manière de limiter la violence, tout en maintenant le conflit. « Oui, ce qu'il faut combattre aujourd'hui, c'est la peur et le silence, et avec eux la séparation des esprits et des âmes qu'ils entraînent. Ce qu'il faut défendre, c'est le dialogue et la communication universelle des hommes entre eux. La servitude, l'injustice, le mensonge sont les fléaux qui brisent cette communication et interdisent ce dialogue. C'est pourquoi nous devons les refuser[1]. » Servitude, injustice et mensonge sont autant de sources potentielles du déchaînement de la violence et les moteurs de la dialectique funeste qui voit se succéder victimes et bourreaux. En mettant en avant le dialogue entre les êtres humains, Camus pense favoriser la lutte à la racine même des différentes formes de violence qui se déploient autour de lui. Il s'agit là d'une manière de dévoiler la communauté qui unit en profondeur la victime au bourreau, et donc de laisser la place à une autre voie que la simple reproduction du meurtre par la vengeance par exemple.

Quelques années après l'écriture et la publication initiale de « Ni victimes ni bourreaux », l'écrivain rend plus explicite encore son refus d'incarner soit l'une soit l'autre de ces figures de la violence. Nous sommes en novembre 1948 et Camus prononce une allocution à la tribune d'un meeting international d'écrivains réunis salle Pleyel. Le 20 décembre de la même année, elle sera reprise dans les colonnes de *La Gauche*. Camus, quant à lui, choisira de la reprendre en conclusion du premier volume d'*Actuelles*, en lui donnant le titre « Le témoin de la liberté ». Partant d'une anecdote singulière, la grève du bourreau de Paris en 1947, l'écrivain réfléchit sur la manière dont la société contemporaine traite la vie et la mort, et donc la question de la violence. Il an-

1 *Ibid.*, p. 455.

nonce faire le choix de la vie, vouloir se faire le témoin de la chair et lance à la tribune que les artistes ne devraient être les « ennemis de personne, sinon des bourreaux ! » La ligne défendue par l'écrivain est désormais solide, il préfère « se tromper sans assassiner personne et en laissant parler les autres que d'avoir raison au milieu du silence et des charniers[1] ». Pour Camus, il est donc possible de travailler à une autre voie, qui briserait la dialectique des victimes et des bourreaux pour revenir à la communauté originelle qui les unit en tant qu'êtres humains tout en maintenant qu'il faut être l'ennemi des bourreaux. Une voie que l'histoire ne va pas tarder à mettre à l'épreuve.

La question algérienne : une expérimentation déchirante de la dialectique victimes/bourreaux

« Le silence, la misère, l'absence d'avenir et d'espoir, le sentiment aigu d'une humiliation particulière au moment où les autres peuples arabes prenaient la parole, tout a contribué à faire peser sur les masses algériennes une sorte de nuit désespérée d'où fatalement devaient sortir des combattants. Alors a commencé de fonctionner une dialectique irrésistible dont nous devons comprendre l'origine et le mortel mécanisme si nous voulons lui échapper[2]. » Nous sommes en 1955, plus exactement le 9 juillet, lorsque Camus consigne ces quelques mots dans un article qui sera publié dans les colonnes de *L'Express*. Cette « dialectique irrésistible » dont il est question, il est évident qu'il s'agit de celle qui a fait se transformer les victimes du système colonial en nouveaux bourreaux décidés à

1 *Ibid.*, p. 495.

2 Albert Camus, *Œuvres complètes Tome III, 1949-1956, op. cit.*, p. 1024.

s'émanciper par tous les moyens, y compris les plus sanglants et aveugles. Dans cette manière de décrire ce mouvement sans fin qui voit se succéder les victimes et les bourreaux, on retrouve les propos plus tardifs d'une des figures les plus en vue de la théologie de la libération sud-américaine : l'évêque brésilien Dom Hélder Câmara (1909-1999). Ce dernier dédie un essai entier à la question de la *Spirale de la violence*[1]. Une citation qu'on lui attribue fait directement écho au mouvement de dialectique décrit plus haut :

> Il y a trois sortes de violence. La première, mère de toutes les autres, est la violence institutionnelle, celle qui légalise et perpétue les dominations, les oppressions et les exploitations, celle qui écrase et lamine des millions d'hommes dans ses rouages silencieux et bien huilés. La seconde est la violence révolutionnaire, qui naît de la volonté d'abolir la première. La troisième est la violence répressive, qui a pour objet d'étouffer la seconde en se faisant l'auxiliaire et la complice de la première violence, celle qui engendre toutes les autres[2].

La boucle est donc bouclée. De la violence initiale d'un système oppressif va naître celle de la révolte, puis celle de la répression par le même système qui tente de se maintenir. Les visages des bourreaux et des victimes alternent avec pour fil directeur la violence comme moyen principal dans le rapport de force. Toutefois, on notera que l'évêque Câmara met en avant la violence institutionnelle comme la forme initiale qui donnerait naissance aux deux autres par la suite. Cette position, on la retrouve chez Camus lorsqu'au sujet d'une Algérie divisée par la guerre naissante, il écrit dans l'article « Trêve pour

1 Dom Hélder Câmara, *Spirale de violence*, Paris, Desclée de Brouwer, 1970.

2 La phrase telle quelle est attribuée à Câmara mais jamais sans référence exacte, mais que c'est pourtant l'idée principale du recueil *Spirale de la violence*.

les civils » publié dans *L'Express* le 10 janvier 1956 et repris dans le recueil *Actuelles III. Chroniques algériennes* : « Je sais : il y a une priorité de la violence. La longue violence colonialiste explique celle de la rébellion[1]. » Ce que Dom Hélder Câmara esquissait de manière générale au sujet du déchaînement de la violence, Camus l'applique ici directement à la situation que connaît son pays d'origine dans la seconde moitié des années 1950. L'origine de la spirale de la violence qui va connaître une nouvelle ampleur sur cette période est à chercher, selon lui, du côté d'une violence initiale et structurelle du système colonialiste installé en 1830. Cette « longue violence colonialiste », l'écrivain n'a eu de cesse de la dénoncer tout au long de son parcours, de la fin des années 1930 à *Alger républicain* au cœur de la guerre d'Algérie avec la publication du recueil *Actuelles III, Chroniques algériennes* où des inédits de 1958 sont publiés.

D'ailleurs, si, comme lui dans *Actuelles III*, on remonte à sa première expérience journalistique, à *Alger républicain* entre 1938 et 1939, on observe déjà une certaine dénonciation de cette violence institutionnelle, fondement même du régime colonial. Que ce soit sur un plan économique, social ou encore judiciaire, le jeune journaliste n'a de cesse de pointer les inégalités profondes qui divisent l'Algérie coloniale. Si l'on revient par exemple au reportage « Misère de la Kabylie » publié en 1939 dans les colonnes du journal algérois, à travers la misère qu'il décrit, Camus met à nu les rouages du colonialisme, immobile face à la crise économique et agricole de toute une région qu'il prétend administrer : répartition de la dotation en grains, chômage systémique et salaires dérisoires, échecs de la scolarisation et du système de santé. D'article en article, ce sont les différentes incapacités du système étatique français qui sont démontrées et la façon dont elles en arrivent à entretenir une

1 Albert Camus, *Œuvres complètes Tome IV, 1957-1959, op. cit.*, p. 367.

pauvreté extrême dans cette région montagneuse qui n'est pas vraiment favorisée par le climat. L'auteur revient sur les « mesurettes » qui sont prises comme ces bateaux chargés de grains qui arrivent en Kabylie et qui ne suffisent en réalité à nourrir la population que pour quelques jours, au mieux quelques semaines ; ces initiatives visent à donner bonne conscience mais ne sont, on le sait, d'aucune efficacité pour enrayer la misère sur place. Il est essentiel de lire entre les lignes de ces descriptions, quasiment dignes d'un ethnologue, une remise en question du système colonial tel qu'il a été pensé depuis 1830 et qui n'a cessé de se développer au service d'une poignée de colons grands propriétaires terriens ou des autorités embourgeoisées dans les grandes villes. Ce sont ces inégalités profondes et entretenues par un système colonial intrinsèquement oppressif qui viendront nourrir les différentes velléités de révolte dont le soulèvement du F.L.N. n'est que le dernier en date. Au cœur de la spirale de la violence politique algérienne, on trouve donc avant tout l'oppression permanente de la majorité de la population de ce territoire qui a vu naître Camus.

Cette oppression ne se cantonne pas à la sphère économique et sociale, on la retrouve aussi dans le domaine judiciaire, toujours en lien avec le système politique puisque pleinement liées au statut de l'indigénat. Ce n'est pas un hasard si, quand Camus se fait chroniqueur de tribunal pour *Alger républicain*, il couvre essentiellement des affaires où ce sont des indigènes qui sont accusés, bien souvent sans le moindre élément de preuve. Il nous suffit de faire référence à deux affaires bien connues, à l'époque, des Algérois, l'affaire du cheikh el-Okbi et celle dite d'Auribeau. Dans la première, en juin 1939, un cheikh – personnage influent de la communauté musulmane – est accusé d'avoir fait assassiner un muphti d'Alger pour encourager un désordre politique. Camus, en bon chroniqueur judiciaire, suit attentivement le déroulement du procès et il observe le retentissement de l'affaire, même en dehors du tribunal. D'emblée, il est persuadé de l'innocence du cheikh et n'hésite pas à le faire transparaître dans ses comptes rendus d'audiences. Alors même qu'il vient juste de commencer à intervenir, le jeune journaliste souligne le malaise à voir le cheikh accusé d'un tel crime et pose d'emblée par des mots forts son admiration pour la figure spirituelle et intellectuelle qu'il incarne[1]. Cette manière de décrire le cheikh et ses interventions doit être mise en perspective avec la façon dont Camus insinue à plusieurs reprises que les aveux, qui ont conduit à l'accusation d'el-Okbi, auraient été extorqués sous la contrainte par les agents de la Sûreté. On comprend mieux alors la teneur politique d'une telle chronique judiciaire faisant suite à une affaire de fausse accusation dictée par le système colonial lui-même. Le tribunal finira par aller dans le sens de l'intuition camusienne et acquittera le cheikh el-Okbi. Il n'en demeure pas moins que cette affaire a donné à Camus une première occasion de montrer que, souvent, les indigènes – parfois même les plus respectés – ne faisaient pas l'objet du même traitement que les Européens d'Algérie. Dans ce rôle de chroniqueur judiciaire, il n'a jamais eu affaire à une telle accusation visant un membre de cette dernière communauté par exemple. En revanche, il a eu une seconde occasion de démontrer cette inégalité dans le traitement judiciaire avec l'affaire d'Auribeau dans laquelle dix ouvriers indigènes avaient été accusés d'avoir incendié volontairement des gourbis inhabités pour protester lors d'une grève qui visait une augmentation des salaires. Une fois de plus, Camus dénonce en premier lieu des irrégularités dans le dossier avec par exemple un incendie qui a eu lieu après l'arrêt de la grève et l'acquisition de l'augmentation de salaires alors même que le lien entre les deux éléments n'est pas établi.

---

1 Albert Camus, *Œuvres complètes Tome I, 1931-1944*, *op. cit.*, p. 674-675.

Ensuite, il s'attelle à démontrer que c'est de nouveau la torture qui a permis aux forces de l'ordre d'obtenir les aveux et la délation de ses voisins par le premier arrêté, Amir Bettiche, avant que les autres accusés ne soient à leur tour battus pour passer aux aveux. Camus parle d'un « odieux déni de justice[1] » lorsqu'il évoque les « innocents condamnés aux travaux forcés et les leurs condamnés à la misère "au nom du peuple français"[2] ». Ces injustices, en ce qu'elles sont rendues au nom du peuple français et qu'elles sont directement liées au système colonial, représentent des nouvelles raisons de se révolter contre ce système. En s'accumulant, elles ne font qu'accroître la force de la réaction qui tentera d'y répondre, lançant ainsi la dynamique de la spirale de la violence politique.

Par la suite, et contrairement aux espoirs d'une large frange de la population algérienne, la Libération de la France du joug nazi ne rime pas avec la fin du système colonial. En 1945, alors qu'il revient de trois semaines de reportage sur le terrain, après avoir dialogué avec différents interlocuteurs, il donne à *Combat* une série d'articles qui sera presque entièrement reprise dans *Actuelles III, Chroniques algériennes* sous le titre « Crise en Algérie ». La situation est loin de s'être améliorée avec la défaite de l'occupant allemand et la déroute des collaborateurs vichystes. L'un de ces articles est une attaque en règle contre le système colonial et les différentes inégalités qu'il crée dans son sillage qu'elles soient de nature politique, économique ou sociale, il s'intitule « Le Malaise politique ». Camus y dénonce aussi l'incohérence de ce système avec les volontés assimilationnistes affichées. Chacune de ces inégalités correspond à une forme d'oppression de plus dirigée contre la population indigène, et constitue potentiellement une raison supplémentaire

1 *Ibid.*, p. 735.

2 *Ibid.*, p. 738.

de se révolter. Et les tentatives de réformes successives se sont toutes soldées par des échecs absolus ou partiels. Mesures politiques et mesures économiques se sont succédé sans qu'elles ne cessent de se heurter aux refus catégoriques de la part de ceux qui tirent le plus grand parti de cette exploitation des masses indigènes, ces colons qui concentrent pouvoirs économique, social et politique. Dans l'article de 1945, Camus ne se fait plus d'illusion et reste lucide sur les conséquences de ces échecs. L'espoir d'assimilation sans arrêt démenti a fini par doucher les velléités du peuple algérien, voire par créer l'effet inverse de celui escompté initialement : « Depuis une cinquantaine d'années, le but avoué de la France en Afrique du Nord était d'ouvrir progressivement la citoyenneté française à tous les Arabes. Disons tout de suite que cela est resté théorique. La politique d'assimilation a rencontré en Algérie même, et principalement auprès des grands colons, une hostilité qui ne s'est jamais démentie[1]. » En effet, de la conquête en 1830 jusqu'au moment où l'éditorialiste de *Combat* écrit ces lignes, toutes les initiatives pour donner un peu plus de voix aux indigènes en Algérie, un peu plus de pouvoir et d'emprise sur leur vie, se sont soldées par des échecs cuisants. Une raison principale à cela : le refus des élites coloniales de faire accéder les indigènes à un nouveau statut qui les émanciperait un peu plus de la domination du système et développerait peut-être leur volonté d'autodétermination. Camus lui-même, depuis le moment où il est devenu militant politique et a commencé à prendre part à la vie publique, est un témoin privilégié de ces tentatives avortées de faire évoluer le système colonial par des réformes.

Déjà en 1935, le jeune homme adhérait au Parti communiste avec pour ambition d'agir localement contre le fascisme et surtout contre le colonialisme. L'ouvrage d'Agnès Spiquel et

1 Albert Camus, *Œuvres complètes Tome IV, 1957-1959, op. cit.*, p. 344-345.

Christian Phéline, *Camus, militant communiste : Alger 1935-1937*[1], revient en profondeur sur ce rôle qu'a joué Camus dans sa section militante et surtout dans sa mission de recrutement de jeunes indigènes désirant s'engager dans les rangs communistes pour lutter politiquement contre les inégalités induites par le système colonial. Faire le lien avec les milieux indigènes, nouer le dialogue pour être plus fort et faire face aux inégalités induites par le colonialisme, on voit que cet objectif est apparu très tôt dans l'itinéraire intellectuel de l'écrivain. Malheureusement, ce rôle ne va pas durer, son départ rapide du Parti va arrêter net cette expérience. En cause, justement, la réorientation des priorités du Parti communiste en Algérie ; jusque-là il entendait mener de front antifascisme et anticolonialisme mais avec la précipitation des événements en Europe, Moscou impose de faire taire la lutte anticoloniale pour rassembler toutes les forces populaires, en Algérie et en métropole, dans la lutte contre le fascisme qui progresse à grands pas. Déçu par ce changement d'orientation, le jeune militant claque la porte du Parti[2]. Pourtant, à cette époque, Camus s'était investi avec force en faveur d'un projet de réforme du système colonial : le projet « Blum-Viollette », dénommé ainsi en référence aux deux hommes qui le portaient sur le terrain politique : Léon Blum et Maurice Viollette. Le premier est le plus connu,

---

1 Christian Phéline et Agnès Spiquel, *Camus, militant communiste*, *op. cit.*

2 Dans une lettre adressée à Jean Grenier datée du 18 septembre 1951, Camus revient sur son départ du P.C.A. : « [...] on m'avait chargé de recruter des militants arabes, et de les faire rentrer dans une organisation nationaliste (l'Étoile nord-africaine, qui devait devenir le PPA). Je l'ai fait et ces militants arabes sont devenus mes camarades, dont j'admirais la tenue et la loyauté. Le tournant de 36 est venu. Ces militants ont été poursuivis et emprisonnés, leur organisation dissoute, au nom d'une politique approuvée et encouragée par le PC. Quelques-uns, qui avaient échappé aux recherches, sont venus me demander si je laissais faire cette infamie sans rien dire. Cet après-midi est resté gravé en moi ; je me souviens encore que je tremblais alors qu'on me parlait ; j'avais honte ; j'ai fait ensuite ce qu'il fallait. » Albert Camus et Jean Grenier, *Correspondance Albert Camus / Jean Grenier : 1932-1960*, Paris, Gallimard, 1981, p. 180.

Léon Blum est devenu le leader de la Section française de l'Internationale ouvrière (S.F.I.O.) avant de mener la coalition entre socialistes et communistes communément appelée Front populaire aux élections de 1936. À la suite de cela, il est devenu président du Conseil jusqu'en 1937, fonction qu'il occupera de nouveau brièvement en 1938. Le second, moins connu, est Maurice Viollette qui a été gouverneur de l'Algérie de 1925 à 1927 et qui est devenu ministre d'État chargé des affaires d'Afrique du Nord en 1936 dans le gouvernement de Léon Blum. Lui aussi est de tendance socialiste et c'est lui qui est à l'origine des propositions qui constituent le projet en question ici. Appuyé par le gouvernement Blum, Viollette propose une accession à la pleine citoyenneté de certaines catégories de personnes dans la communauté des Musulmans d'Algérie : les anciens combattants volontaires et décorés, les titulaires du certificat d'études ou de diplômes supérieurs, les médaillés du travail, les élus locaux ou encore les membres des chambres de commerce et d'agriculture. Cela revenait à l'époque à faire accéder à ce nouveau statut un peu plus de 24 000 personnes, tous des hommes évidemment. En plus d'accéder au droit de vote et à l'éligibilité, ces derniers conservaient un statut personnel coranique et n'étaient pas obligés de se convertir. Ce petit pas à l'échelle de la proportion des Musulmans d'Algérie dans la population algérienne de l'époque, environ 9/10e de cette population, représente à l'époque un projet de poids dans la dynamique assimilationniste du Front Populaire. Même plutôt minime, on peut dire qu'il s'agit là d'une tentative de faire reculer les inégalités entre les colons et les indigènes sur le plan politique. Camus y voyait justement un premier pas de la part des institutions pour en finir avec un système inégalitaire et pour aller vers l'émancipation de la majeure partie de la population de l'Algérie à l'époque. Pour témoigner de son soutien à l'initiative de l'ancien gouverneur d'Algérie, le jeune militant signe avec quelque cinquante camarades intellectuels en 1937, un « Manifeste des intellectuels d'Algérie en faveur du projet Viollette » repris dans les *Œuvres complètes*, à la suite du texte inaugural de la Maison de la culture d'Alger qui en était à l'initiative[1]. On imagine sa déception lorsque la totalité des maires d'Algérie, plus de 300 en 1937, refuse cette proposition, l'enterrant avant même qu'elle ne soit discutée à l'Assemblée nationale. Ces maires se faisaient l'écho d'une majorité des colons français qui, sur place, avaient peur de perdre leurs privilèges politiques, sociaux et judiciaires. Il faudra attendre la fin de la Seconde Guerre mondiale et la libération de l'Afrique du Nord pour que le gouvernement provisoire issu de la Résistance adopte l'ordonnance du 7 mars 1944 qui reprend en grande partie les dispositions du projet « Blum-Viollette ». Pourtant, il faudra encore attendre près de deux ans pour que son application soit effective. C'est d'ailleurs cette attente injustifiable qui motive Camus à écrire en 1945 « Le malaise politique » où il revient sur ces différents échecs qui ont fini d'user la patience des Musulmans d'Algérie. Lorsque Camus revient sur chacun de ces épisodes, c'est pour mieux montrer la façon dont ils ont joué un rôle ambivalent dans le déclenchement de la guerre d'Algérie. Alors qu'ils étaient censés réduire les inégalités originelles qui divisent la société algérienne et poussent à la révolte, leur inefficacité n'a fait qu'accentuer la nécessité de recourir à la violence révolutionnaire face à la volonté finale des « grands colons » de maintenir leur domination ainsi que la volonté politique, en métropole, de ne rien céder aux mouvements anticolonialistes. Cependant, là où naissent des velléités de révolte et d'autodétermination, des volontés d'émancipation et de liberté, c'est par la répression que le colonialisme français répond, et cela avant même la date

1 Albert Camus, *Œuvres complètes Tome I, 1931-1944*, *op. cit.*, p. 572-573.

du 1er novembre 1954 que l'on retient comme le début de la guerre d'Algérie. Dans ce cadre, notons qu'en 1945, alors que la Libération est à peine proclamée, l'armée française réprime durement les manifestations du peuple algérien ce qui donnera ce que l'on appelle aujourd'hui les « massacres de Sétif et Guelma », en référence aux villes où se sont déroulées le plus grand nombre d'exactions. À cette époque, Camus – qui revient d'un séjour de trois semaines en Algérie – est le seul à dénoncer les atrocités commises dans la région et à faire entendre qu'elles resteront une plaie ouverte dans la mémoire des Algériens jusqu'au déclenchement d'un conflit ouvert. Alors qu'une grande partie d'entre eux a combattu sous le drapeau français durant la Seconde Guerre mondiale, ils restent considérés comme des citoyens de seconde, voire de troisième zone.

Neuf années passeront jusqu'au déclenchement de ce conflit ouvert par l'intermédiaire d'une vague d'attentats perpétrés par les membres d'un réseau encore inconnu – le Front de Libération Nationale – au moment de la Toussaint 1954. Et à la violence première du système colonial vont succéder les deux autres formes que Dom Hélder Câmara évoque : celle de la révolte des opprimés bien décidés à s'émanciper sans attendre une énième réforme qui n'aboutirait qu'à un échec ; celle de la répression par l'État colonial de cette révolte naissante. Lorsque « chacun, pour se justifier, s'appuie alors sur le crime de l'autre », Camus y voit ce qu'il appelle « une casuistique du sang[1] » dans son avant-propos à *Actuelles III, Chroniques algériennes,* écrit entre mars et avril 1958. Alors que l'amplification de la spirale de la violence ne fait que rendre plus obscur encore le moment où la victime originelle prend les traits du bourreau qui légitime la violence aveugle. Pressentant cette confusion, déjà en 1956, l'écrivain appelle à une « trêve pour

1 Albert Camus, *Œuvres complètes Tome IV, 1957-1959, op. cit.*, p. 300.

les civils[1] » où il dénonce cette spirale et tente de poser à nouveau des limites à la violence.

> La raison, ici, démontre clairement que sur ce point, au moins, la solidarité française et arabe est inévitable, dans la mort comme dans la vie, dans la destruction comme dans l'espoir. La face affreuse de cette solidarité apparaît dans la dialectique infernale qui veut que ce qui tue les uns tue les autres aussi, chacun rejetant la faute sur l'autre, et justifiant ses violences par la violence de l'adversaire. L'éternelle querelle du premier responsable perd alors son sens. Et pour n'avoir pas su vivre ensemble, deux populations, à la fois semblables et différentes, mais également respectables, se condamnent à mourir ensemble, la rage au cœur[2].

Gardant espoir dans la possibilité d'une conciliation et d'un échange, Camus avance que la trêve pour les civils envisagée représenterait une première étape vers la sortie du conflit violent et donc un pas de plus vers la négociation. Avant tout, ce qu'il faut, c'est rompre la dialectique infernale et mortifère qui voit se succéder bourreaux et victimes dans chaque communauté.

Au cœur de la guerre d'Algérie, il n'est pas le seul à œuvrer dans cette perspective. Cela a déjà été signalé, mais Camus est entouré d'un certain nombre d'amis et proches qui partagent cette idée et l'initiative de trêve civile. Mais ce n'est pas tout.

---

1 Cet appel, il le lance par l'intermédiaire d'un article déjà cité plus haut, mais aussi et surtout sur le terrain. En effet, avec quelques proches de différents milieux, il organise une réunion publique où il exprime directement cet appel aux différentes communautés. Un ouvrage revient dans le détail sur cet événement majeur, qui n'aura malheureusement pas l'impact escompté. Charles Poncet (dir), Yvette Langrand, Agnès Spiquel et Christian Phéline, *Camus et l'impossible trêve civile : suivi d'une correspondance avec Amar Ouzegane*, Paris, France, Gallimard, 2015, 330 p.

2 Albert Camus, *Œuvres complètes Tome IV, 1957-1959, op. cit.*, p. 375.

Une note dans ses *Carnets* datée du 1er octobre 1958[1] décrit un échange téléphonique qu'il a eu avec Germaine Tillion (1907-2008), célèbre ethnologue française et figure de la Résistance. Il faut préciser que l'ethnologue connaît bien l'Algérie puisqu'elle y a mené ses premiers travaux de terrain dans les années 1930 et qu'elle y sera envoyée en mission d'observation à plusieurs reprises par le gouvernement français entre 1954 et 1957. L'objet de la discussion entre elle et Camus concerne justement un événement survenu à l'occasion d'une de ces missions. En effet, Germaine Tillion, lors d'un séjour à Alger en cette fin d'année 1958, obtient une entrevue avec le chef local du F.L.N. La teneur des échanges est simple : l'ethnologue pense qu'il est indispensable que la spirale de la violence s'arrête et pour cela elle tente de négocier l'arrêt des attentats de la part du F.L.N. en échange de l'arrêt des exécutions des prisonniers par l'État français. Cette sorte de statu quo, de trêve, Camus en soutient l'idée tant elle ressemble à ce qu'il avait défendu au début de l'année 1956. Malheureusement, l'État français n'est pas disposé à faire un tel pas dans les négociations. Les exécutions se poursuivront, les attentats meurtriers aussi, et la dialectique de la violence ne fera que se renforcer. Les deux parties ne se décident pas à lâcher et poursuivent, persuadées que la fin que chacune envisage – l'indépendance pour les uns et le maintien de l'ordre pour les autres – justifie un tel déferlement de violence.

1 *Ibid.*, p. 1275-1276.

Deuxième partie

… et injustifiable.

Chapitre 4

De la fin et des moyens, l'attentat en question

Au cœur du chaos que traverse l'Algérie entre 1954 et 1962, une forme de violence semble retenir l'attention de l'écrivain en ce qu'elle illustre précisément le fil de crête sur lequel il tente de se maintenir quant à la violence depuis la Seconde Guerre mondiale. Il s'agit des attentats à la bombe, et plus largement du terrorisme, comme élément central de la stratégie du principal mouvement de libération de l'époque, le Front de libération nationale (F.L.N.). Une polémique revient souvent lorsqu'on met côte à côte le nom de Camus et le mot terrorisme. C'est l'histoire d'un malentendu qui a pesé longtemps sur l'engagement de l'écrivain dans cette époque complexe et sur lequel nous ne reviendrons que brièvement. Nous sommes en 1957, Camus vient de recevoir, à la surprise générale, le Prix Nobel de littérature et il donne un certain nombre de discours, conférences et rencontres dans la foulée de la remise du prix. L'une de ces rencontres prend place sur un campus de Stockholm où l'écrivain répond aux questions les plus variées de la part des étudiants. Un étudiant algérien l'interpelle et le somme de prendre parti dans le conflit en cours dans leur pays d'origine. Camus lui fait une réponse dont l'histoire ne retient qu'une version tronquée et parfois déformée : « En ce moment on lance des bombes dans les tramways d'Alger. Ma mère peut se trouver dans un de ces tramways. Si c'est cela la justice, je préfère ma mère[1]. » La postérité, par l'intermédiaire de la plume d'un journaliste du *Monde* de mauvaise foi, se limitera à entendre que l'auteur préfère sa mère à la justice. D'autres iront même jusqu'à y voir en filigrane sa préférence pour sa communauté, celle des Européens d'Algérie, vis-à-vis de la justice sociale revendiquée par celles et ceux que l'on appelle à l'époque les Musulmans d'Algérie. De notre côté, nous voyons surtout la volonté de Camus d'en finir avec la logique mortifère de la fin justifiant les moyens. En effet, si la justice doit justifier les attentats aveugles faisant des victimes innocentes, alors impossible de se ranger du côté de ceux qui s'en revendiquent.

Terrorisme, révolution et soif de justice, autant d'éléments qu'il n'est pas si aisé à articuler selon l'auteur des *Actuelles* et dont il faut bien comprendre tous les enjeux. Dans ce cadre, un bref retour sur la façon dont Camus s'oppose à la fin justifiant les moyens permettra d'éclairer son appréhension complexe mais aussi très claire du terrorisme. Nul doute que la pièce de théâtre de 1949, *Les Justes,* nous aidera aussi à percevoir plus finement encore toutes les nuances de la pensée de l'écrivain sur cette question.

Quand la fin justifie tous les moyens, même les plus meurtriers

À peine sorti de la Seconde Guerre mondiale, Camus prend beaucoup de notes dans ses *Carnets* au sujet des conversations qu'il peut entretenir avec ses proches. On y croise bon nombre de grandes figures comme Jean-Paul Sartre évidemment, mais

---

1 Passage cité dans la notice qui revient sur cette polémique dans les *Œuvres complètes* et que l'on doit à Raymond Gay-Crosier et Maurice Weyembergh. Albert Camus, *Œuvres complètes Tome IV, 1957-1959*, Paris, Gallimard, 2008, p. 1405.

aussi Arthur Koestler qui revient souvent. Camus semble attacher une grande importance à ces passages sur lesquels il pourrait s'appuyer ensuite pour sa propre réflexion, voire sa propre écriture. L'une de ces notes, qui date d'octobre 1946, avance la chose suivante :

> Conversations avec Koestler. La fin ne justifie les moyens que si l'ordre de grandeur réciproque est raisonnable. ex : je puis envoyer Saint-Exupéry en mission mortelle pour sauver un régiment. Mais je ne puis déporter des millions de personnes et supprimer toute liberté pour un résultat quantitatif équivalent et supputer pour trois ou quatre générations préalablement sacrifiées[1].

Les conversations avec Koestler ont l'air riches. À n'en pas douter, elles doivent beaucoup tourner autour de l'actualité de l'U.R.S.S. et de la découverte progressive des agissements d'un régime soviétique qui n'a rien à envier aux autres totalitarismes du XXe siècle. Ce qui est mis en perspective par Camus dans ce passage concerne d'une part le fait d'arme de Saint-Exupéry en pleine préparation du débarquement de Provence et la répression systématisée de toute dissidence dans une dictature dont l'origine n'est pas explicitée mais dont on devine aisément dans quelle zone géographique elle pourrait se trouver. La violence employée par la Résistance n'a rien à voir et ne doit pas être comparée avec l'institution de la violence que représente un système politique fondé sur les camps. Quoi qu'il en soit, nous sommes en 1946 et pour le moment, pour Albert Camus, la fin peut justifier les moyens seulement si cela se cantonne à certaines limites. C'est comme s'il fallait esquisser à côté de cette note une sorte d'équation pour voir ap-

1 Albert Camus, *Œuvres complètes Tome II, 1944-1948*, Paris, Gallimard, 2006, p. 1072.

paraître le fameux « ordre de grandeur réciproque » dont il est question. À côté de cela, il est intéressant de noter que lorsque Camus couche ces mots dans ses *Carnets*, il est en train de s'atteler difficilement à la rédaction de la série « Ni victimes ni bourreaux » qui paraîtra quelques semaines plus tard dans les colonnes de *Combat*, alors qu'il s'éloigne progressivement de l'équipe du journal.

C'est dans un article intitulé « Le socialisme mystifié » que l'on retrouve la question de la fin et des moyens, en plein cœur de la série « Ni victimes ni bourreaux » donc. D'emblée, c'est dans son articulation avec l'installation de la terreur que le problème est posé par l'écrivain :

> Si l'on admet que l'état de terreur, avoué ou non, où nous vivons depuis dix ans, n'a pas encore cessé, et qu'il fait aujourd'hui la plus grande partie du malaise où se trouvent les esprits et les nations, il faut voir ce qu'on peut opposer à la terreur. Cela pose le problème du socialisme occidental. Car la terreur ne se légitime que si l'on admet le principe : « La fin justifie les moyens. » Et ce principe ne peut s'admettre que si l'efficacité d'une action est posée en but absolu, comme c'est le cas dans les idéologies nihilistes (tout est permis, ce qui compte c'est de réussir), ou dans les philosophies qui font de l'histoire un absolu (Hegel, puis Marx : le but étant la société sans classe, tout est bon qui y conduit)[1].

Dans une sorte de continuum de la terreur, on trouve la guerre d'Espagne, puis la Seconde Guerre mondiale, mais aussi le conflit larvé qui voit s'affronter les anciens alliés et que l'on nommera plus tard « guerre froide ». Autant de contextes et de situations assez différents mais dont Camus souligne le

1 *Ibid.*, p. 440.

fil directeur : le souci de l'efficacité et la volonté d'imposer sa vision du monde. Avec Franco, Mussolini et Hitler, c'étaient les systèmes fascistes qui étaient prêts à tout pour conquérir le pouvoir, puis s'y maintenir, dans le règne absolu de leur idéologie. Par la suite, dans l'affrontement des deux blocs, Camus semble renvoyer dos-à-dos le capitalisme, qui fait de la réussite un absolu et qui justifie toutes les actions possibles pour que le profit soit plus grand que l'année passée, et le communisme qui pose comme fin de l'Histoire la société sans classe. Et c'est bien là qu'intervient un deuxième élément de choix dans sa démonstration, dans la façon dont il articule cette absolutisation de l'efficacité comme fin et l'imposition de la terreur comme moyen indispensable pour la voir se réaliser. En effet, si l'objectif final est de réussir à obtenir le pouvoir ou à le garder, alors tous les moyens sont bons pour y arriver, y compris l'utilisation systématique de la violence en vue de créer un climat de peur. On comprend alors la façon dont les articles de la série se succèdent en cohérence, puisque le premier était intitulé « Le siècle de la peur » et concernait justement l'instauration d'un climat de peur généralisée sur l'ensemble du XXe siècle. Dans cet article, Camus prend en quelque sorte un chemin de traverse pour rappeler sa position sur la fin et les moyens. En revenant sur l'ambiguïté des positions des socialistes français de l'époque, notamment au regard de la persistance de leur attachement à la doctrine marxiste, l'auteur les replace, et le lecteur avec par la même occasion, face à la problématique d'une fin qui viendrait justifier tous les moyens et participerait donc à l'institutionnalisation de la violence. Pour autant, l'écrivain ne s'extrait pas de ce problème et des choix qu'il implique. Comme les socialistes français qu'il critique, il est directement aux prises avec la complexité de cette logique de la fin et des moyens qui domine son époque et rend inaudible ceux qui n'y adhèrent pas. Au-delà de celle-ci, c'est déjà l'articulation entre justice et liberté qui pointe et Camus sait bien que ce genre de questionnement ne peut être pris à la légère, tant il peut avoir des conséquences dramatiques sur la scène historico-politique. D'ailleurs, il termine l'article par une injonction à laquelle il s'astreint lui-même et qui ne va pas cesser d'irriguer sa réflexion et ses textes jusqu'à la fin de sa vie :

> Et l'espoir réside justement dans cette contradiction parce qu'elle force ou forcera les socialistes au choix. Ou bien, ils admettront que la fin couvre les moyens, donc que le meurtre puisse être légitimé, ou bien ils renonceront au marxisme comme philosophie absolue, se bornant à en retenir l'aspect critique, souvent encore valable. S'ils choisissent le premier terme de l'alternative, la crise de conscience sera terminée et les situations clarifiées. S'ils admettent le second, ils démontreront que ce temps marque la fin des idéologies, c'est-à-dire des utopies absolues qui se détruisent elles-mêmes, dans l'histoire, par le prix qu'elles finissent par coûter. Il faudra choisir alors une autre utopie, plus modeste et moins ruineuse. C'est ainsi du moins que le refus de légitimer le meurtre force à poser la question[1].

On ne peut faire plus explicite que ce passage au sujet du lien entre absolutisation d'une fin politique et légitimation du meurtre en tant que moyen comme les autres pour atteindre l'objectif final. Comme cela est explicité plus haut, capitalisme et marxisme partagent intrinsèquement cette légitimation de la violence en ce que ces deux idéologies justifient tous les moyens pour atteindre la société idéale qu'elles projettent. Mais si la question n'en demeure pas moins évidente, Camus

1 *Ibid.*, p. 443.

souligne la complexité d'y répondre et surtout de mettre en conformité son engagement avec cette réponse.

Et l'auteur de la série « Ni victimes ni bourreaux » ne s'arrête pas là. Dans un article suivant, intitulé « Démocratie et dictature internationales », alors qu'il s'intéresse au conflit qui a pris la suite directe de la Seconde Guerre mondiale et qui a vu se déchirer le camp des Alliés, il aborde de nouveau le problème de la fin et des moyens. En effet, un élément de taille doit être pris en compte, selon lui, pour reposer cette équation à la lumière du contexte historique d'où il écrit : le « progrès technique » et en particulier le recours possible à la bombe atomique. On se souvient qu'au moment du bombardement d'Hiroshima en août 1945, la voix de Camus était l'une des seules à s'élever en France pour mettre en garde contre les risques d'une telle démarche. Au-delà des conséquences désastreuses et durables sur les êtres humains et leur environnement, ce qui ne doit pas être considéré comme un progrès technique implique un nouvel éclairage des relations internationales. L'éventuelle nouvelle guerre qui se profile est sans commune mesure avec les conflits précédents et risque de laisser à l'humanité des stigmates indépassables politiquement. Sur ce plan, Camus en profite pour signaler que la pensée de Marx est largement dépassée dans une époque où la bombe nucléaire a remplacé le fusil Chassepot.

> Le progrès vertigineux des armements, fait historique ignoré par Marx, force à poser de nouvelle façon le problème de la fin et des moyens. Et le moyen, ici, ferait éclater la fin. Quelle que soit la fin désirée, si haute et si nécessaire soit-elle, qu'elle veuille ou non consacrer le bonheur des hommes, qu'elle veuille consacrer la justice ou la liberté, le moyen employé pour y parvenir représente un risque si définitif,

> si disproportionné en grandeur avec les chances de succès, que nous refusons objectivement de le courir[1].

Avec le recours possible à l'arme atomique, l'articulation entre la fin envisagée et l'emploi de tous les moyens possibles pour l'atteindre franchit un nouveau stade. Alors même que le raisonnement paraissait déjà biaisé pour Camus, au stade des armes à portée limitée du XIXe siècle. L'affrontement deviendrait irréversible et ses conséquences s'étendraient sur plusieurs générations d'êtres humains. Comme dans les extraits précédents, l'articulation entre fin et moyens apparaît comme centrale sans être pour autant le point de départ du propos de l'auteur. Comme le titre l'indique, Camus s'intéresse ici à l'alternative qui se présente à l'époque entre un nouveau conflit généralisé ou une conciliation internationale qui poserait les bases d'une démocratie internationale. La question de la fin et des moyens prend alors la forme de l'éventuel pivot qui verrait le monde basculer sur un versant ou sur l'autre.

Plus tard, dans *L'Homme révolté* publié en 1951, Camus consacre une partie de son essai à une analyse du marxisme de ses contemporains. Il y revient en détail sur la façon dont ce marxisme se fonderait sur les mêmes bases que le christianisme, puis la pensée de Hegel ensuite, c'est-à-dire une vision de l'histoire entièrement tournée vers un monde idéal à venir. À la lumière de cette filiation, c'est de nouveau la question de la fin et des moyens qui pointe. Il faudrait alors tout mettre en œuvre pour arriver à la fin de l'histoire, qu'elle soit représentée par l'accession au paradis ou bien qu'elle corresponde à une société idéale sans classes. Et les moyens ne tardent pas à virer à l'extrême lorsque la fin devient l'absolu à atteindre. De l'inquisition aux camps d'enfermement des steppes

1 *Ibid.*, p. 447-448.

sibériennes, c'est la recherche de la pureté qui prime avec en point de mire l'accession à un monde débarrassé du mal, du divergent. Cependant, à ce stade de l'essai, la question de la fin et des moyens n'apparaît une fois de plus qu'en filigrane. Elle va devenir explicite dans un chapitre particulier de l'ouvrage, un chapitre intitulé « Le meurtre historique » et qui prend place juste avant « La pensée de midi » ce chapitre conclusif qui ouvre tellement de perspectives. Camus s'y intéresse à la façon dont le révolté peut/doit limiter l'usage de la violence :

> L'action révoltée authentique ne consentira à s'armer que pour des institutions qui limitent la violence, non pour celles qui la codifient. Une révolution ne vaut la peine qu'on meure pour elle que si elle assure sans délai la suppression de la peine de mort ; qu'on souffre pour elle la prison que si elle refuse d'avance d'appliquer des châtiments sans terme prévisible. Si la violence insurrectionnelle se déploie dans la direction de ces institutions, les annonçant aussi souvent que possible, ce sera la seule manière pour elle d'être vraiment provisoire. Quand la fin est absolue, c'est-à-dire, historiquement parlant, quand on la croit certaine, on peut aller jusqu'à sacrifier les autres. Quand elle ne l'est pas, on ne peut sacrifier que soi-même, dans l'enjeu d'une lutte pour la dignité commune. La fin justifie les moyens ? Cela est possible. Mais qui justifiera la fin ? À cette question, que la pensée historique laisse pendante, la révolte répond : les moyens[1].

On comprend alors que toute la révolte camusienne repose sur une réponse claire à la question de la fin et des moyens et que l'écrivain préfère se tenir dans la position inconfortable de celui qui marche sur le fil de la dignité humaine plutôt que de

1 Albert Camus, *Œuvres complètes Tome III, 1949-1956*, Paris, Gallimard, 2008, p. 312.

se laisser glisser dans le confort de l'inaction ou de la violence aveugle et légitimée. Au cœur d'un système qui place comme seul but à atteindre le profit et la croissance, Camus préfère se tenir à distance de la révolution qui reproduit la même erreur selon lui en faisant de la société sans classe l'unique absolu à atteindre, peu importe le prix à payer ou à faire payer. À partir de là, il va être intéressant d'observer comment sa définition du terrorisme vient illustrer et donner de la chair à cette position dont certains diront qu'elle est celle d'une belle âme ne voulant pas se salir les mains.

De la Terreur aux terrorismes : la peur au pouvoir

Toujours avec le même souci de continuité dans sa pensée, lorsque Camus choisit de recourir au terme de « terrorisme », c'est dans la lignée de son article de 1946 dans *Combat* qui ouvre la série « Ni victimes ni bourreaux » et qui s'intitule « Le siècle de la peur ». Il a déjà été question précédemment de la façon dont l'auteur déroule son argumentaire de la peur vers la violence dans un schéma que l'on pourrait résumer ainsi : qui inspire la peur domine et le meilleur moyen de faire peur reste l'emploi de la violence, cette dernière s'impose donc comme l'outil principal de la domination. À ce titre, elle peut être utilisée par le pouvoir en place afin de maintenir son influence et son oppression ou pour réprimer les velléités de révolte, mais elle peut aussi être un outil favorisé dans le cadre révolutionnaire à la fois dans le processus de destitution du pouvoir en place et dans celui de reconstruction d'un nouveau système.

> Entre la peur très générale d'une guerre que tout le monde prépare et la peur toute particulière des idéologies meurtrières, il est donc bien vrai que nous vivons dans la terreur.

> Nous vivons dans la terreur parce que la persuasion n'est plus possible, parce que l'homme a été livré tout entier à l'histoire et qu'il ne peut plus se tourner vers cette part de lui-même, aussi vraie que la part historique, et qu'il retrouve devant la beauté du monde et des visages ; parce que nous vivons dans le monde de l'abstraction, celui des bureaux et des machines, des idées absolues et du messianisme sans nuances. Nous étouffons parmi les gens qui croient avoir absolument raison, que ce soit dans leurs machines ou dans leurs idées[1].

En évoquant le caractère hégémonique de l'histoire, la bureaucratie et les machines – productives ou engins de mort d'ailleurs –, Camus vise directement l'idéologie marxiste-léniniste qui s'est imposée en U.R.S.S. et qui a versé elle aussi dans l'usage de la terreur après que le processus révolutionnaire eut abouti à un nouveau système. C'est cette utilisation dans le processus révolutionnaire qui va nous occuper maintenant. En effet, d'emblée l'écrivain souligne la contradiction qu'il observe dans le fait de lutter contre l'injustice comme violence initiale par l'emploi d'une autre forme de violence même si cette dernière se nomme « révolutionnaire ». Dans l'article qui suit directement « Le siècle de la peur » et qui s'intitule « Sauver les corps », il écrit :

> En somme, les gens comme moi voudraient un monde, non pas où l'on ne se tue plus (nous ne sommes pas si fous !), mais où le meurtre ne soit pas légitimé. Nous sommes ici dans l'utopie et la contradiction en effet. Car nous vivons justement dans un monde où le meurtre est légitimé, et nous devons le changer si nous n'en voulons pas. Mais il semble qu'on ne puisse le changer sans courir la chance du meurtre.

1 Albert Camus, *Œuvres complètes Tome II, 1944-1948*, *op. cit.*, p. 437.

> Le meurtre nous renvoie donc au meurtre et nous continuerons de vivre dans la terreur, soit que nous l'acceptions avec résignation, soit que nous voulions la supprimer par des moyens qui lui substitueront une autre terreur[1].

Ce que lui a appris l'expérience de la Seconde Guerre mondiale, c'est que parfois le meurtre est nécessaire pour s'opposer à un système meurtrier et cruel. En cela le meurtre est bien le « premier problème politique » car il ne laisse pas d'issue à ceux qui se résignent comme à ceux qui entendent résister. Pour s'épanouir pleinement, la révolte – qui réunit ceux qui veulent changer un monde où le meurtre fait système – doit se mettre en règle avec la question de la violence : ce sera tout l'enjeu de l'essai de 1951.

Dans la façon dont il pense et structure *L'Homme révolté*, c'est ce paradoxe de l'utilisation de la violence par la révolte et les possibles dérives qu'il induit que Camus a choisi de mettre en avant. En premier lieu, revenons sur le plan de l'essai et plus particulièrement sur la troisième partie : après l'introduction et la définition de « L'homme révolté » selon l'auteur, vient « La révolte métaphysique » qui se clôt sur l'étude de la révolte surréaliste et la transition entre nihilisme et histoire. Cette troisième partie qui nous intéresse, ici, c'est celle qui vient juste après et qui concerne « La révolte historique ». Si elle est si importante pour nous, c'est qu'elle se redécoupe elle-même en six sous-parties qui partagent un même fil directeur : la terreur. En effet, construite sur un plan linéaire, elle entend revenir sur la façon dont la révolte a pu s'emparer progressivement de l'instrument de la terreur comme moyen d'action principal face à la domination initiale. L'auteur choisit d'entamer son voyage au fil de la révolte historique avec un mouvement de révolte

1 *Ibid.*, p. 439.

précis et ancien, mais très chargé symboliquement : la révolte des esclaves menée par Spartacus contre l'armée régulière de Crassus dans la Rome antique. Camus ne développe pas les détails historiques, il connaît la puissance symbolique dont jouit cet épisode de l'histoire romaine. Il choisit plutôt de mettre à nu le mécanisme de tension qui sous-tend cette révolte en faisant directement référence au caractère violent des révoltés qui sont des gladiateurs, « esclaves voués aux combats d'homme à homme et condamnés, pour la délectation des maîtres, à tuer ou à être tués[1] ». Dans la diversité de ce parcours que les historiens ont du mal à établir de manière stable, l'auteur s'attarde sur la mise en croix d'un citoyen romain par Spartacus en démonstration de ce qui attend ses compagnons en cas de défaite, pour les effrayer mais surtout les motiver à se livrer sans retenue dans la bataille finale. Cette situation précise semble faire un écho parfait à cette scène de *Révolte dans les Asturies* où les mineurs, qui ont pris le contrôle du village, jugent et exécutent une partie des « gros commerçants » en voulant mettre la main sur le stock et au prétexte qu'ils étaient un rouage important de l'ancien système de domination[2]. Comme dans la pièce de théâtre, la répression ne se fait pas attendre : l'armée de Crassus punit la révolte des esclaves en crucifiant à son tour six mille d'entre eux. Là encore, il est difficile de ne pas penser à la répression de la légion espagnole contre les mineurs et à l'entassement des cadavres des vaincus. Pourtant, Camus n'emploie pas encore le terme de « terrorisme » ou de « terreur » à l'égard de Spartacus et de ses camarades. S'ils ont voulu inspirer de la peur à leurs adversaires, les partisans du célèbre gladiateur n'en ont pas fait leur arme principale, ils ont combattu avant tout

1 Albert Camus, *Œuvres complètes Tome III, 1949-1956*, *op. cit.*, p. 152.

2 Voir l'Acte II, scènes IV et V de la pièce de 1936. Albert Camus, *Œuvres complètes Tome I, 1931-1944*, *op. cit.*, p. 16.

pour leur liberté plutôt que pour l'instauration d'un nouveau système. En cela, ils n'étaient ni révolutionnaires ni terroristes.

C'est avec la période analysée immédiatement après le passage sur Spartacus que l'on voit apparaître le terme dans l'essai, cela paraît logique puisqu'il s'agit d'une analyse de la Révolution de 1789, ce moment de l'histoire des idées où la stratégie qui vise à effrayer l'adversaire par la création d'un climat de peur devient systématique dans la dynamique de renversement et de remplacement du pouvoir. Après avoir évoqué *Le Contrat social* de Rousseau comme assise théorique de cette révolution, c'est sur la figure de Saint-Just que Camus s'attarde. Pour lui, Saint-Just incarne la bascule vers un terrorisme étatique qui se donne la vertu comme fin, dans une logique du règne absolu du bien. Avec cette révolution, et surtout ses suites, en particulier le procès et l'exécution du roi, c'est le terrorisme comme stratégie révolutionnaire qui naît. Camus a saisi toute l'importance de cet acte et la façon dont les logiques de révolution et de terreur s'imbriquaient parfaitement à partir de ce moment charnière de l'histoire. La révolution devant faire table rase du monde et du gouvernement précédent, c'est par la terreur qu'elle s'en charge, à la fois en éliminant les résistances vivantes en empêchant par la peur, l'émergence de nouvelles critiques. L'écrivain le souligne, la terreur en 1792, comme par la suite d'ailleurs, concerne à la fois les acteurs de l'ancien monde et les critiques potentielles au sein même des rangs révolutionnaires : il suffit de regarder le sort qui est fait à Robespierre ou encore à Saint-Just lui-même. Citant ce dernier, Camus insiste sur le désespoir que cette dérive de la terreur lui cause et la façon dont il la considère comme un échec : « Le voici qui désespère, pourtant, puisqu'il doute de la terreur elle-même. "La révolution est glacée, tous les principes sont affaiblis ; il ne reste que des bonnets rouges portés par l'intrigue. L'exercice de la terreur

a blasé le crime comme les liqueurs fortes blasent le palais."[1] »
Les contextes sont extrêmement différents, le nombre de victimes n'est évidemment pas le même, mais comment ne pas penser ici à la réaction de Camus face à l'échec de l'Épuration en 1945 ? Notons que là où Saint-Just s'est tu – en montant à l'échafaud qu'il avait lui-même participé à dresser – Camus a eu le courage de reconnaître l'échec de la justice qui était chargée d'assurer la transition entre Résistance et révolution.

Mais l'auteur ne s'arrête pas là dans son examen de l'articulation entre révolution et terreur, il en voit un prolongement et même un élargissement dans la philosophie de Hegel, une pensée qui fera écho de l'époque napoléonienne jusqu'au cœur du XXe siècle, au moment où Camus écrit son essai. D'après lui, la transition est simple entre Saint-Just et Hegel. À partir de la Révolution française, la révolte se faisant révolution, c'est la violence qui s'impose comme moyen privilégié d'action et la terreur qui devient la règle. Avec la tentative de dépassement de cette Terreur par la dialectique hégélienne, on n'arrive finalement qu'à une institutionnalisation de cette terreur : le terrorisme. La première a créé l'articulation des deux notions, la seconde a participé à l'élargissement de son champ d'action tout en disant qu'elle comptait la dépasser. Retenons surtout que le meurtre, en plus d'être utilisé dans un cadre stratégique de conquête du pouvoir puis de maintien de ce pouvoir, est légitimé par cette fin de processus, cette sortie de la dialectique, que constitue la société idéale rompant avec la spirale de la violence politique. Plus loin, il sera question du rapport qu'entretient Camus avec cette éventuelle sortie de la spirale de la violence politique. Ce qui nous intéresse pour le moment, c'est la façon dont il tire de ce socle initial, représenté par la Révolution de 1789 et l'idéalisme allemand dont la figure de

1 *Ibid.*, p. 170.

proue est Hegel, deux formes différentes de terrorisme qu'il se propose d'examiner plus en détail et toujours dans une perspective de continuité dans la dérive de la révolte.

Terrorisme individuel et terrorisme d'État, voilà les deux formes distinctes qui apparaissent à la suite de l'analyse nous menant de la Révolution française à la philosophie hégélienne. D'emblée, précisons que ces deux formes ne se situent pas sur le même plan : si la première se concentre essentiellement sur la conquête du pouvoir et la destitution du régime oppresseur en place, la seconde concerne plutôt l'instauration d'un nouveau système qui doit remplacer le pouvoir déchu. De manière simplifiée, car nous aurons l'occasion de retrouver chacune de ces formes, le terrorisme individuel selon Camus s'installe essentiellement en Russie à partir du XIXe siècle et prend la forme suivante : le combat d'une avant-garde éclairée qui peine à faire agir dans son sillage la grande masse du peuple. Herzen, Bakounine et Netchaiev, mais aussi les « Meurtriers délicats » dont on reparlera, ou encore la figure dostoïevskienne de Chigalev qui incarne le renouveau du nihilisme, voilà quelques exemples de ce que l'auteur de *L'Homme révolté* place derrière l'appellation de terrorisme individuel, un terrorisme qui peine à rassembler et qui n'aboutit finalement pas à la révolution. Avant de revenir plus précisément sur les « Meurtriers délicats », il nous faut voir rapidement ce que Camus appelle le « terrorisme d'État ». Lorsqu'il entame son esquisse d'une définition du « terrorisme d'État », il commence par affirmer que toutes les dernières révolutions ont débouché sur un renforcement de l'État. Les exemples précis qu'il donne nous permettent de comprendre qu'il faut entendre par là un renforcement physique de l'État : Napoléon et ses armées, Napoléon III et sa police, Staline et sa police secrète mais aussi sa puissante armée, sans parler des deux exemples suivants que sont Mussolini et Hitler qui se sont installés précisément par la violence systématisée. Pourtant, il n'est pas question pour Camus de mettre sur le même plan toutes ces révolutions et toutes ces formes d'État, elles ont bien sûr chacune ses spécificités et ne se rejoignent que sur la question du renforcement.

L'auteur différencie notamment les deux dernières formes : leur déification de l'irrationnel et donc leur incapacité à adopter une position universelle les éloignent de la notion de révolution telle qu'elle est prise au XXe siècle et qu'elle s'incarne par exemple en U.R.S.S. Quoi qu'il en soit, ces formes de terrorisme d'État se sont installées après un mouvement de révolte et dans le sillage du nihilisme. Camus montre facilement comment la violence s'est installée en tant que levier principal du pouvoir dans le cadre de l'État nazi :

> Hitler, dans tous les cas, a inventé le mouvement perpétuel de la conquête sans lequel il n'eût rien été. Mais l'ennemi perpétuel, c'est la terreur perpétuelle, au niveau de l'État, cette fois. L'État s'identifie avec « l'appareil », c'est-à-dire avec l'ensemble des mécanismes de conquête et de répression. La conquête dirigée vers l'intérieur du pays s'appelle propagande (« premier pas vers l'enfer » selon Frank), ou répression. Dirigée vers l'extérieur, elle crée l'armée. Tous les problèmes sont ainsi militarisés, posés en termes de puissance et d'efficacité. Le général en chef détermine la politique et d'ailleurs tous les principaux problèmes d'administration. Ce principe, irréfutable quant à la stratégie, est généralisé dans la vie civile[1].

Pour maintenir sa domination, l'État se fait machine de guerre à l'intérieur comme à l'extérieur et la terreur devient sa seule obsession alors même qu'à sa tête règne le nihilisme.

1 *Ibid.*, p. 216-217.

L'action est divinisée et donc l'action violente en particulier. C'est la force brutale qui s'est installée aux commandes de l'État fasciste, et qui se suffit à elle-même selon Camus. Si le fascisme et le nazisme ont pu prétendre à l'universalité de leurs positions, il ne s'agit que d'une illusion selon l'auteur de *L'Homme révolté*.

La seule tentative d'instauration de la « Cité universelle », d'un « Empire mondial », c'est du côté du communisme russe qu'elle se trouve, mais toujours avec l'installation d'un régime de terreur étatique, sauf que cette fois, ce régime se met au service de la logique et de la rationalité. Prenant racine dans le marxisme-léninisme, cette nouvelle forme de terreur à l'échelle d'un État se fonde sur une philosophie de l'histoire dont Camus esquisse rapidement le développement dans l'histoire intellectuelle : l'idéalisme allemand de Hegel mène à Marx, qui mène ensuite à Lénine, pour terminer sa course dans l'U.R.S.S. de Staline. Plus que les fondements de cette violence, sur lesquels nous reviendrons lorsque nous évoquerons la « violence progressive[1] », c'est la façon dont elle s'installe comme moyen unique de protection de l'État qui nous intéresse pour le moment. L'État qui devait initialement dépérir dans les théories marxistes primitives finit par perdurer malgré la socialisation des moyens de production. Lénine ne connaîtra pas la fin de cet État prolétarien qui devait assurer la transition vers la société idéale. La police politique, l'armée toute-puissante et la création de camps de concentration, tous ces moyens qui devaient permettre l'avènement de la société idéale où ils ne seraient plus nécessaires, vont s'imposer et perdurer en U.R.S.S.

1 Ce terme, nous le verrons en détail plus loin, est emprunté à la pensée de Maurice Merleau-Ponty et désigne la violence révolutionnaire censée mener à la société idéale, où la violence serait justement éradiquée. En somme, il s'agit d'une violence dont l'objectif est d'en finir avec la violence.

avec l'illusion qu'ils servent toujours une idée de progrès. Par les mensonges qu'il draine et par les crimes qu'il commet au nom de la justice et de la liberté, le communisme russe tel qu'il est pratiqué durant l'ère Staline incarne selon Camus le dernier stade de dénaturation de la révolte initiale et une forme persistante de terrorisme à l'échelle étatique. Un terrorisme donc, bien éloigné du terrorisme individuel qui était perpétré en Russie quelques décennies plus tôt par les révolutionnaires de 1905, cette dernière forme pouvant apparaître plus proche de la définition camusienne de la révolte que ne le sont toutes les autres formes de terrorisme ici évoquées.

Meurtriers et délicats : le déchirement tragique du terrorisme dans *Les Justes*

Différents travaux ont montré toute la proximité de la réflexion de Camus avec les écrivains et penseurs russes comme Dostoïevski, Tolstoï, mais aussi Chestov ou encore Berdiaev[1]. Cette proximité a puissamment influé sur l'œuvre de l'écrivain et c'est d'autant plus vrai dans le cadre de ses réflexions sur la violence et notamment sur le terrorisme. En effet, c'est dans l'histoire russe récente que Camus va choisir l'illustration la plus à même, selon lui, de représenter sa définition de la révolte en la personne de Kaliayev et de ses camarades terroristes révolutionnaires de 1905. Ce terrorisme russe du début du XXe siècle, on le retrouve pour la première fois dans les *Carnets* en 1947 :

1 Pour approfondir ce lien entre Camus et les penseurs russes, il faudra nécessairement se référer aux nombreux travaux d'Eugène Kouchkine qui n'a eu de cesse de l'explorer en profondeur. Il suffit pour cela de se plonger dans ses notices dans la dernière édition des *Œuvres complètes*.

> Terrorisme.
>
> La grande pureté du terroriste style Kaliayev, c'est que pour lui le meurtre coïncide avec le suicide (cf. Savinkov : *Souvenirs d'un terroriste*). Une vie est payée par une vie. Le raisonnement est faux, mais respectable. (Une vie ravie ne vaut pas une vie donnée.) Aujourd'hui le meurtre par procuration. Personne ne paye.
>
> 1905 Kaliayev : le sacrifice du corps. 1930 : le sacrifice de l'esprit[1].

De ces quelques lignes, qui résument le déchirement de l'action terroriste de Kaliayev, Camus va élaborer d'abord sa pièce de théâtre *Les Justes* – elle s'est d'abord appelée *La Corde* – mais aussi un certain nombre de textes autour des « Meurtriers délicats » jusqu'à la rédaction d'une sous-partie qui leur sera dédiée dans *L'Homme révolté* en 1951. Déjà en 1947, l'écrivain est très clair dans la façon dont il approche le parcours de Kaliayev et de ses camarades terroristes de 1905 : leur raisonnement quant au sacrifice dans l'action terroriste est « faux mais respectable ». Il n'y a pas d'équivalence entre la vie ravie et la vie donnée, entre la vie de la victime de l'attentat et celle que sacrifie le terroriste dans l'action même ou dans la répression qui va suivre son geste. Aucune ambiguïté n'est donc possible à ce stade. Si Camus valorise le raisonnement des terroristes russes de 1905, c'est uniquement par rapport au « meurtre par procuration » et au « sacrifice de l'esprit » qu'il a pu observer depuis plus d'une décennie, depuis les années 1930. C'est cette articulation entre acte terroriste et sacrifice

---

1 Albert Camus, *Œuvres complètes Tome II, 1944-1948*, *op. cit.*, p. 1083.

qui va irriguer les premières réflexions et pistes d'écriture de l'auteur des *Justes*[1].

Plus tard, vient le texte « Les Meurtriers délicats » publié en janvier 1948 dans *La Table ronde* et qui reprend la tension qu'il décrivait dans les *Carnets* :

> « Peut-on parler de l'action terroriste sans y prendre part ? » s'écrie l'étudiant Kaliayev. Et ses camarades, réunis à partir de 1903 dans l'*Organisation de combat* du parti socialiste révolutionnaire, sous la direction d'Azef, puis de Boris Savinkov, se tiennent tous à la hauteur de ce grand mot.
>
> Ils sont venus à la terreur, poussés par une exigence personnelle autant que par leur système politique. Et s'ils y ont vécu, « s'ils ont eu foi en elle » (Pokotilov), ils n'ont jamais cessé d'y être déchirés. L'histoire offre peu d'exemples de pratiques qui aient souffert de scrupules jusque dans la mêlée. Aux hommes de 1903, du moins, les doutes n'ont jamais manqué. Le plus grand hommage que nous puissions leur rendre est de dire que nous ne saurions, en 1947, leur poser une seule question qu'ils ne se soient déjà posée et à laquelle, dans leur vie ou par leur mort, ils n'aient en partie répondu[2].

C'est l'action directe terroriste, l'expérience vécue de la violence qui donne le droit de s'exprimer à son sujet. Camus en résistant, Kaliayev en prenant part à l'*Organisation de combat* affirment cela pleinement. Il faut vivre la violence pour la connaître vraiment et surtout pour en témoigner. Ce témoignage de l'intérieur permet de mettre au jour toute

1 Les références sont nombreuses ensuite au sujet de la pièce avec des morceaux de textes ou encore des notes de lecture sur la question. Il y est toujours question du sacrifice, de l'importance de l'acte commis et même parfois d'amour.

2 *Ibid.*, p. 338.

la contradiction de cette utilisation de la violence à des fins terroristes et permet de saisir la lutte intérieure qui existe chez ces personnages qui doivent combattre leur dégoût de la violence ainsi que les doutes avant de lancer la bombe. Lorsque Camus parle de leur rendre hommage, il est justement question de leur faculté de remettre en question leurs actes, de cette tension qui constitue précisément la singularité de ce terrorisme : le goût pour la vie et pour la beauté mène à l'action terroriste et au meurtre sous le poids de l'histoire et de la politique. Conscients de prendre une part active à la spirale de la violence politique, les révolutionnaires de 1905 pensaient n'avoir d'autre choix que le terrorisme pour combattre le régime tsariste. Ils illustrent donc avec pertinence ces situations à part où la violence apparaît comme la seule issue et où les acteurs n'ont d'autre choix que de l'employer pour exister et pour que cesse l'oppression.

Cette posture d'extrême tension, cette déchirure provoquée par l'usage de la terreur chez ces jeunes révoltés, Camus en trouve la trace dans les nombreuses lectures qu'il fait de leurs différents témoignages, en particulier par l'intermédiaire d'un survivant de l'époque, qui revient sur son expérience à de nombreuses reprises, sur le plan de la fiction ou de l'essai : Boris Savinkov. Camus a lu attentivement les ouvrages de Savinkov que ce soit *Le Cheval blême*, ses *Souvenirs d'un terroriste* ou encore son roman *Ce qui ne fut pas*. Alliant témoignage historique et fiction, argumentation et création corrigée, ces ouvrages sont essentiels pour saisir la façon dont Camus a pu approcher les positions des terroristes de 1905 comme l'ont démontré Eugène Kouchkine ou Michel Niqueux, dans sa préface à la republication de *Ce qui ne fut pas*[1], le démontrent avant nous. Dans ce roman, justement, Savinkov fait dire à l'un

1 Boris Viktorovitch Savinkov, *Ce qui ne fut pas (Trois frères)*, traduit par J. Wladimir Bienstock et traduit par Michel Niqueux, Paris, Prairial, 2017, 491 p.

de ses personnages principaux, André Bolotov qui est lui aussi un terroriste : « Oui, il est nécessaire de mentir, tromper, de tuer, mais il ne faut pas dire que c'est permis, que c'est justifié, que c'est bien. Il ne faut pas penser qu'en mentant on fait un sacrifice, que par l'assassinat on sauve son âme[1]. » En quelques mots, on observe la tension entre nécessité et justification sous une forme très proche de celle de Camus. Ce n'est pas un hasard si ce dernier envisageait de republier le roman en question dans la collection « Espoir » qu'il dirigeait chez Gallimard à la fin des années 1940. Ces terroristes s'imposent alors comme une véritable image du maintien dans cette extrême tension entre deux pôles que Camus appellera plus tard, dans *L'Homme révolté*, un « principe de culpabilité raisonnable ». Très nettement ces deux pôles apparaissent progressivement dans la pièce. Le « non » de leur révolte tient essentiellement dans le fait qu'ils refusent catégoriquement les injustices subies par le peuple russe dans le système tsariste. Dès le premier acte, Stepan parle de la « Russie et de ses esclaves[2] » et puis Voïnov dit qu'il ne suffit pas de dénoncer l'injustice mais qu'il faut donner sa vie pour la combattre. Plus loin, le grand-duc Serge est désigné par le mot « tyran[3] » et il est question de « tuer le despotisme[4] » ; mais Camus ne donne pas beaucoup plus de détails sur ce versant négatif de leur révolte, peut-être parce que ces motivations lui semblent assez claires pour ne pas être explicitées. Au moment où il écrit la pièce, vers la fin des années 1940, on en sait assez sur la tyrannie qu'imposait le régime tsariste sur l'ensemble du territoire russe, notamment grâce à ce qu'ont pu en dire ceux qui se sont élevés contre ce système à l'occasion de la révolution de 1917. L'écrivain se concentre sur

1 *Ibid.*, p. 258.

2 Albert Camus, *Œuvres complètes Tome III, 1949-1956, op. cit.*, p. 6.

3 *Ibid.*, p. 10.

4 *Ibid.*, p. 15.

ce qu'affirment ces révoltés russes, ce monde nouveau possible et à venir, non pas par l'adhésion à une société idéale que l'on cherche à atteindre mais que l'on ne voit jamais poindre, plutôt par la solidarité et la fraternité dont ils font preuve. Ce qui les unit et qu'Annenkov rappelle dès le premier acte, c'est justement cette fraternité dans la recherche de la liberté et dans l'action terroriste. À aucun moment il n'est question de l'instauration d'un nouveau gouvernement ou d'un nouveau système, sauf peut-être de manière implicite dans les propos de Stepan qui prône une révolution « qui veut guérir tous les maux, présents et à venir[1] ». Kaliayev s'oppose avec vigueur à ce dernier, en quelques mots : « Mais moi j'aime ceux qui vivent aujourd'hui sur la même terre que moi, et c'est eux que je salue. C'est pour eux que je lutte et que je consens à mourir. Et pour une cité lointaine, dont je ne suis pas sûr, je n'irai pas frapper le visage de mes frères. Je n'irai pas ajouter à l'injustice vivante pour une justice morte[2]. » Et pourtant, il a choisi de lancer la bombe, il a pris le parti de tuer pour lutter contre le système oppresseur, d'en abattre un symbole pour espérer le faire vaciller. En prenant à bras-le-corps cette contradiction qui est au cœur de la révolte, le poète-terroriste apparaît comme la figure même de la « culpabilité raisonnable » que développera Camus dans son essai de 1951.

La façon dont l'auteur de la pièce met en scène l'opposition entre les personnages de Stepan, partisan de l'efficacité à tout prix, et de Kaliayev, ce « coupable raisonné », lui permet de développer un point essentiel dans son appropriation de la notion de révolte à travers la question des limites. La principale de ces limites, dans le cadre du terrorisme révolutionnaire analysé ici, concerne les cibles visées par les actions violentes.

1 *Ibid.*, p. 22.

2 *Ibid.*, p. 23.

Là encore, le désaccord entre Stepan et Kaliayev permet de saisir toute la profondeur et la nuance de l'approche camusienne. En effet, alors qu'il s'apprêtait à jeter la bombe sur la calèche du grand-duc Serge, Yanek s'est aperçu que ce dernier était accompagné de deux enfants, sa nièce et son neveu. À la vue de ces deux figures de l'innocence, Kaliayev recule et renonce à son geste, il ne peut pas tuer des enfants au nom de la révolution. Il décide pourtant de demander l'avis de ses camarades qui sont, pour la majorité, d'accord avec ce refus. Cependant, Stepan se dresse contre cette décision en plaçant avant tout la cause qu'ils défendent, la justice pour laquelle ils doivent tuer et mourir, les « milliers d'enfants russes » qui mourront de faim s'il ne tue pas ces héritiers de la tyrannie. Selon lui, « il n'y a pas de limites » à leur révolution, rien ne doit entraver leur lutte pour la libération de la Russie, pas même la prise en compte de l'innocence de ces enfants. Ses camarades, qui lui font face, restent pourtant en profond désaccord avec lui sur ce point et d'ailleurs, ce n'est pas Kaliayev mais Dora qui avait provoqué cette réponse de Stepan, alors qu'elle affirmait avec force que « même dans la destruction, il y a un ordre, il y a des limites ». Par ce refus, et par l'adhésion qu'il rencontre chez la majeure partie de ses sœurs et frères de combat, la révolte des terroristes de 1905, dans sa version camusienne, pose une limite à l'usage de la violence. C'est là une autre affirmation à prendre en compte. En pleine tension avec la négation de l'injustice pour laquelle ils se battent, ces *Justes* esquissent une limite à leur combat qui s'incarne dans le champ précis de leur action violente par l'innocence posée des enfants. On peut tuer un homme dans ce qu'il symbolise la tyrannie au pouvoir mais il est impossible de tuer ses enfants en ce qu'ils symbolisent à leur tour une forme d'innocence. Et cette image de l'innocence de l'enfant, Camus la puise dans l'une de ses sources majeures d'inspiration qui est l'œuvre de Dostoïevski, en particulier dans *Les Frères Karamazov*, dans ce que dit Ivan, l'un des frères, sur les souffrances des enfants. Kaliayev l'énonce en ces termes : « Frères, je veux vous parler franchement et vous dire au moins ceci que pourrait dire le plus simple de nos paysans : tuer des enfants est contraire à l'honneur. Et si un jour, moi vivant, la révolution devait se séparer de l'honneur, je m'en détournerais. Si vous le décidez, j'irai tout à l'heure à la sortie du théâtre, mais je me jetterai sous les chevaux[1]. » En se soumettant à la décision de ses frères de révolte, le jeune homme fait passer avant tout la fraternité et la solidarité du groupe, cependant, il n'en oublie pas l'honneur de son engagement et décide que si ses compagnons exigent qu'il tue les enfants, alors il préfère mourir en accomplissant son acte et se détourner de leur cause plutôt que de survivre à l'attentat et porter la culpabilité d'un tel acte. N'étant pas uniquement réalisée sous sa facette négative, la révolte selon Kaliayev n'est pas prête à sacrifier ses valeurs pour la cause, elle ne verse pas dans le « Tout est permis » d'Ivan Karamazov et elle impose en réalité deux limites : l'innocence des enfants – et peut-être plus largement de ceux qui ne sont pas chargés des symboles du pouvoir ? – mais aussi la fraternité ou solidarité qui fait que Stepan se rallie au groupe malgré son avis discordant.

À ce titre, il faut noter que dans la pièce Camus laisse de la place pour chacune de ces voix discordantes, comme si chacune d'elles allait permettre d'éclairer un peu plus la tension qui est au cœur de leur démarche terroriste. C'est grâce à cette polyphonie que Camus réussit à nuancer son appropriation de ces figures complexes, un exercice qui aurait pu verser dans l'absolu et dériver vers l'idolâtrie ce qui n'est jamais le cas dans la pièce. Sans jugement à leur encontre, l'auteur ne distribue pas les bons ou les mauvais points à ses personnages, il laisse

1 *Ibid.*, p. 23.

au public le soin de s'approprier par la réflexion les positions de chacun. Si l'on se limite aux voix révolutionnaires – car il y a aussi la voix de la grande-duchesse ou encore de Foka le bourreau et même de la répression avec Skouratov, le directeur du département de police –, Kaliayev tient le rôle central, celui du poète terroriste, du « justicier » qui aime la beauté et fait la révolution pour la vie. Il n'est pourtant pas le seul à se faire entendre avec force dans la pièce. Toujours dans la perspective d'une « culpabilité raisonnable », un autre personnage tient une place tout à fait importante, peut-être encore plus importante que celle de Kaliayev. Il s'agit de Dora, seul membre féminin de la cellule terroriste : malgré sa certitude de la nécessité de leur engagement et de leur révolte, c'est elle qui tient à faire part à Yanek de ses doutes quant au terrorisme et à l'action violente. Il y a bien sûr cette discussion décisive, dans l'Acte premier, où elle met le doigt sur ce qui peut faire vaciller celui qui jette la bombe, ce moment où il va croiser le regard de sa cible[1]. Puis, dans le sillage de Kaliayev après son échec, elle fait face à Stepan et réaffirme la première les limites de leur cause, que tout n'est pas permis aux révolutionnaires. Rattrapée par l'amour tendre qu'elle éprouve pour le jeune poète, elle ne peut pourtant se laisser aller à partager totalement avec lui ses sentiments car elle sent que cela pourrait avoir un impact sur l'action à venir. N'éprouve-t-elle pas une forme de culpabilité au moment où elle apprend que Yanek a réussi, qu'il a jeté la bombe et qu'il est soit mort dans l'explosion soit prisonnier voué à être exécuté ? Dora vient en quelque sorte nuancer la fougue initiale du jeune poète devenu terroriste, elle sent que leur utilisation de la violence peut faire basculer leur cause dans l'opinion et plus largement dans l'histoire de la Russie. En cela, elle incarne avec une certaine vigueur la partie raisonnable de

1 *Ibid.*, p. 12 et suivantes.

cette culpabilité défendue par Camus dans *L'Homme révolté*, sans pour autant que sa volonté de prendre part à la lutte n'en soit atténuée. En bonne transition entre absurde et révolte, entre *Le Mythe de Sisyphe* et *L'Homme révolté*, la pièce aborde frontalement l'équation singulière entre suicide et meurtre par l'intermédiaire de la question du sacrifice. Tout le monde n'est pas capable de franchir le pas de mettre à mort, que ce soit sa propre personne ou une cible désignée. La théorie est une chose, la pratique en est une autre. Le sacrifice peut apparaître comme une belle fin pour le terroriste et pourtant, Dora affirme que cela n'a plus vraiment cours au moment de passer à l'acte. La rencontre avec la cible de l'attentat, dont on saisit toute l'humanité dans quelques gestes, peut faire vaciller cette conviction même pour celui qui est déterminé à mourir pour pouvoir tuer. Dora, en voix de la sagesse, c'est-à-dire du doute, rappelle que le raisonnement est faux même s'il reste respectable. Elle admire Kaliayev pour ce qu'il va accomplir et pourtant, elle n'est pas persuadée que son geste changera réellement la face du monde. Surtout, elle semble regretter la mort de celui qu'elle aime au profit d'une cause qui ne peut mener qu'au sacrifice. Camus, par l'intermédiaire de Dora donc, rappelle toute l'ambiguïté qui constitue cette équation entre suicide et meurtre. Aussi, au-delà d'Annenkov qui est directement emprunté au vrai conteur de l'histoire initiale, Boris Savinkov, un troisième personnage est tout à fait intéressant même si moins présent que les autres, et c'est celui de Voïnov. Le jeune homme recule alors qu'il devait lancer la bombe aux côtés de Kaliayev, après le premier échec. Après avoir vu la terreur de près, il sait qu'il n'est pas fait pour l'action sous cette forme, qu'il n'est pas prêt à assumer la déchirure jusqu'au sacrifice. Il souhaite alors aider d'une autre manière le mouvement, grâce à sa plume. Ce que certains appelleraient lâcheté, nous pourrions le nommer ici « connaissance de ses limites ». Rappelons que l'écriture de la pièce débute dans l'immédiat après-guerre, alors que Camus sort tout juste de son expérience de la Résistance, une expérience dont il n'hésite pas à dire qu'elle s'est limitée à l'écriture sans qu'il ait pris part à une action violente, armes à la main[1]. Bien entendu, aucun élément factuel ne permet de rapprocher l'auteur du personnage de Voïnov, il s'agit ici de souligner une proximité possible qui renforcerait notre propos initial visant à démontrer que la force des réflexions camusiennes sur la révolte pouvait s'incarner dans cette polyphonie de la pièce.

Et puis il y a l'opposition frontale à Stepan déjà évoquée brièvement. Du rapport à la beauté dans la révolution à la question des limites à définir pour l'action terroriste, les deux hommes apparaissent comme irréconciliables. Pourtant, Kaliayev, même si les propos de Stepan le heurtent, ne cesse de reconnaître ce dernier comme un frère au même titre que les autres. Inversement, si Stepan remet en cause à de nombreuses reprises le comportement de son camarade Yanek – jusqu'à douter de sa faculté à jeter la bombe –, il reconnaît pourtant s'être trompé devant Dora, alors que Kaliayev part pour accomplir la tâche qui lui incombe. « Comme il marche droit. J'avais tort, tu vois, de ne pas me fier à Yanek. Je n'aimais pas son enthousiasme[2]. » Stepan annonce le règne de l'efficacité à venir, la proximité de ses idées avec celles d'un personnage réel tel que Netchaïev n'est plus à démontrer[3]. Il n'en reste pas moins qu'il tient sa place au milieu des camarades de l'Organisation, qu'il est prêt à assumer le rôle de lanceur de bombe

1 Rappelons dans ce cadre que le chapitre « Combat » de la biographie d'Olivier Todd revient en détail sur cette période et notamment sur les différentes occasions où Camus a admis ne jamais avoir pris part à une action violente directement, les armes à la main. Olivier TODD, *Albert Camus : une vie*, Paris, Gallimard, 1999, p. 1095.

2 Albert CAMUS, *Œuvres complètes Tome III, 1949-1956*, *op. cit.*, p. 32.

3 De nouveau, il suffit de renvoyer par exemple à la notice d'Eugène Kouchkine dans les *Œuvres complètes* pour s'en persuader. *Ibid.*, p. 1177.

et qu'il se plie à la décision de ses frères au sujet du refus d'attenter à la vie des neveux du grand-duc. Venant contrebalancer l'idéal du poète terroriste, la figure de Stepan annonce déjà les dérives possibles de la révolte, une dérive aveugle qui plonge ses racines, dans son cas, dans son expérience du bagne et des tortures vécues là-bas, dans l'exil mais aussi dans la perte de l'être aimé[1]. Une dérive dont les « Meurtriers délicats » ne sont pas exempts puisque dans *L'Homme révolté*, ils figurent entre les « Trois possédés » dont le dernier est Netchaïev et le « Chigalevisme » qui annonce le règne de l'efficacité pour de bon. Ce personnage de Stepan n'incarne donc pas seulement un faire-valoir pour celui de Kaliayev, mais plutôt la limite même de la révolte telle que Camus l'envisage, ce risque toujours présent de verser dans l'absolu à cause de l'aveuglement provoqué par la volonté de placer l'efficacité au service d'une cause que l'on considère comme juste. La transition des *Justes* aux « Meurtriers délicats » va un peu plus loin, selon nous, dans l'esquisse de la dimension tragique d'un tel positionnement et de la contradiction entre cause et limites dans les moyens de lutte.

Enfin, il est important de noter que Camus lui-même dresse un pont entre les terroristes russes du début du siècle et l'époque où il écrit ce texte en soulignant la nécessité persistante de se poser des questions sur l'engagement et sur l'utilisation de la violence. D'une époque à l'autre, n'est-ce pas précisément dans cette déchirure au sujet de l'action violente que l'auteur des *Justes* se retrouve avec l'expérience des « Meurtriers délicats » ? Un parallèle entre ces terroristes de 1905 et les résistants

1 Stepan évoque cette perte dans cette réplique à Dora : « J'ai eu honte de moi-même, une seule fois, et par la faute des autres. Quand on m'a donné le fouet. Car on m'a donné le fouet. Le fouet, savez-vous ce qu'il est? Véra était près de moi et elle s'est suicidée par protestation. Moi, j'ai vécu. De quoi aurais-je honte, maintenant? » *Ibid.*, p. 21.

français, qui n'ont eu d'autre alternative que d'employer la violence pour vaincre le nazisme, est alors possible. Pour les premiers comme pour les seconds, le recours à la violence est forcé, c'est-à-dire qu'ils doivent combattre leur inclination naturelle pour se décider à le choisir. Les uns comme les autres ont fait le choix de se maintenir dans l'inconfort de la spirale de la violence politique en exprimant leur révolte sur le terrain de la violence et du meurtre. Ils savent aussi que leur moyen d'action n'est pas le meilleur, sont conscients des dérives qu'il peut apporter et surtout en connaissent les conséquences : la répression et la mort. Cette contradiction que Camus a tirée de son expérience de la Résistance – et avant cela de la guerre d'Espagne – et qu'il n'a eu de cesse de mettre en avant dans ses recherches sur la révolte à partir de là, il la retrouve explicitement dans l'expérience des terroristes de 1905 et le déchirement qu'ils éprouvent :

> Un si grand oubli de soi-même allié à un si profond souci de la vie des autres permet de supposer que ces meurtriers délicats ont vécu le destin révolté dans sa contradiction la plus extrême. On peut croire, qu'eux aussi, tout en reconnaissant le caractère inévitable de la violence avouaient cependant qu'elle est injustifiée. Nécessaire et inexcusable, c'est ainsi que le meurtre leur apparaissait. [...]
>
> Mais les révoltés de 1905 nous enseignent, au milieu du fracas des bombes, que la révolte ne peut conduire à la consolation et au confort dogmatique. Leur seule victoire apparente est de triompher de la solitude. Au milieu d'un monde qu'ils nient et qui les rejettent, ils tentent, comme tous les grands cœurs, de refaire, homme après homme, une fraternité. L'amour qu'ils se portent réciproquement, qui fait leur bonheur jusque dans le désert du bagne, qui s'étend à l'immense

> masse de leurs frères asservis et silencieux, donne la mesure de leur détresse et de leur espoir[1].

Incarnant le stade extrême du « Je me révolte donc nous sommes » en ce qu'ils en oublient le plan individuel pour se concentrer sur le plan collectif, les terroristes de 1905 n'en arrivent pourtant pas à justifier la violence et leur usage de la terreur. S'ils la trouvent nécessaire, ils ne l'accompagnent jamais de justifications, ce qui les rapproche de Camus lui-même lorsqu'il énonce à Emmanuel d'Astier de la Vigerie, à peu près au même moment, que « la violence est à la fois inévitable et injustifiable[2]. » Devoir consentir à l'utilisation de la violence dans certains cas précis ne doit pas mener à justifier son usage systématique, dans le cadre révolutionnaire notamment. On pourrait alors croire que l'auteur, cherchant un exemple pour illustrer sa vision de la révolte et les comportements qu'elle doit dicter quant à la question de la violence, ramène à ses propres positions celles des révolutionnaires russes du début du siècle. Nous allons voir comment cette vision va s'affronter aux deux courants hégénémoniques de la sortie de Seconde Guerre mondiale qui justifient le recours à la violence soit par la raison d'État et la défense des intérêts capitalistes, soit par la violence progressive qui justifie les procès révolutionnaires par la volonté d'accéder à une société purifiée de toute violence.

1 *Ibid.*, p. 342-343.

2 Albert Camus, *Œuvres complètes Tome II, 1944-1948, op. cit.*, p. 457.

Chapitre 5

Renvoyer dos à dos raison d'État et « violence progressive » comme des institutions de la violence

Dans le chapitre précédent, une citation de l'évêque Dom Hélder Câmara a été évoquée. Il y était question de trois types de violences. La première, la mère de toutes, est celle de la domination et de l'oppression que l'on retrouve dans toutes les sociétés. La seconde se construit en opposition à cette première forme et se dessine comme une réaction : il s'agit de la violence révolutionnaire. La troisième est la violence de la répression qui vient, à son tour, affronter la violence révolutionnaire, en vue de défendre le système initial. Cette référence nous aura permis d'y voir un peu plus clair dans la naissance et le déroulement de la guerre d'Algérie telle que Camus aura pu la percevoir et tenter d'y prendre position. Tout cela, à la lumière de son refus d'une dialectique toujours plus puissante qui voit alterner, dans une spirale incontrôlable de la violence, les victimes et les bourreaux. De cette articulation singulière entre son refus de cette dialectique meurtrière et son analyse lucide de l'enchaînement des violences – que l'on a rapprochée de celle de Câmara –, Camus tentera de tirer les éléments nécessaires qui lui permettront de se mettre en règle quant à la question principale de son temps. Et se mettre en règle, c'est avant tout savoir faire des choix clairs, quitte à s'éloigner de ceux que l'on croyait être ses camarades ou bien refuser des appuis de circonstances.

Dans le présent chapitre, nous nous attarderons justement sur la façon dont les principes et limites face à la violence, dégagés par Camus à partir de son expérience, ont impliqué des prises de position franches au regard de l'échiquier politique de son temps. En effet, en refusant de recourir aux différentes formes d'absolu qui se présentaient à lui à l'époque – qu'ils proviennent de l'idéologie capitaliste ou de l'idéologie communiste – l'écrivain décide d'emprunter un chemin de traverse qui l'isolera d'une grande partie de ses contemporains. Dans cette marge, souvent inconfortable, Camus tente de dessiner un espace où l'on peut refuser de s'inscrire dans une non-violence jusqu'au-boutiste qui ne mène qu'à la soumission, tout en s'opposant aux formes de violences qui prétendent pouvoir éradiquer le crime de la surface de la terre. De nouveau, il se trouve dans une articulation singulière quant à la façon dont la violence devient une institution lorsqu'elle est dans les mains de ceux qui gouvernent – qu'ils soient issus du système en place ou des rangs des révolutionnaires qui l'ont renversé.

Refuser la tentation d'un monde sans violence

Commençons par rappeler que l'un des principaux griefs adressés à Camus concernant sa série « Ni victimes ni bourreaux » par Emmanuel d'Astier de la Vigerie tenait justement dans une accusation de soutenir une forme de non-violence absolue qui croirait en l'éradication de la violence dans nos sociétés :

> Il n'y avait pour nous que deux attitudes logiques : combattre avec les armes mêmes de l'ennemi, malgré le mépris que nous éprouvions de ces armes, ou refuser le combat comme un mal, protester, se laisser enfermer, faire la grève de la faim : choisir le martyre, ce que certains appelleraient le gandhisme, en espérant dans la vertu de son exemple. Aujourd'hui, après avoir écrit « Ni victimes ni bourreaux », dans des occurrences semblables, pour n'être pas un bourreau vous choisiriez d'être une victime. À moins de préférer, si cela était possible, le silence, le renoncement, qui conduisent trop souvent au compromis[1].

Camus aurait donc choisi, après l'écriture de sa série « Ni victimes ni bourreaux », de défendre une position non-violente absolue qui ferait de lui au mieux une victime volontaire, au pire un complice des bourreaux[2]. Il nous faut alors répéter la réponse que Camus adresse à cette attaque qu'il juge infondée :

> Ce n'est pas me réfuter en effet que de réfuter la non-violence. Je n'ai jamais plaidé pour elle. Et c'est une attitude qu'on me prête pour la commodité d'une polémique. Je ne pense pas qu'il faille répondre aux coups par la bénédiction. Je crois que la violence est inévitable, les années d'occupation me l'ont appris. Pour tout dire, il y a eu, en ce temps-là, de

---

1 C'est dans le numéro 15 de la revue que l'article d'Emmanuel d'Astier de la Vigerie est publié, nous l'avons consulté sur microfilm à la Bibliothèque Nationale de France; *Caliban*, Paris, s.n., 1947, p. 13.

2 Notons que l'entrefilet qui accompagne la réponse de Camus va aussi dans ce sens : « Nos lecteurs savent qu'autour de la suite d'articles d'Albert Camus, parus dans le numéro 11 de *Caliban* sous le titre "Ni Victimes ni Bourreaux", un débat s'est institué. Emmanuel d'Astier, l'ancien ministre, auteur de Sept fois sept jours, ne voulait pas laisser sans réponse l'appel au dialogue que lançait Camus, a précisé dans le numéro 15, des positions qui sont très proches du marxisme : son article, intitulé "Arrachez la victime aux bourreaux" reprochait notamment à Camus son plaidoyer en faveur de ce qu'il pensait être la non-violence et pouvaït ainsi résumer : en voulant n'être ni victime ni bourreau, vous devenez complice des bourreaux. » *Caliban*, *op. cit.*

> terribles violences qui ne m'ont posé aucun problème. Je ne dirai donc point qu'il faut supprimer toute violence, ce qui serait souhaitable, mais utopique, en effet. Je dis seulement qu'il faut refuser toute légitimation de la violence, que cette légitimation lui vienne d'une raison d'État absolue, ou d'une philosophie totalitaire[1].

En affirmant de nouveau sa volonté de se maintenir entre violence et non-violence, Camus clarifie sa relation avec chacun de ces deux pôles qu'il entend bien garder en tension permanente dans son approche. Nous avons déjà longuement évoqué sa volonté de limiter l'utilisation de la violence, arrêtons-nous à sa position sur la non-violence. Cette dernière puise directement dans la forme singulière de pacifisme qu'il a défendue au déclenchement de la Seconde Guerre mondiale : il ne s'agissait pas d'une forme absolue puisqu'il prévoyait déjà une articulation avec le recours à la violence en cas de défense légitime individuelle ou collective : or, la non-violence absolue refuse strictement toute action violente. C'est donc dans cette lignée, à laquelle il faut ajouter toute l'épaisseur d'une expérience cruciale, celle qui l'a vu passer de pacifiste à résistant, que l'écrivain construit un rapport singulier à la non-violence après 1945.

Camus entend « réfuter » la non-violence, se refuser à la « prêcher » et il avoue même l'« impossibilité » de faire le contraire car selon lui cela reviendrait à défendre une forme de « sainteté » et de « vertu toute pure » à laquelle il ne croit pas. L'écrivain ne pourrait être plus clair lorsqu'il avance cela en contrepoint des critiques qui lui sont opposées par le compagnon de route du communisme et ancien résistant qu'est d'Astier de la Vigerie. Nous noterons d'emblée un recours au

---

1 *Caliban*, Paris, s.n., 1947, p. 12.

champ lexical du religieux, ou du moins de l'absolu, lorsque la non-violence est abordée avec les mots « prêcher », « sainteté » et « vertu toute pure ». Pour comprendre cette prise de position plutôt radicale, il est nécessaire de revenir sur le contexte. Nous sommes quelques années après la fin de la Seconde Guerre mondiale. Sans nostalgie quant à son rôle de porte-voix de la Résistance dans *Combat*, Camus opère un retour critique sur son expérience de la guerre pour tenter de comprendre ce qui se joue sous ses yeux : l'affrontement pas si froid des deux grands blocs qui partagent le monde. L'affrontement idéologique est sur le point de tourner en nouvelle guerre mondiale au moment où l'on prête à Camus des proximités avec le courant non-violent. Tout en se distinguant d'un tel courant, il lui reconnaît une forme de grandeur qu'il lui est personnellement impossible d'atteindre. Comme vu précédemment, déjà dans ses articles du *Soir républicain*, il tentait de se distinguer des pacifistes absolus qui refusaient catégoriquement de prendre part au conflit et d'utiliser la violence contre le fascisme. Dans les *Carnets*, peu de temps après la déclaration de guerre en 1939, il consignait quelques lignes qui vont dans ce sens :

> Il est toujours vain de vouloir se désolidariser, serait-ce de la bêtise et de la cruauté des autres. On ne peut dire « Je l'ignore ». On collabore ou on la combat. Rien n'est moins excusable que la guerre et l'appel aux haines nationales. Mais une fois la guerre survenue, il est vain et lâche de vouloir s'en écarter sous le prétexte qu'on n'en est pas responsable. Les tours d'ivoire sont tombées. La complaisance est interdite pour soi-même et pour les autres.

> Juger un événement est impossible et immoral si c'est du dehors. C'est au sein de cet absurde malheur qu'on conserve le droit de le mépriser[1].

À la manière d'Orwell dont on a évoqué la dénonciation de l'immobilisme des pacifistes absolus, Camus se refuse à tenir une position non-violente absolue qui reviendrait, selon lui, à tenter de s'extraire de la foule qui subit de plein fouet les horreurs nazies. En restant au cœur de la guerre, il se sent naturellement porté vers l'action. Face à lui se trouvent ceux qui ont fait le choix de collaborer pleinement avec l'ennemi par leurs actions et ceux qui, par leur inaction ou leur retrait, cautionnent indirectement les régimes fascistes et la violence qu'ils drainent. Au sujet de cette inaction qui se transforme en consentement passif au meurtre, d'autres notes des *Carnets*, plus tardives puisqu'elles datent de 1947, nous éclairent sur le point de vue camusien : « L'anarchiste tolstoïen en temps d'occupation. Il a écrit sur sa porte "D'où que vous veniez, vous êtes les bienvenus." Ce sont les miliciens qui entrent[2]. » La « non-résistance au mal[3] » de Tolstoï est directement mise en cause ici par l'écrivain qui est un très bon connaisseur de l'œuvre du penseur russe et de sa philosophie – il tient *La Guerre et la Paix* pour l'un des plus grands chefs-d'œuvre de la littérature mondiale. Dans cet extrait, Camus met de nouveau en relation la non-violence absolue de Tolstoï et de ses disciples avec une forme de collaboration, ou du moins de consentement passif au meurtre. L'auteur laisse planer une forme de doute puisqu'on ne sait pas si les miliciens sont là

1 Albert Camus, *Œuvres complètes Tome II, 1944-1948*, *op. cit.*, p. 888-889.

2 *Ibid.*, p. 1108.

3 Tolstoï explique avec précision ce qu'il met derrière une telle expression, et que l'on peut considérer comme un préalable à la non-violence, dans un court essai. Léon Tolstoï, *Quelle est ma foi ?*, Paris, Stock, 1924.

pour arrêter « l'anarchiste tolstoïen » sans résistance de ce dernier ou s'ils sont là pour s'installer et bienvenus comme l'annonce le mot sur la porte.

De la période du *Soir républicain* et son pacifisme singulier à la polémique avec Emmanuel d'Astier de la Vigerie en 1947, jusqu'au début des années 1950, la problématique de la non-violence s'exprime en continu dans les réflexions de Camus et va de pair avec son raisonnement au sujet du meurtre logique ou du terrorisme révolutionnaire notamment. En 1952, dans une lettre adressée à Étienne Benoist, on trouve de nouveau le vocabulaire de l'absolu, voire du religieux, lorsque Camus annonce que la non-violence « représente une vérité digne d'être prêchée par l'exemple » mais qu'il lui manque pour cela la « grandeur » nécessaire à pareille attitude[1]. De sa réponse à d'Astier de la Vigerie à celle-ci, le vocabulaire ne change pas, mais le ton semble tout de même avoir évolué. La non-violence, une vérité ? Si Camus s'en éloigne à ce moment, ce n'est pas parce qu'elle fait fausse route, mais bien parce qu'elle semble dépasser ses propres capacités d'action et d'exemplarité. Le terme de « grandeur » a remplacé celui de « sainteté » ce qui ramène la non-violence sur le plan du possible, du réel et de l'humain. Quelques années plus tard, en 1955, la question de la non-violence resurgit en ces termes dans le cadre d'un éditorial donné à *L'Express* le 22 novembre 1955 et qui s'intitule « La chaussette et le rouet[2] ». Il y est directement question de la sainteté et de la grandeur. Pas étonnant alors d'observer que le personnage central de l'article est le *Mahatma* Mohandas Karamchand Gandhi – rappelons que *mahatma*, signifie en sanskrit « la grande âme » ou le « saint ».

1 Cette lettre de 1952 est citée dans l'ouvrage de Lou Marin au sujet des positions libertaires de Camus face à la violence ; *Camus et sa critique libertaire de la violence*, Indigène éd., p. 20.

2 Albert Camus, *Œuvres complètes Tome III, 1949-1956*, *op. cit.*, p. 1048.

Dans cet éditorial de *L'Express*, l'auteur ironise sur un hommage récent rendu à Gandhi par deux dignitaires d'U.R.S.S., Boulganine et Khrouchtchev. Toute l'ironie et le propos de Camus tiennent dans le rapprochement de fait entre ces deux dignitaires russes et le penseur indien alors qu'en réalité tout les oppose, en particulier en ce qui concerne l'utilisation de la violence. Les premiers sont partisans de ce que l'on appellera plus loin une « violence progressive[1] », une violence nécessaire pour épurer la société et atteindre la société idéale, alors que le second se refuse par principe à employer la violence. Camus commence par opposer les figures de Lénine et de Gandhi, non pas comme on aurait l'habitude de le faire sur le plan du réalisme, mais précisément sur le rapport à la violence. Il poursuit en soulignant le pouvoir de la parole du *Mahatma* :

> Quels que soient les retournements à venir, et l'étonnante capacité d'oubli des peuples, il restera que certaines paroles ne pourront plus être prononcées, sans que d'autres, aussitôt, leur soient opposées, pour donner raison, une fois de plus à Gandhi. Car il enseignait que la parole est un acte, et qu'elle peut façonner l'histoire, à la seule condition qu'on lui conforme sa vie, jusqu'à la mort. Pour Gandhi, seules la rude obstination de la douceur et l'énergie de la paix pouvaient vaincre l'entêtement rusé de la violence. Des millions d'hommes, même lorsque le gouvernement indien fait tirer sur eux, en témoignent depuis dix ans et, depuis trois jours, deux dignitaires soviétiques[2].

1 L'expression n'est pas d'Albert Camus mais de Maurice Merleau-Ponty. Plus loin dans le développement, nous reviendrons sur le sens qui lui est donné et surtout nous tenterons de l'éclairer à la lumière des réflexions camusiennes sur le sujet.

2 Albert Camus, *Œuvres complètes Tome III, 1949-1956, op. cit.*, p. 1049.

Symbole d'une nouvelle évolution dans son approche sur la question, ce passage met en lumière un certain rapprochement entre Camus et la non-violence prônée par Gandhi. La parole comme acte, des principes auxquels on doit conformer sa vie jusqu'à la mort, la volonté de combattre la spirale de la violence, voilà autant d'éléments dans lesquels l'écrivain a pu se retrouver d'une certaine manière dans la philosophie du sage indien. Malgré un accès réduit aux écrits de Gandhi à son époque – l'un des intermédiaires de choix entre Camus et lui sera sûrement Romain Rolland –, l'écrivain semble avoir touché de près le cœur des positions du *Mahatma*. Le rendez-vous ne semble pas totalement manqué entre l'écrivain algérien et celui qu'il désigne, dans son article de 1955, comme le « plus grand homme de notre histoire[1] ».

Une telle proximité, inenvisageable à première vue, tient sûrement dans le fait que la non-violence telle qu'elle est défendue par Gandhi – et par d'illustres successeurs comme Martin Luther King dans le cadre de la lutte pour les droits civiques aux États-Unis ou encore Nelson Mandela dans son combat contre l'apartheid en Afrique du Sud – est fondée précisément sur la tension permanente entre théorie et pratique, entre réflexion et action qui participent d'un même élan de lutte contre la violence oppressive. À cela, il faut ajouter que, contrairement à ce qu'on a l'habitude de croire, ces différents acteurs de la non-violence sur le plan mondial n'avançaient pas une opposition absolue à un recours ponctuel à des formes de violence, en fonction des situations et des rapports de force[2]. La proximité entre Gandhi et Camus au sujet de la vio-

1 *Ibid.*, p. 1049.

2 Un ouvrage de Jean-Marie Muller, fondateur du Mouvement pour une alternative non-violente, revient sur la manière dont Camus a pu approcher la pensée de Gandhi et s'appuie sur des éclairages directement tirés de l'ouvrage de Gandhi *All men are brothers*. Jean-Marie MULLER, *Penser avec Albert Camus*, *op. cit.*, p. 139-140.

lence devient alors explicite. En effet, les deux hommes commencent par reconnaître à la violence son caractère inévitable, notamment en affirmant que la non-violence « absolue » ou « parfaite » reste du domaine du théorique et de l'impossible en pratique. L'un comme l'autre ne s'arrêtent pourtant pas à ce constat et ils posent avec force et vigueur la nécessité de définir des limites à cette violence inévitable. Ces limites sont avant tout dépendantes de la situation et du contexte, mais aussi des acteurs en présence. La non-violence de Gandhi, comme la position de Camus, contient donc le refus catégorique d'une utopie absolue fondée sur l'éradication totale de la violence dans nos sociétés. Au cœur de sa série d'articles « Ni victimes ni bourreaux » publiée dans *Combat* en 1946, plus exactement dans l'article « Sauver les corps », l'écrivain algérois revient sur ce qu'implique un tel positionnement à l'égard de la notion d'utopie :

> Il faut donc admettre que le refus de légitimer le meurtre nous force à reconsidérer notre notion de l'utopie. À cet égard, il semble qu'on puisse dire ceci : l'utopie est ce qui est en contradiction avec la réalité. De ce point de vue, il serait tout à fait utopique de vouloir que personne ne tue plus personne. C'est l'utopie absolue. Mais c'est une utopie à un degré beaucoup plus faible que de demander que le meurtre ne soit plus légitimé. Par ailleurs, les idéologies marxiste et capitaliste, basées toutes deux sur l'idée de progrès, persuadées toutes deux que l'application de leurs principes doit amener fatalement l'équilibre de la société, sont des utopies d'un degré beaucoup plus fort. En outre, elles sont en train de nous coûter très cher[1].

1 Albert Camus, *Œuvres complètes Tome II, 1944-1948, op. cit.*, p. 439-440.

Cela revient à établir ce que l'écrivain a pu appeler une forme d'« utopie relative[1] ». Contrairement à ce que l'on aurait pu penser dans un premier temps, l'« utopie absolue » n'est donc pas à chercher du côté de la non-violence telle qu'elle est définie par Gandhi et ses disciples. Malgré l'existence d'une non-violence absolue, ce n'est pas vers elle que se concentre l'essentiel de la critique camusienne sur la question, mais plutôt vers deux autres formes que prend cette utopie et qui se rejoignent sur la façon dont elles se fondent en partie sur l'illusion de la conquête d'un monde idéal débarrassé de la violence. Le capitalisme, qui est en passe de s'imposer comme l'idéologie dominante à la sortie de la Seconde Guerre mondiale sous l'impulsion des États-Unis, et le marxisme, qui lui dispute son hégémonie sous la houlette de l'U.R.S.S. et de ses pays satellites, sont donc renvoyés dos à dos par l'écrivain en ce que chacune de ces idéologies entretient à sa manière l'illusion d'une éventuelle sortie de la spirale de la violence politique. Pour autant, en ce qui les concerne, elles n'ont pas renoncé à en faire usage, prétextant que la violence est nécessaire pour instaurer un monde sans violence. Pour atteindre cette société utopique, tous les moyens sont bons, même les plus violents. La violence, sous ses différentes formes politiques, devient la norme. À ce titre, elle devient institution, alors même que règne toujours l'illusion d'une société pacifiée à atteindre. Et si elle peut permettre d'emprunter le chemin le plus court vers la société idéale, alors pourquoi s'en priver ? Le profit comme absolu d'un côté pour le capitalisme, la fin de l'histoire en ligne de mire absolue pour le marxisme, la violence devient le moyen privilégié pour se rapprocher de ces deux objectifs idéaux. La répression sert au système capitaliste à défendre ses intérêts et à

---

1 La première occurrence de cette expression se trouve dans l'un des articles de la série « Ni victimes ni bourreaux », intitulé « La révolution travestie ». Albert Camus, *Œuvres complètes Tome II, 1944-1948*, *op. cit.*, p. 445.

mater les éventuelles révoltes naissantes. Elle permet aussi aux révolutionnaires ayant pris le pouvoir de tenter de le conserver, même – et surtout ? – au détriment de possibles dissensions dans leur propre camp.

S'opposer à la raison d'État comme justification d'une violence légitime

La première des légitimations de la violence à laquelle l'écrivain dit s'opposer est celle provenant « d'une raison d'État absolue[1] », dans sa première réponse à Emmanuel d'Astier de la Vigerie. Une telle affirmation n'entre-t-elle pas en opposition frontale avec la définition classique de l'État et de ses fonctions, telle qu'elle est tirée de l'œuvre de Max Weber par exemple ? Ce dernier affirme dans *Le Savant et le Politique* que « l'État est cette communauté humaine qui, à l'intérieur d'un territoire déterminé (le "territoire" appartient à sa caractérisation), revendique pour elle-même et parvient à imposer le monopole de la violence physique légitime[2]. » Et cette définition de l'État, bien connue des politistes, fait figure de référence en ce qui concerne les études sur l'État car elle reprend deux éléments essentiels : celui de « territoire donné » et celui de « monopole de la violence physique légitime ». C'est ce dernier qui nous intéresse particulièrement parce qu'il est question de la légitimité de l'usage de la violence. La violence physique dans les mains de l'État devient cet instrument de coercition qui permet de réprimer tous les comportements n'entrant pas dans le cadre de la loi et du droit. Le mot « physique », qui suit, prend alors toute son

1 Albert Camus, *Œuvres complètes Tome II, 1944-1948*, *op. cit.*, p. 457.

2 Max Weber, *Le Savant et le politique : une nouvelle traduction*, Paris, La Découverte, 2003, p. 118.

importance puisqu'il permet de préciser qu'il s'agit d'actes coercitifs concrets et matériels. Mais alors en quoi la position de Camus serait-elle contradictoire avec cette définition classique de l'État comme détenteur du monopole d'une violence légitime ?

Sur les termes d'abord, la contradiction est explicite. Si Camus affirme qu'aucune violence ne peut et ne doit être légitime, alors cela inclut la violence de l'État qui ne doit pas déroger à ce principe de par sa seule fonction. Cela n'est pourtant pas si simple en réalité. Lorsque Camus évoque la raison d'État, il en parle dans sa forme absolue. Cette forme, il en donnera des exemples plus tard, en 1951 dans *L'Homme révolté*, au moment d'aborder la question du « Terrorisme d'État et la Terreur rationnelle » : « Mussolini, juriste latin, se contentait de la raison d'État qu'il transformait seulement, avec beaucoup de rhétorique, en absolu. "Rien hors de l'État, au-dessus de l'État, contre l'État. Tout à l'État, pour l'État, dans l'État." L'Allemagne hitlérienne a donné à cette fausse raison son vrai langage, qui était celui d'une religion[1]. » La raison d'État couplée à une utopie absolue telle que les rêvaient ces régimes totalitaires ne peut que mener à la guerre et aux horreurs qu'a connues l'Europe au milieu du XXe siècle. Cependant, la raison d'État est désignée par l'écrivain comme une « fausse raison » utilisée comme base théorique par les totalitarismes européens. Elle constituerait, en elle-même, un problème puisqu'elle pourrait servir de point d'appui à des systèmes autoritaires et meurtriers. Ici se trouve précisément le nœud du problème de Camus vis-à-vis de cette raison d'État qui légitime l'emploi de la violence. L'opposition à ce monopole de la violence légitime pourrait trouver ses racines dans le dialogue perpétuel qu'il a entretenu avec les anarchistes et libertaires de

1 Albert Camus, *Œuvres complètes Tome III, 1949-1956*, *op. cit.*, p. 217.

toute l'Europe ; de ses rencontres avec les républicains espagnols, mais aussi avec les ouvriers du livre français, des figures telles qu'Anna Estorges alias Rirette Maîtrejean ou encore Nicolas Lazarevitch, à son appartenance au Groupe de Liaison Internationale par exemple[1]. Nul doute que sa réflexion au sujet de l'État, et des prérogatives diverses de ce dernier, ait été nourrie par les échanges qu'il n'a jamais cessé d'entretenir avec les militants libertaires et anarchistes dont on connaît l'opposition farouche à cette notion. En se démarquant des marxistes, les anarchistes et libertaires, dans leur grande majorité, pensent que la révolution – si elle survient – doit en finir d'emblée avec l'État. Inutile de passer par une période de transition comme le pensaient Marx et ses disciples – que ces derniers appellent d'ailleurs « dictature du prolétariat », ce n'est pas un hasard, comme nous le verrons. Si la raison d'État absolue mène à la Terreur qui est une forme extrême de la violence, c'est que, dans une forme plus courante et moins poussée, elle n'en demeure pas moins un moyen de légitimer la violence sans pour autant qu'elle atteigne le niveau d'horreur de la Terreur et c'est à ce titre qu'elle apparaît comme critiquable pour Camus.

Pour démontrer cela, replaçons-nous dans la dynamique de la spirale de la violence politique évoquée précédemment à travers les propos de Dom Hélder Câmara. Un système est en place, il crée des injustices, des révoltes naissent en réponse à ces injustices. Que fait le système en place ? Il peut employer différentes formes de répression pour mater les révoltes et donc ramener à l'ordre, c'est-à-dire au calme, à la paix et à la sécurité, la société qui menaçait de s'embraser. Ce retour au calme,

---

1 Herbert Lottman, *Albert Camus*, Paris, Éditions du Seuil, 1985, 686 p. ; Olivier Todd, *Albert Camus, op. cit.* ; Albert Camus, *Écrits libertaires : 1948-1960*, 4e édition., Montpellier, Indigène éditions, 2016, 313 p. ; Lou Marin (dir.), *Albert Camus et les libertaires : 1948-1960*, Marseille, Égrégores éd, 2008, 361 p. ; Rencontres méditerranéennes de Lourmarin, *Le Don de la liberté : les relations d'Albert Camus avec les libertaires*, Arles, Les Ed. de la Nuit, 2009, 167 p.

cette volonté d'atteindre une société pleinement pacifiée et sécurisée, voilà la justification de l'État pour employer la force afin de mettre fin aux mouvements de révolte qui lui font face. L'institution entretient de ce fait le mythe d'une société sans crime, puisqu'elle s'en sert pour légitimer la violence qu'elle utilise pour le maintien du système en place et contre les révoltés de toutes sortes. Dans ce cadre, l'exécution serait une manière pour l'État de tendre de manière exemplaire vers cet idéal qu'il s'est fixé. Comment justifier autrement le recours à la peine capitale auquel Camus ne cessera de s'opposer après la Seconde Guerre mondiale et dont il faudra attendre 1981 pour qu'il soit aboli en France? Dans ses « Réflexions sur la guillotine », paru en 1957 dans un volume intitulé *Réflexions sur la peine capitale* – publié en coopération avec son camarade Arthur Koestler, partisan comme lui de l'abolition de la peine de mort –, Camus déploie un certain nombre d'arguments dans son combat contre la peine de mort. Ève Morisi, dans son ouvrage consacré au combat camusien pour l'abolition de la peine capitale, a réuni une somme de textes – parfois inédits comme certaines correspondances – qui établissent ce lien entre refus de légitimation de la violence et raison d'État[1]. Les extraits de « Réflexions sur la guillotine » y trouvent une bonne place car, d'emblée, Camus souligne la fonction initiale de la peine de mort, cette fonction idéale qui n'est finalement pas remplie : « Quand la suprême justice donne seulement à vomir à l'honnête homme qu'elle est censée protéger, il paraît difficile de soutenir qu'elle est destinée, comme ce devrait être sa fonction, à apporter plus de paix et d'ordre dans la cité. Il éclate au contraire qu'elle n'est pas moins révoltante que le crime, et que

1 Une partie conséquente de l'ouvrage est intitulée « Contre "toute légitimation de la violence" venue "d'une raison d'État absolue, ou d'une philosophie totalitaire" ». Ève Morisi et Albert Camus, *Albert Camus contre la peine de mort*, *op. cit.*, p. 111.

ce nouveau meurtre, loin de réparer l'offense faite au corps social, ajoute une nouvelle souillure à la première[1]. » Cette fonction de pacification et de maintien de l'ordre dans la société, la peine de mort est censée la remplir dans un double mouvement : d'abord, elle se débarrasse d'une source de violence en exécutant un criminel et surtout, ensuite, cette exécution doit servir d'exemple à ceux qui avaient envisagé d'agir violemment. Camus insistera longuement après ce passage sur la façon dont la peine capitale, devant servir d'exemple, revient finalement à entretenir certaines formes d'instinct de mort dans la société. Il commence d'ailleurs son développement par là :

> L'État camoufle les exécutions et fait silence sur ces textes et sur ces témoignages. Il ne croit donc pas à la valeur exemplaire de la peine, sinon par tradition et sans se donner la peine de réfléchir. On tue le criminel parce qu'on l'a fait pendant des siècles et, d'ailleurs, on le tue dans les formes qui ont été fixées à la fin du XVIIIe siècle. Par routine, on reprendra donc les arguments qui avaient cours il y a des siècles, quitte à les contredire par des mesures que l'évolution de la sensibilité publique rend inévitables. On applique une loi sans plus la raisonner et nos condamnés meurent par cœur, au nom d'une théorie à laquelle les exécuteurs ne croient pas. S'ils y croyaient, cela se saurait et surtout se verrait. Mais la publicité, outre qu'elle réveille, en effet, des instincts sadiques dont la répercussion est incalculable et qui finissent un jour par se satisfaire dans un nouveau meurtre, risque aussi de provoquer révolte et dégoût dans l'opinion publique[2].

---

1 Albert Camus, *Œuvres complètes Tome IV, 1957-1959*, *op. cit.*, p. 128.

2 *Ibid.*, p. 135.

Pour mieux démontrer son inutilité, Camus souligne que l'État lui-même tente d'atténuer le potentiel de révoltes et de réactions suscitées par les exécutions en régulant leur publicité et en diminuant leur impact sur l'opinion publique. En agissant de la sorte, la justice d'État avance contre l'argument même de l'exemplarité de la peine et commence de faire vaciller l'idéal d'une société débarrassée de tout crime. Tout en essayant de lutter contre l'entretien de la spirale de la violence, l'appareil étatique la perpétue en continuant d'appliquer la peine de mort sous un voile d'ombres.

Et Camus va plus loin encore dans son argumentation. Selon lui, l'exécution pour l'exemple est un échec pour deux raisons. D'abord, elle ne réussit pas à dissuader ceux qui désirent réellement passer à l'acte violent – Camus estime que se confondent en eux envies suicidaires et désir de meurtre. Ensuite, il estime que dans la plupart des cas, les meurtriers ne savent pas qu'ils vont le devenir avant le moment de l'acte en lui-même. La peine de mort effraie les honnêtes gens, les dégoûte surtout, mais elle n'empêche pas chez eux le surgissement de l'instinct de mort le moment venu et dans des situations diverses. Répression d'un autre âge, en décalage avec la société et les évolutions qu'elle a connues au cours des derniers siècles, la peine capitale représente selon l'écrivain la dernière trace de cette raison d'État absolue qui pense pouvoir en finir avec le crime et la violence, mais qui ne fait que nourrir, finalement, la spirale de la violence politique en attisant de nouvelles révoltes.

> Les lois sanglantes, a-t-on dit, ensanglantent les mœurs. Mais il arrive un état d'ignominie, pour une société donnée où, malgré tous les désordres, les mœurs ne parviennent jamais à être aussi sanglantes que les lois. La moitié de l'Europe connaît cet état. Nous autres Français, l'avons connu et risquons de le connaître à nouveau. Les exécutés de l'occupation

> ont entraîné les exécutés de la Libération dont les amis rêvent de revanche. Ailleurs des États chargés de trop de crimes se préparent à noyer leur culpabilité dans des massacres plus grands encore. On tue pour une nation ou pour une classe divinisées. On tue pour une société future, divinisée elle aussi. Qui croit tout savoir imagine tout pouvoir. Des idoles temporelles, qui exigent une foi absolue, prononcent inlassablement des châtiments absolus. Et des religions sans transcendance tuent en masse des condamnés sans espérance[1].

Mettant en lumière le décalage qui peut exister entre morale et loi, Camus prend appui sur son expérience de la Seconde Guerre mondiale pour justifier son engagement en faveur de l'abolition. Comme on l'a vu précédemment, il a compris à cette période qu'une violence en appelant une autre, les exécutions pour raison d'État ne mènent jamais à une société pacifiée, mais bien à une amplification du mouvement sans fin qui articule les trois grands pôles de la violence politique. Sans conviction, l'État entretient le mythe d'une société de paix et d'ordre tout en légitimant l'usage d'une violence légitime – la seule selon lui – pour l'atteindre. En revenant de cette manière sur la fonction de la répression étatique, Camus renforce son argument initial qui était de dire que l'éradication de la violence est une utopie absolue à laquelle il lui est impossible de souscrire. De plus, en faisant référence ensuite à une « classe divinisée » et des « religions sans transcendance », il amorce déjà la transition entre son refus de la raison d'État comme justification de la violence et la possible dérive révolutionnaire qui peut elle aussi tourner à la légitimation du meurtre. Ces deux expressions ne sont pas explicites et pourtant, on sent déjà que son regard se porte en particulier vers l'U.R.S.S. où

1 *Ibid.*, p. 163.

la révolution, elle aussi par souci d'atteindre une société idéale débarrassée du crime, se fait institution de la violence.

Affronter la violence « progressive » d'un régime révolutionnaire

Au regard de cette expérience fondamentale de l'Épuration, au cœur de son immersion plus large dans la Seconde Guerre mondiale, il faut analyser l'approche camusienne de la violence révolutionnaire une fois que cette dernière a réussi la première étape qui consiste dans le renversement du pouvoir en place. Parmi les contemporains de Camus, ce sont avant tout les marxistes ou les compagnons de route du communisme qui défendent une telle vision de la violence révolutionnaire : elle serait indispensable pour conquérir le pouvoir et bâtir une société nouvelle, pour faire table rase de l'ancien système et de ses protagonistes. La critique de l'écrivain concernant cette forme de violence révolutionnaire post-révolution se concentre donc sur la façon dont elle est travaillée par le marxisme et ceux qui s'en revendiquent de près ou de loin. De là vont naître des échanges denses et conséquents avec un certain nombre de ses contemporains.

On l'a vu, les références au marxisme, dans ses différentes formes contemporaines, sont nombreuses lorsqu'il est question de l'usage de la violence. Certains diront qu'elles sont même plus nombreuses que celles où il est question de s'opposer au capitalisme, à la raison d'État que nous venons d'évoquer, et à ce titre, ils taxeront Camus d'un anti-communisme primaire dont il a dû se défendre à de nombreuses reprises. Cependant, si la critique du marxisme est si présente, c'est que, durant tout son itinéraire intellectuel, l'écrivain a pu observer la lente installation du communisme, de la révolution à la création d'un nouveau régime, en particulier à travers l'exemple soviétique. Alors qu'il s'attelle à l'étude de ce qu'il nomme « La révolte historique » dans *L'Homme révolté* en 1951, il s'attarde sur le terme de révolution :

> En théorie, le mot révolution garde le sens qu'il a en astronomie. C'est un mouvement qui boucle la boucle, qui passe d'un gouvernement à l'autre après une translation complète. Un changement du régime de propriété sans changement de gouvernement correspondant n'est pas une révolution, mais une réforme. Il n'y a pas de révolution économique, que ses moyens soient sanglants ou pacifiques, qui n'apparaisse en même temps politique. La révolution, par là, se distingue déjà du mouvement de révolte. Le mot fameux : « Non, sire, ce n'est pas une révolte, c'est une révolution » met l'accent sur cette différence essentielle. Il signifie exactement « c'est la certitude d'un nouveau gouvernement ». Le mouvement de révolte, à l'origine, tourne court. Il n'est qu'un témoignage sans cohérence. La révolution commence au contraire à partir de l'idée. Précisément, elle est l'insertion de l'idée dans l'expérience historique quand la révolte est seulement le mouvement qui mène de l'expérience individuelle à l'idée[1].

En établissant une telle distinction entre les notions de « révolte » et de « révolution », Camus met d'emblée de la distance entre la notion qu'il a choisie dans le cadre de ses réflexions et celle que partagent la majorité de ses contemporains. Soulignant la dimension tragique de la révolte qui n'a pas d'issue définie à l'avance, il met en perspective ce flou de la révolte avec la perspective claire qui se met en place dans la révolution : la société idéale en vue doit remplacer le gouvernement ou sys-

---

1 Albert Camus, *Œuvres complètes Tome III, 1949-1956*, *op. cit.*, p. 151.

tème en place. Dans le cadre de la révolution, l'écrivain met en lumière la contradiction à son apogée d'un mouvement qui, se battant au départ pour le respect des hommes et pour des principes, aboutit à la destruction des mêmes hommes mais aussi desdits principes.

Varlet, Proudhon : par la suite, Camus choisit d'aborder cette question sous un angle particulier en recourant à un corpus de textes proches de l'anarchisme pour affiner et développer son analyse du lien entre révolution et institution de la violence à travers l'instauration d'un nouveau gouvernement. Là encore, c'est le contrepoint au marxisme qu'il adopte pour se distancier de ses contemporains. En effet, il poursuit en avançant que les tentatives de gouvernements révolutionnaires se mettent toujours en place dans un contexte guerrier, c'est-à-dire que le prétexte à la mise en place de cette contradiction entre gouvernement et révolution tient justement dans la nécessité de faire face à d'autres gouvernements : en 1789 ce sont les autres puissances européennes qui menacent la Révolution française, en 1917 c'est d'abord la contre-attaque des Russes blancs aidés par certaines puissances, puis le face-à-face avec les fascismes et enfin l'opposition au bloc libéral représenté par les États-Unis. Les gouvernements révolutionnaires tiendraient leur légitimité de la menace qui pèse sur eux et de la nécessité de s'en défendre. La violence est donc centrale à la fois dans le renversement de l'ancien gouvernement, et dans l'instauration du nouveau système, c'est ce qui pousse Camus à écrire : « La plupart des révolutions prennent leur forme et leur originalité dans un meurtre. Toutes, ou presque, ont été des homicides. Mais quelques-unes ont, de surcroît, pratiqué le régicide et le déicide[1]. » Le lien entre violence et révolution apparaît ici de manière explicite : le meurtre est un élément dé-

1 *Ibid.*, p. 153.

terminant dans le processus révolutionnaire, que l'on se place durant la conquête du pouvoir ou bien après, dans l'instauration du nouveau régime. À ce sujet, la construction de la partie dédiée à « La révolte historique » nous éclaire une nouvelle fois. Partant de la définition de la révolution que nous venons de citer, l'écrivain entame son voyage dans l'histoire de cette révolte historique, c'est-à-dire de cette forme de révolte qui tend vers la révolution, en commençant par un retour sur la Révolution française. Dans ce cas, le meurtre fondateur est bien entendu celui du roi, c'est le meurtre qui permettra la conquête du pouvoir et le renversement de l'Ancien régime. Mais la Révolution ne s'arrête pas là. Elle se poursuit dans un gouvernement de guerre, sous la menace des autres grandes puissances européennes. Ce gouvernement de guerre instaure la Terreur et Camus revient en détail sur ce qu'il considère comme un modèle pour les révolutions qui vont suivre. La guillotine règne pour assurer la pureté du mouvement révolutionnaire entamé en 1789. Afin que les hommes soient égaux, certaines têtes doivent tomber, y compris dans les rangs révolutionnaires. Aucune opinion divergente n'est permise : elle risquerait de faire échouer le processus qui doit mener à la société idéale. Les Girondins, par exemple, connaîtront le prix de l'esprit critique et de la divergence.

À la suite de cette étude consacrée à Saint-Just et à la Révolution française, Camus élargit son propos en tournant son regard vers la Russie, en passant par l'Allemagne et les différents mouvements révolutionnaires que ces pays ont connus à partir du XIXe siècle. En effet, il trace une filiation directe entre l'idéologie allemande telle qu'elle a été développée par Hegel, la philosophie de Marx et enfin la façon dont cette dernière a été mise en pratique dans le contexte russe. Cette filiation intellectuelle lui permet de placer dans la lumière la façon dont le précepte « La fin justifie les moyens » s'est imposé au sein de la pensée révolutionnaire à partir de l'exemple français jusqu'à la lutte pour la domination mondiale de l'U.R.S.S. face aux États-Unis. Pour lui, au même titre qu'il est utile de s'opposer à la raison d'État, lorsqu'elle se pose comme justification de l'usage de la violence, il est nécessaire de maintenir une critique au sein de son propre camp. C'est ce qu'il entreprend avec son examen de l'évolution de la notion de révolte dans son essai de 1951. Et avant cela, c'est déjà ce qui lui a valu d'être pris dans de nombreuses polémiques dès la sortie de la guerre. En octobre 1944, dans un article de *Combat* qui sera repris dans le premier volet d'*Actuelles*, il se défendait d'un « anticommunisme politique[1] » tout en admettant qu'il n'était pas d'accord avec la philosophie communiste et sa mise en pratique. Ce désaccord s'appuie sur plusieurs éléments d'analyse que Camus reprendra de façon plus détaillée dans *L'Homme révolté*. Celui qui nous intéresse ici concerne l'usage de la violence par les révolutionnaires, et plus précisément, la manière dont cet usage se poursuit après le renversement du pouvoir en place. Comme il le dénonçait déjà pour la période s'étendant de 1789 à 1794 en France, Camus affine son opposition frontale à la tentation purificatrice opérée après chaque révolution. Une telle prise de position devient vite irréconciliable avec celles défendues par un grand nombre de ses contemporains.

On retrouve alors la polémique qui l'oppose à Emmanuel d'Astier de la Vigerie en 1948, Les deux réponses reprises dans le premier volume des *Actuelles* sont particulièrement éclairantes sur ce point. Dans la première, on lit par exemple :

> La libération sociale et la dignité ouvrière dépendent étroitement de la création d'un ordre international. La seule question est de savoir si on y arrivera par la guerre ou par la

1 Albert Camus, *Œuvres complètes Tome II, 1944-1948*, *op. cit.*, p. 392.

> paix. C'est à propos de ce choix que nous devons nous réunir ou nous séparer. Tous les autres choix me paraissent futiles.
>
> Vous dites que pour supprimer la guerre, il faut supprimer le capitalisme. Je le veux bien. Mais pour supprimer le capitalisme, il vous faut lui faire la guerre. Ceci est absurde, et je continue de penser qu'on ne combat pas le mauvais par le pire, mais par le moins mauvais. Vous me direz qu'il s'agit de la dernière guerre, celle qui va tout arranger. J'ai bien peur, en effet, qu'elle soit la dernière et dans tous les cas, je m'inquiète de voir lancer des hommes dans cette nouvelle aventure en leur disant, une fois de plus, qu'il faut le faire pour que leurs enfants ne voient pas ça[1].

Au nom d'une société idéale future, débarrassée de la violence et de l'oppression, les révolutionnaires s'octroient le droit d'employer les moyens de l'adversaire. Ce mimétisme de la violence, c'est le même que celui contre lequel Camus avait tenté de se prémunir en même temps que ses camarades de la Résistance et qui avait donné lieu à l'écriture des *Lettres à un ami allemand*. L'épisode de l'Épuration étant passé par là, l'écrivain connaît de trop près l'engrenage fatal qui peut suivre. La suite de la première réponse se poursuit d'ailleurs sur les grandes lignes d'une critique du marxisme tel qu'il est mis en pratique par ses contemporains, à la suite de Lénine et de Staline.

Sur ce point, il est encore plus éclairant de s'intéresser à une polémique qui l'a opposé à une autre figure intellectuelle de l'époque, un philosophe qui a pris lui aussi part à ces discussions qui animaient le milieu intellectuel français à partir de la fin de la Seconde Guerre mondiale : il s'agit de Maurice Merleau-Ponty. En 1947, celui-ci publie un essai sur le pro-

---

1 Albert Camus, *Œuvres complètes Tome II, 1944-1948*, Paris, Gallimard, 2006, p. 462.

blème communiste dont le titre principal est *Humanisme et Terreur*. Dès la préface de l'ouvrage, le ton est donné :

> Le marxisme ouvre sur un horizon d'avenir où l'« homme est pour l'homme l'être suprême ». Si Marx ne prend pas cette intuition de l'homme pour règle immédiate en politique, c'est que, à enseigner la non-violence, on consolide la violence établie, c'est-à-dire un système de production qui rend inévitables la misère et la guerre. Cependant, si l'on rentre dans le jeu de la violence, il y a chance qu'on y reste toujours. La tâche essentielle du marxisme sera donc de chercher une violence qui se dépasse vers l'avenir humain. Marx croit l'avoir trouvée dans la violence prolétarienne, c'est-à-dire dans le pouvoir de cette classe d'hommes qui, parce qu'ils sont, dans la société présente, expropriés de leur patrie, de leur travail et de leur propre vie, sont capables de se reconnaître les uns les autres au-delà de toutes les particularités et de fonder une humanité. La ruse, le mensonge, le sang versé, la dictature sont justifiés s'ils rendent possible le pouvoir du prolétariat et dans cette mesure seulement[1].

En ce qui concerne la non-violence, Camus ne contredirait sûrement pas la première partie de cet extrait. Il aurait sans doute ajouté qu'il s'agit dans ce cas d'une non-violence absolue, quoique… ses rapports avec ce courant, on l'a vu, soient complexes. Ce serait plutôt la seconde partie du raisonnement qui lui poserait problème, celle où Merleau-Ponty affirme que le marxisme auquel il adhère use d'une violence qui cherche à se dépasser vers un avenir hypothétique. La « violence prolétarienne », exercée directement par le prolétariat pour renverser le pouvoir en place et surtout pour le conserver, se

1 Maurice Merleau-Ponty, *Humanisme et terreur : essai sur le problème communiste*, Paris, Gallimard, 1980, p. 45-46.

justifie dans l'installation au pouvoir du prolétariat, dans la pérennisation de la révolution et dans l'atteinte de la société idéale. Après avoir énuméré tout ce que cette prise du pouvoir par le prolétariat justifie – « mensonge » et « sang versé » pour ne citer qu'eux – Merleau-Ponty avance la chose suivante : « La politique marxiste est dans sa forme dictatoriale et totalitaire. Mais cette dictature est celle des hommes les plus purement hommes, cette totalité est celle des travailleurs de toutes sortes qui reprennent possession de l'État et des moyens de production. » On voit déjà poindre ce qui va gêner Camus dans ces propos. Aucune dictature n'est souhaitable pour lui, même si elle est menée par le prolétariat. Aucune totalité n'est à soutenir quand bien même elle serait installée sous le signe d'un peuple divinisé. Dans ces propos de Merleau-Ponty, c'est la dérive directement contenue dans la perspective révolutionnaire qui ne peut convenir à l'écrivain algérois. De son côté, si l'auteur d'*Humanisme et terreur* adopte un point de vue critique sur la mise en pratique de ce principe initial dans l'U.R.S.S. de son époque, c'est pour mieux enchaîner ensuite avec sa défense de cette forme de violence qu'il appelle « progressive » dans le même ouvrage :

> « Voilà donc ce qu'on veut établir en France », disait un anticommuniste en refermant le *Zéro et l'Infini*. « Qu'il doit être passionnant de vivre sous ce régime ! » disait au contraire un sympathisant d'origine russe, émigré de 1905. Le premier oubliait que tous les régimes sont criminels, que le libéralisme occidental est assis sur le travail forcé des colonies et sur vingt guerres, que la mort d'un noir lynché en Louisiane, celle d'un indigène en Indonésie, en Algérie ou en Indochine, est, devant la morale, aussi peu pardonnable que celle de Roubachof, que le communisme n'invente pas la violence, qu'il la trouve établie, que la question pour le

moment n'est pas de savoir si l'on accepte ou refuse la violence, mais si la violence avec laquelle on pactise est « progressive » et tend à se supprimer ou si elle tend à se perpétuer, et qu'enfin, pour en décider, il faut situer le crime dans la logique d'une situation, dans la dynamique d'un régime, dans la totalité historique à laquelle il appartient, au lieu de le juger en soi, selon la morale qu'on appelle à tort morale « pure[1] ».

En esquissant une critique de la façon dont la violence est utilisée en U.R.S.S. tout en revenant aux principes marxistes fondamentaux, Merleau-Ponty pense créer une sorte de troisième voie entre ceux qui s'opposent farouchement au communisme soviétique et ceux qui adulent le régime avec des œillères. Il poursuit son idée de dépassement de la violence dans ce qu'il appelle une forme de violence « progressive », c'est-à-dire qui mènerait inévitablement vers la société idéale si elle était véritablement appliquée. De cette manière, il poursuit l'idéal d'une société débarrassée de la violence mais, le paradoxe n'est pas mince, qui reste à conquérir par la violence elle-même. Et cela, il l'esquisse à partir de sa lecture du livre *Le Zéro et l'Infini* d'Arthur Koestler qui revenait en détail sur le fonctionnement du régime soviétique en U.R.S.S., en particulier les purges qu'a connues le régime sous Staline. C'est en cela que la violence que défend le philosophe concerne plutôt la deuxième phase de la révolution, celle où les révolutionnaires tentent de se maintenir au pouvoir, à tout prix. Et c'est bien cela qui gêne Camus : il refuse justement l'illusion de cette société idéale à venir, l'idéal d'un monde sans violence. Comme pour acter sa

1 *Ibid.*, p. 83-84.

rupture avec Merleau-Ponty lors d'une soirée chez Boris Vian[1], il note dans ses *Carnets* au sujet d'*Humanisme et Terreur* :

> Merleau-Ponty. Apprendre à lire. Il se plaint d'avoir mal été lu – et compris. C'est le genre de plainte auquel j'aurais incliné autrefois. Maintenant je sais qu'elle est injustifiée. Il n'y a pas de contresens.
>
> Les roués vertueux dans leurs principes. Vrais. Mais pratiquement et pour le moment je préfère un débauché qui ne tue personne à un puritain qui tue tout le monde. Et ce que par-dessus tout je n'ai jamais pu encaisser, c'est un débauché qui veut tuer tout le monde.
>
> M.-P. ou le type d'homme contemporain : celui qui compte les coups. Il explique que personne n'a jamais raison et que ce n'est pas si simple (J'espère que ce n'est pas pour moi qu'il se donne la peine de cette démonstration). Mais un peu plus loin il s'écrie que Hitler est un criminel contre lequel toute résistance aura toujours raison. Si personne n'a raison, alors il ne faut pas juger. C'est qu'il faut être aujourd'hui contre Hitler. On a compté les coups. On continue[2].

Pas de contresens possible selon lui entre les textes et les positions du philosophe quant au communisme et à la violence qui l'accompagne. Camus n'accepte aucune légitimation du crime, même au profit du prolétariat comme c'est le cas dans le marxisme classique et encore moins dans l'espoir d'atteindre

1 Les deux grandes biographies dédiées à la vie de Camus font état de cette rupture alors que le sujet des Procès de Moscou avait été lancé lors d'une soirée chez Boris Vian et son épouse. Le ton serait monté entre Merleau-Ponty et Camus, ce dernier serait parti en claquant la porte. Herbert Lottman, *Albert Camus*, *op. cit.*, p. 640 ; Olivier Todd, *Albert Camus*, *op. cit.*, p. 582.

2 Albert Camus, *Œuvres complètes Tome II, 1944-1948*, *op. cit.*, p. 1091-1092.

une société sans violence. La violence est inévitable, elle va le rester et pourtant il est indispensable de continuer de lutter pour qu'elle ne soit justifiée sous aucun prétexte. À ce titre, l'écrivain trouve qu'il existe un décalage entre le fait que Merleau-Ponty affirme que la violence est laide et que d'un autre côté, il se fasse le chantre d'une violence « progressive » destinée à mener la classe prolétaire au pouvoir et à l'y maintenir. Sa position quant à la légitimité de la violence n'est donc pas tout à fait claire. Alors qu'au début de l'essai, il s'opposait au fait qu'on lui reproche de légitimer la violence, au moment d'aborder la transition entre ses deux grandes parties d'ouvrage, il affirme :

> En termes plus concrets : la contingence de l'avenir et le rôle de la décision humaine dans l'histoire rendent irréductibles les divergences politiques et inévitables la ruse, le mensonge et la violence, voilà l'idée commune à tous les révolutionnaires. À cet égard, Trotsky, Boukharine et Staline sont ensemble contre la morale du libéralisme, parce qu'elle suppose l'humanité donnée, tandis qu'ils veulent la faire. Une fois quittée la conception anarchiste (d'ailleurs impraticable) du respect inconditionnel d'autrui, il est difficile de marquer les limites de la violence légitime ; en particulier toutes les transitions existent entre le léninisme et le stalinisme. Ceci veut dire que, devant le problème de la violence, nous ne trouvons pas entre les politiques marxistes une différence *absolue*[1].

Merleau-Ponty avance que c'est dans le rôle même de l'homme dans l'histoire que tient la nécessité du recours à la ruse, au mensonge et à la violence. En effet, si l'homme tient à accéder à la fin de l'histoire, il doit employer tous les moyens

1 Maurice Merleau-Ponty, *Humanisme et terreur*, *op. cit.*, p. 196-197.

à sa portée pour y arriver. Camus, lui aussi, avance le caractère inévitable de la violence, sans pour autant en remettre la responsabilité sur la contingence de l'avenir qu'il récuse d'une certaine manière en s'opposant à la philosophie de l'histoire telle qu'elle est développée dans le marxisme. On le sait, l'écrivain s'y oppose farouchement et préfère mêler approche cyclique et approche linéaire de l'histoire pour éviter de tomber dans les absolus que portent les deux conceptions. Le décalage entre l'approche de Merleau-Ponty et l'approche de Camus tient justement dans le fait que le premier considère que certaines violences peuvent être légitimes bien que difficilement contrôlables et limitées alors que le second refuse de considérer n'importe quelle forme de violence comme légitime, qu'elle soit issue de l'État ou de l'institution qui tente de s'y substituer après la révolution. Car c'est bien cela le fond de l'opposition de Camus au philosophe et à son ouvrage : son soutien – même s'il est implicite et flou – à un marxisme qui institue la violence à travers la dictature du prolétariat en maintenant l'illusion d'une sortie de la spirale de la violence politique. Même si ce n'est pas le but avoué de son essai, Merleau-Ponty, en critiquant de manière acerbe l'approche de Koestler au sujet des procès de Moscou, se fait le défenseur du régime soviétique en place à l'époque. Bien sûr, il en reconnaît les limites et l'éloignement des principes fondamentaux du marxisme mais le fond de son propos tient justement dans la mise en lumière de ces fameux principes que l'on trouve dans les travaux de Marx. Cette position équivoque, voilà ce que lui reproche Camus, alors même que Merleau-Ponty, quant à lui, fait porter à Camus le fardeau d'une non-violence absolue prêtée aux « belles âmes ». Cette controverse entre les deux hommes se joue dans un contexte historique d'extrême tension politique qui les pousse peut-être à caricaturer les positions adverses, alors qu'en réalité ils ne sont pas si éloignés. Voulant tous les deux aborder le marxisme sous un angle critique, ils entendent se placer entre violence et non-violence, entre ces deux absolus qui sont si loin de la réalité complexe du monde. Ce qui les sépare, en fait, ce sont les principes sur lesquels ils se fondent pour y parvenir : lorsque Maurice Merleau-Ponty veut revenir aux principes originels du marxisme – principalement celui d'une société idéale à atteindre par la lutte des classes –, Camus, lui, entend retrouver les origines lointaines de la révolte considérant que l'institution de la violence est déjà présente dans les principes du marxisme adoptés par Merleau-Ponty. Il va même plus loin en estimant que cette institutionnalisation de la violence remonte à la philosophie dialectique d'Hegel et qu'une filiation directe peut être tracée avec le marxisme sur le sujet. Plus tard, au milieu des années 1950, c'est la réévaluation de la question de la dialectique par Merleau-Ponty – autant que sa rupture avec Sartre ? – qui viendra nuancer cette rupture initiale, voire de nouveau rapprocher les deux hommes[1].

Si la violence est effectivement inévitable, elle doit rester injustifiable. On vient de le voir, Camus s'ancre particulièrement sur cette position pour renvoyer dos à dos raison d'État et raison révolutionnaire dans leurs dynamiques de conservation du pouvoir. En ce qui concerne l'étape précédente du processus révolutionnaire, celle de la lutte pour le renversement du système en place, les choses apparaissent comme plus nuancées. L'écrivain tente d'éclairer ses réflexions à la lumière des différentes expériences qui jalonnent son itinéraire intellectuel, mais aussi des diverses influences qui constituent son arrière-pays philosophique et moral. À ce titre, la question

1 Leurs relations semblent s'être apaisées après la sortie de *L'Homme révolté*, surtout avec la sortie de l'ouvrage *Les Aventures de la dialectique* de Merleau-Ponty, publié en 1954 où il revient sur ses positions développées dans *Humanisme et terreur* et sur son adhésion aveugle au communisme soviétique. Maurice Merleau-Ponty, *Les Aventures de la dialectique*, Paris, Gallimard, 2000, 322 p.

mérite d'être abordée plus en détail. On y retrouvera les compagnons de route du marxisme, mais aussi l'expérience de la Résistance ou bien des références à des mouvements de révolte plus anciens, mais sous un prisme unique : dans la démarche révoltée, la fin ne doit pas justifier les moyens de lutte, à moins de mépriser la cause initiale du combat.

Chapitre 6

Incarner la voie du dialogue, entre création et engagement politique

Nous sommes à la fin de l'année 1948 ; dans un texte intitulé « Le Témoin de la liberté », Camus trace avec force cette ligne directrice qu'il entend donner à la suite de son itinéraire intellectuel et artistique :

> Dans le monde de la condamnation à mort qui est le nôtre, les artistes témoignent pour ce qui dans l'homme refuse de mourir. Ennemis de personne, sinon des bourreaux ! Et c'est ce qui les désignera toujours, éternels Girondins, aux menaces et aux coups de nos Montagnards en manchettes de lustrine. Après tout, cette mauvaise position, par son incommodité même, fait leur grandeur. Un jour viendra où tous le reconnaîtront, et, respectueux de nos différences, les plus valables d'entre nous cesseront alors de se déchirer comme ils le font. Ils reconnaîtront que leur vocation la plus profonde est de défendre jusqu'au bout le droit de leurs adversaires à n'être pas de leur avis. Ils proclameront, selon leur état, qu'il vaut mieux se tromper sans assassiner personne et en laissant parler les autres que d'avoir raison au milieu du silence et des charniers. Ils essaieront de démontrer que si les révolutions

> peuvent réussir par la violence, elles ne peuvent se maintenir que par le dialogue[1].

Après avoir affirmé que l'action politique et la création étaient les deux faces d'une même révolte contre les désordres du monde, quelques lignes plus haut, Camus pose ici les fondations de sa vision du rôle du créateur en la reliant directement à la problématique de la violence. Si l'écrivain se pose comme l'ennemi du bourreau, c'est bien que le langage a vocation à s'opposer à la violence de celui qui tue. La création s'impose donc comme un témoignage puis comme l'initiation du dialogue. Dans le même mouvement, elle devient une limite possible à la spirale de la violence.

La voie du dialogue

Le silence tue, on le sait très tôt dans l'œuvre, que ce soit par le suicide comme dans l'essai sur l'absurde ou par le crime comme dans *Le Malentendu* où le silence de Jan sur son identité lui sera fatal. Ce silence mortifère n'est pas celui de la nature, ce silence originel qui est celui des minéraux et des végétaux, il s'agit plutôt du fait de taire ce qui doit être dit, volontairement ou involontairement. Taire ce qui doit être dit, c'est faire obstacle au dialogue des hommes et c'est encourager la violence qui viendra briser le lien qui les unit et qui fait société. Camus le rappelle dès l'article introductif de sa série « Ni victimes ni bourreaux » :

> Le long dialogue des hommes vient de s'arrêter. Et, bien entendu, un homme qu'on ne peut pas persuader est un homme qui fait peur.[…]

1 Albert Camus, *Œuvres complètes Tome II, 1944-1948*, *op. cit.*, p. 495.

> Nous vivons dans la terreur parce que la persuasion n'est plus possible, parce que l'homme a été livré tout entier à l'histoire et qu'il ne peut plus se tourner vers cette part de lui-même, aussi vraie que la part historique, et qu'il retrouve devant la beauté du monde et des visages; parce que nous vivons dans le monde de l'abstraction, celui des bureaux et des machines, des idées absolues et du messianisme sans nuances. Nous étouffons parmi les gens qui croient avoir absolument raison, que ce soit dans leurs machines ou dans leurs idées. Et pour tous ceux qui ne peuvent vivre que dans le dialogue et dans l'amitié des hommes, ce silence est la fin du monde[1].

En quelques mots, Camus nous montre ici que le silence n'équivaut pas nécessairement à l'absence de paroles mais plutôt à l'absence de dialogue, c'est-à-dire de réception et de compréhension mutuelle de ces paroles par les interlocuteurs. Faire taire revient à faire peur, et cette dernière étant recherchée par les partisans de l'une ou l'autre des idéologies, c'est un silence volontaire qu'ils tentent d'imposer à ceux qui oseraient parler, témoigner et donc essayer de retisser les liens perdus. Dans cette perspective, le silence est à la fois cause et conséquence du déchaînement de la violence. D'une part, il en est la cause car les hommes ne pouvant plus discuter, échanger, se persuader mutuellement qu'un choix politique serait meilleur qu'un autre, c'est la force qui prend le dessus. La force a tôt fait de se transformer en violence et de faire les dégâts que l'on sait en particulier lorsque survient l'enchaînement injustices/révolte/répression. D'autre part, on retrouve le silence à l'autre bout de la chaîne puisqu'après la violence, c'est de nouveau le silence qui règne, celui de la mort et celui de la rancœur accumulée, le silence qui manifeste la rupture profonde du lien originel

1 Albert Camus, *Œuvres complètes Tome II, 1944-1948*, *op. cit.*, p. 437.

qui unit les êtres humains pour faire société. Ce silence n'empêche pas que des mots soient jetés à la face de celui qui est considéré comme l'ennemi, mais ils seront entendus comme une menace de plus et ne participeront pas à la construction du dialogue. Et puis après l'insulte, vient la violence physique, voire le meurtre. Le silence devient alors assourdissant.

Si l'on approche un peu plus cette notion de silence, on observe une évolution dans la façon dont l'écrivain l'évoque dans son œuvre et cette évolution est tout à fait significative puisqu'elle renforce notre hypothèse que le silence est intimement lié à la violence. En effet, avant la Seconde Guerre mondiale, le silence est essentiellement celui de la nature, un silence apaisant, propice à la réflexion et à une certaine forme de méditation. Le recueil *Noces*, deuxième publication de l'artiste, sûrement l'un des plus lyriques et poétiques, est jalonné par le silence de Tipasa à Djemila, de la côte verdoyante au désert de sable et de pierres en passant par la sieste qui s'empare de la ville sous le poids de la chaleur de l'été. Le silence est omniprésent dans le recueil, mais il n'a pas encore revêtu son aspect négatif. Il semblerait que ce soit de nouveau la Seconde Guerre mondiale qui joue un rôle charnière dans cette conception du silence mortifère. Le silence du fils prodigue Jan, dans la pièce de théâtre *Le Malentendu*, lui sera fatal puisque ne voulant pas dévoiler sa véritable identité à sa mère et sa sœur qui tiennent l'auberge où il s'arrête, il va être la dernière victime d'une logique meurtrière entamée déjà quelques mois avant. C'est bien le silence volontaire de Jan qui a mené au malentendu et à son meurtre crapuleux. Si, entre le meurtre de Jan et le meurtre logique, il ne s'agit pas de la même forme de violence, on peut tout de même trouver une certaine cohérence entre ces deux formes, notamment en ce qui concerne le silence. La morale de la pièce, puisqu'il y en a une, revient à exprimer le côté mortifère du silence et en creux la nécessité du dialogue. On peut même aller plus loin : ce que Jan passe sous silence c'est ce qui l'unit précisément à sa mère et à sa sœur, ce lien qui fait communauté – ici la famille mais cela pourrait être élargi à la société – et au lieu de dire qui il est et donc ce qui le relie au lieu et à celles qui l'accueillent, il préfère avancer masqué au risque de mourir. Il est aussi question de mourir dans le silence, dans les *Lettres à un ami allemand* qui paraîtront à partir de 1943. En effet, décidés à employer la violence contre les nazis qui les attaquent et occupent la France, les résistants éprouvent une colère faite de « silence » et de « force[1] ». Les hommes déterminés à se battre et à mourir pour leur liberté sont silencieux, ils ne se répandent pas en mots qu'ils savent désormais inutiles. C'est aussi pour cela que les *Lettres* peuvent être considérées comme un témoignage du détour parcouru par Camus pour s'engager dans la Résistance, d'une description des mécanismes qui sous-tendent cet engagement, mais jamais comme une justification de ce dernier. Et en 1945, c'est toujours le silence qui est désigné par l'écrivain, pourtant devenu l'une des voix importantes de la Résistance et qui se bat pour la liberté :

> Révolte.
>
> Finalement, je choisis la liberté. Car même si la justice n'est pas réalisée, la liberté préserve le pouvoir de protestation contre l'injustice et sauve la communication. La justice dans un monde silencieux, la justice des muets détruit la complicité, nie la révolte et restitue le consentement, mais cette fois sous la forme la plus basse. C'est ici qu'on voit la primauté que reçoit peu à peu la valeur de liberté. Mais le difficile est de ne jamais perdre de vue qu'elle doit exiger en même temps la justice comme il a été dit. Ceci posé, il y a une justice aussi,

1 Albert Camus, *Œuvres complètes Tome II, 1944-1948*, *op. cit.*, p. 19.

> quoique bien différente, à fonder la seule valeur constante dans l'histoire des hommes qui ne sont jamais bien morts que pour la liberté[1].

Sans la liberté d'expression et de contradiction, la justice devient meurtrière, elle défait la complicité qui unit les hommes. C'est pour cela qu'une fois de plus, il est nécessaire de maintenir en tension justice et liberté afin que le droit à la protestation et la communication qui est essentielle pour éviter la violence et son règne, soient encore à la disposition du révolté. La lutte contre le silence devient donc fondamentale pour maintenir le dialogue – nous reviendrons sur la profondeur et la densité de cette notion – et dans cette lutte, l'artiste comme l'intellectuel ont un rôle essentiel à jouer. Ils deviennent une voix qui résonne dans le silence de la mort, ils incarnent ces « témoins de la liberté » qui doivent lancer, sans répit et avec force, leurs appels à l'unité et défendre cette solidarité initiale qui unit les êtres humains. En prenant la parole à la tribune ou dans un ouvrage, dans un essai comme dans un roman, l'une comme l'autre de ces figures du témoin tentent d'initier le dialogue et d'empêcher que le monde ne se défasse en sombrant dans le silence.

Si la réalité pure comme la vérité sont inatteignables, ce n'est pas une raison pour se placer du côté du mensonge ou de l'abstraction absolue. Le mensonge est donc à combattre comme le silence. Déjà dans sa pratique journalistique d'avant-guerre, il avait décidé de se battre contre le mensonge, au nom d'un journalisme critique dont il commençait à poser les jalons. Ensuite, au cœur même de la Seconde Guerre mondiale, lorsqu'il écrit ses *Lettres à un ami allemand*, il veut de nouveau

1 *Ibid.*, p. 1024.

lutter contre les mensonges qui sont à l'origine de l'idéologie de son ennemi :

> Je n'ai jamais cru au pouvoir de la vérité par elle-même. Mais c'est déjà beaucoup de savoir qu'à énergie égale, la vérité l'emporte sur le mensonge. C'est à ce difficile équilibre que nous sommes parvenus. C'est appuyés sur cette nuance qu'aujourd'hui nous combattons. Et je serais tenté de vous dire que nous luttons justement pour des nuances, mais des nuances qui ont l'importance de l'homme même. Nous luttons pour cette nuance qui sépare le sacrifice de la mystique, l'énergie de la violence, la force de la cruauté, pour cette plus faible nuance encore qui sépare le faux du vrai et l'homme que nous espérons des dieux lâches que vous révérez[1].

Lutter contre le mensonge ne revient pas à se battre en faveur d'une vérité absolue qu'on chercherait à défendre à tout prix. La vérité est éphémère, elle semble difficile à atteindre et ses contours sont flous. Ce dont l'écrivain est sûr, en revanche, c'est ce à quoi il compte s'opposer, les mensonges qu'il déniche et qu'il tente de contrecarrer par tous les moyens à sa disposition. Son engagement est avant tout une lutte contre les mensonges de la propagande nazie et collaborationniste, toutes ces contrevérités et affabulations sur lesquelles reposent les différentes formes de fascisme qui se sont imposées en Europe. Cette propagande, en ce qu'elle met l'esprit au service d'une violence aveugle, inverse le rapport pensé par Camus dans son expérience de la Seconde Guerre mondiale. C'est l'esprit qui doit guider l'action du sabre et non l'inverse. En employant le mensonge afin de faire grossir la polémique, les adversaires de Camus participent à encourager le mouvement

1 Albert CAMUS, *Œuvres complètes Tome II, 1944-1948*, *op. cit.*, p. 12.

de spirale représentant la violence politique. Son combat contre le mensonge, l'écrivain va le poursuivre dans les rangs du journal du groupe « Combat » en tentant d'appliquer de nouveau les lignes directrices du journalisme critique et en poursuivant une certaine idée de la vérité et du traitement de l'information pour éviter les mensonges. La nuance est bien souvent fine en ce qui concerne les informations et actualités, entre authenticité et manipulation, et c'est tout le travail du journaliste critique d'éviter de tomber dans la propagande en effectuant de véritables recherches de fond sur les sources utilisées, etc. Voilà ce à quoi il s'emploie à partir de la fin de l'année 1943 à la rédaction de *Combat*, et ce que l'on retrouve dans les quelques articles déjà cités au sujet du journalisme critique qui ont été repris dans *Actuelles I*[1]. Plus tard encore, dans la série « Ni victimes ni bourreaux », le mensonge est omniprésent aux côtés du meurtre lorsqu'il s'agit de dénoncer la violence et la spirale dans laquelle cette dernière entraîne les hommes. Comme nous l'avons montré concernant le silence, le mensonge semble jouer un rôle dans la façon dont cette spirale de la violence politique se crée et se développe, voire s'auto-entretient. Comme le silence, il intervient à la fois en amont et en aval faisant se succéder les différentes phases de violence. En effet, le mensonge initial peut servir de justification à l'injustice – ce fut le cas dans le régime nazi par exemple et la façon dont la hiérarchie raciste a été inventée de toutes pièces à partir de préjugés infondés. Dans ce cas naît alors un mouvement de révolte qui lui aussi peut avoir recours au mensonge pour discréditer le pouvoir en place à l'origine de l'injustice initiale. Les propagandes s'affrontent et la propagande révolutionnaire, si elle est souvent moins puissante au début, peut néanmoins utiliser le mensonge comme stratégie politique. Camus évoque

1 *Ibid.*, p. 384.

cette utilisation du mensonge par les révolutionnaires communistes dans son article intitulé « Le socialisme mystifié[1] ». En revenant sur la façon dont les socialistes se retrouvent en parfaite contradiction entre le fait qu'ils ne veulent pas totalement rompre avec le marxisme tout en refusant les moyens d'action que ce dernier emploie dans la révolution, Camus réaffirme que le marxisme se fonde sur l'utilisation du mensonge et de la violence par la dialectique même qu'il entend dépasser dans la réalisation de la cité idéale et la fin de l'histoire. La révolution elle aussi peut se servir du mensonge, tout comme d'ailleurs la répression qui s'ensuit, qu'elle soit révolutionnaire – une fois que les révolutionnaires ont pris le pouvoir – ou bien étatique en réaction au mouvement de révolte. Le pouvoir en place n'hésite pas à se servir du mensonge pour se débarrasser des opposants ou de ceux qui pourraient devenir gênants. Les procès de Moscou en sont le meilleur exemple. On se souvient que c'était déjà le cas dans les exécutions sommaires perpétrées par les militaires dans l'Acte IV de *Révolte dans les Asturies*[2].

Contre le silence et le mensonge, le dialogue doit s'élever et c'est le rôle de l'artiste et de l'intellectuel que de faire en sorte d'encourager cette émergence. En 1945, dans ses *Carnets*, Camus trace explicitement cette ligne qu'il s'assigne en reprenant des propos adressés à Louis Guilloux :

> À Guilloux : « Tout le malheur des hommes vient de ce qu'ils ne prennent pas un langage simple. Si le héros du Malentendu avait dit "Voilà. C'est moi et je suis votre fils", le dialogue était possible et non plus en porte à faux comme dans la pièce. Il n'y avait plus de tragédie puisque le sommet de toutes les tragédies est dans la surdité des héros.

1 *Ibid.*, p. 442.

2 Albert Camus, *Œuvres complètes Tome I, 1931-1944*, *op. cit.*, p. 23.

> De ce point de vue, c'est Socrate qui a raison, contre Jésus et Nietzsche. Le progrès et la grandeur vraie est dans le dialogue à hauteur d'homme et non dans l'évangile, monologué et dicté du haut d'une montagne solitaire. Voilà où j'en suis. Ce qui équilibre l'absurde c'est la communauté des hommes en lutte contre lui. Et si nous choisissons de servir cette communauté, nous choisissons de servir le dialogue jusqu'à l'absurde contre toute politique du mensonge ou du silence. C'est comme cela qu'on est libre avec les autres[1]. »

Le dialogue, parce qu'il réunit les hommes par l'échange et par le langage, leur permet de lutter effectivement contre l'absurde en ce qu'ils tentent collectivement de créer du sens, du sens à leurs vies, du sens dans ce lien qui les unit. Dans le même temps, il s'agit de lutter contre une violence qui, à l'inverse, vient rompre ce lien en éloignant les hommes. L'artiste, par son langage simple, a un rôle à jouer pour initier le dialogue, un dialogue qui sert à renforcer le lien qui unit les êtres humains afin qu'ils tiennent tête à leur absurde condition, historique et violente. Si « le sommet de toutes les tragédies est dans la surdité des héros », alors il faut tenter de favoriser leur expression par tous les moyens possibles, les plus simples étant bien souvent les plus efficaces. Nous sommes en 1945 ; à peine sorti d'une expérience directe de la violence et toujours sous la menace d'un nouveau conflit, l'écrivain place déjà sa pratique artistique sous le signe du dialogue, de l'initiation de l'échange entre les hommes qui reviendrait finalement à empêcher que le lien qui les relie ne se défasse. « Servir le dialogue » reviendrait donc à servir ce qui réunit les êtres humains entre eux, cette relation d'échanges qui de l'être humain un animal social. Il peut donc éviter que la solidarité qui les unit à l'origine ne se défasse

---

1 Albert Camus, *Œuvres complètes Tome II, 1944-1948*, *op. cit.*, p. 1039-1040.

sous les assauts répétés de la violence. Le dialogue serait donc un moyen d'endiguer la progression de la violence comme la définition précédente l'indique aussi.

La construction de son œuvre n'est-elle pas une illustration évidente de la façon dont le dialogue peut constituer un fil directeur de la forme de l'écriture camusienne ? Dans le même temps que l'on observe une permanence de la problématique de la violence et la construction d'une cohérence dans son approche, le dialogue s'impose tout au long de l'œuvre, comme si l'écrivain décidait de le placer en contrepoint particulier de sa mise en lumière de la spirale de la violence. Lorsque l'on se penche sur la structure des différents moments de ce corpus où une notion est mise en avant par rapport à une autre, on observe que le choix de Camus de recourir à un triptyque de moyens d'expression s'inscrit dans cette volonté d'initier et de participer au dialogue. Avec le récit ou le roman, c'est le problème central qui affleure entre réalité et fiction grâce à l'intermédiaire de la « création corrigée » que l'on a déjà évoquée. Il s'agit en quelque sorte de la mise en image d'une question ou d'une problématique philosophique comme *L'Étranger* met en image l'absurde de la condition humaine et *La Peste* se veut être une allégorie de la révolte et de la résistance. Plus que d'argumenter, il s'agit, par l'intermédiaire du récit, de poser les jalons de la réflexion et de faire émerger les différents questionnements qui peuvent en sortir. À ce titre, on peut dire que le récit ou le roman initie le dialogue au sens où il fait naître chez le lecteur de l'intérêt pour la problématique et qu'il suscite chez lui des questions. C'est peut-être ce qu'il faut voir aussi dans la démarche entamée mais jamais achevée du *Premier Homme*. Avec d'autant plus de densité qu'il s'agissait particulièrement de décrire et de revenir en profondeur sur les liens qui unissaient les différentes communautés qui habitaient l'Algérie à partir de 1830 en prenant pour trajectoire initiale celle du jeune Cormery mais en abordant aussi l'histoire de ses ancêtres. Ensuite, c'est par l'intermédiaire de la pièce de théâtre que Camus a pu donner de la chair à sa volonté de dialogue. Grâce à la diversité des personnages qu'il crée, le dramaturge peut arriver à mettre en scène une certaine polyphonie : il fabrique de manière vivante un dialogue sur un thème initial et peut aménager un espace de parole pour chaque thèse à défendre. Concernant l'absurde, *Caligula* en représente une illustration puisqu'autour du personnage central de l'empereur romain, d'autres protagonistes moins importants se font entendre. Cæsonia, Scipion, Cherea et même les patriciens représentent chacun à sa manière une voix discordante qui entre en dialogue avec Caligula, cherche à le convaincre de sa folie, se révolte et l'affronte même pour certains. Dans le cadre de la révolte justement, nous avons déjà parlé de l'affrontement des différentes visions de la révolte que l'on trouve dans *Les Justes*, la façon dont l'idéalisme de Kaliayev doit faire face à l'efficacité de Stepan, mais aussi aux doutes de Dora. La multiplication des personnages permet la multiplication des voix et donne donc plus de densité au dialogue qui se déroule sous les yeux du public : la pluralité prend forme sur scène. Avec l'essai, l'écrivain répond à cette pluralité, il s'engage et engage son point de vue personnel. Dans un premier temps, il développe sa manière de questionner la notion mais ensuite il esquisse une thèse appuyée par un argumentaire détaillé et des exemples pratiques. Il prend part directement à la discussion, sans pour autant vouloir jouer le rôle de guide ou placer sa voix au-dessus de celles de ses contemporains, qu'ils soient illustres ou non. *Le Mythe de Sisyphe* revient sur la problématique de l'absurde, propose une définition du terme et développe, ensuite, un positionnement. Et tout cela à partir d'une question centrale, celle du suicide. *L'Homme révolté* pose la question de la révolte et du rapport au meurtre dans ce cadre, l'auteur y exprime sa propre définition de la notion et esquisse ensuite sa position personnelle sur le sujet après avoir opéré une sorte d'histoire intellectuelle condensée de son appropriation depuis le XVIIIe siècle. Pour parfaire l'inventaire, nous aurions pu citer aussi ses différentes apparitions sur l'estrade afin de prononcer des conférences ou bien son utilisation singulière du genre épistolaire.

En somme, le dialogue est au cœur de la démarche du témoignage dont l'intellectuel et l'artiste représentent les deux facettes complémentaires. Et ce dialogue doit venir faire barrière à la violence et à la terreur qui règnent tout au long des années 1940, comme il le rappelle dans « Nous autres meurtriers » publié dans *Franchise* à la fin de 1946 :

> Il n'y a qu'un seul problème aujourd'hui qui est celui du meurtre. Toutes nos disputes sont vaines. Une seule chose importe qui est la paix. Les maîtres du monde sont aujourd'hui incapables de l'assurer parce que leurs principes sont faux et meurtriers. Que du moins, et dans tous les pays, ceux qui refusent le meurtre se réveillent, dénoncent les faux principes et entament pour leur propre compte la réflexion, le dialogue, la démarche exemplaire qui démontreront au moins que l'histoire est faite pour les hommes et non pas le contraire. Ceux qui ne veulent pas tuer doivent parler, et ne dire qu'une seule chose, mais la dire sans répit, comme un témoin, comme mille témoins qui n'auront de cesse que lorsque le meurtre, à la face du monde, sera répudié définitivement[1].

Le meurtre est désigné comme le seul problème de son époque, comme ce sera de nouveau le cas dans *L'Homme révolté* quelques années plus tard, et surtout c'est un appel aux

1 *Ibid.*, p. 687.

témoignages de toutes sortes et au dialogue qui accompagne les réflexions sur ce sujet. Seul le dialogue peut faire barrière aux « principes faux et meurtriers » des maîtres du monde, au silence qu'ils ont instauré en voulant rompre le lien qui unit les hommes. Et l'une des manières de l'initier tient dans le témoignage.

Le témoignage : quand la parole se fait acte

À la manière dont Camus choisit de se tenir « dans et contre l'histoire », ne pourrait-on pas dire qu'il tente aussi de se placer dans et contre la violence ? N'est-ce pas précisément ce qui ressort de la formule tirée d'une des réponses à Emmanuel d'Astier de la Vigerie : « La violence est à la fois inévitable et injustifiable[1] » ? Comme souvent dans son œuvre, la conjonction de coordination « et » est employée ici pour mettre en tension deux pôles : d'une part le caractère inévitable de la violence dont on a démontré qu'il était impossible selon lui de sortir de sa spirale, mais aussi son caractère injustifiable c'est-à-dire la nécessité de lutter contre toute tentative de justification de toute forme de violence. Affirmer que la violence est inévitable, c'est s'opposer frontalement aux différentes illusions qui entretiennent l'idée d'une accession à une société idéale débarrassée de toute violence. C'est « dans » un monde violent, ce monde de terreur que Camus décrit à de nombreuses reprises qu'il faut lutter, sans espérer en sortir. De même, affirmer que cette violence est aussi injustifiable, c'est s'engager à lutter contre toutes les tentatives, d'où qu'elles viennent, de légitimation la concernant. Et voilà que le « contre » se retrouve articulé au « dans » observé précédemment. La posture camusienne

1 *Ibid.*, p. 457.

consiste donc autant en un constat, une description de l'intérieur de la violence telle qu'elle bouge et se développe autour de lui, qu'en un combat qui tente de limiter ses conséquences afin qu'elle ne s'installe pas dans la durée ; comme si l'écrivain cherchait à espacer un peu plus chaque fois les moments où on verra ressurgir les rats porteurs du bacille de la peste[1]. « Que devons-nous faire ? », aurait dit Tolstoï.

Selon nous, Camus a fait le choix d'agir et a trouvé très tôt la façon dont il serait le plus efficace : témoigner pour s'engager, car le témoin n'est pas un spectateur, par son geste il agit. Toute sa vie, dans chaque parcelle de son œuvre, à travers chaque personnage créé ou chaque article de presse, c'est le témoignage qui revient comme fil directeur de la forme d'action qu'il a choisie. Alors qu'il entame, en mai 1935, une pratique qu'il ne cessera jamais d'entretenir, celle d'inscrire dans ses *Carnets* ses pensées, notes et matériaux créatifs divers, l'écrivain en herbe affirme dès les premières lignes : « L'œuvre est un aveu, il me faut témoigner. Je n'ai qu'une chose à dire, à bien voir. C'est dans cette vie de pauvreté, parmi ces gens humbles ou vaniteux, que j'ai le plus sûrement touché ce qui me paraît le sens vrai de la vie. Les œuvres d'art n'y suffiront jamais. L'art n'est pas tout pour moi. Que du moins ce soit un moyen[2]. » Après que cela a été posé, tout ce qui entoure l'acte de témoigner irriguera de façon durable ces cahiers. Témoigner : « Attester ; donner des preuves tangibles de la réalité, de la vérité ou de la véracité d'une chose. » dit le *Trésor de la Langue Française*. La fonction de témoin, dans la façon dont Camus s'en empare, peut être mise en rapport avec la posture « dans et contre » dont il vient d'être question. En effet, le rôle du témoin ne tient-il pas précisément dans le fait de décrire de l'intérieur une condition ou une chose ? Est-ce

1 Il suffit de reprendre l'excipit de *La Peste* pour comprendre cette référence implicite. *Ibid.*, p. 248.

2 *Ibid.*, p. 795.

que cela l'empêche, pour autant, d'être un acteur lui-même de ce qu'il décrit, étant au plus près de l'action et ne pouvant se satisfaire de l'observation ? À l'occasion d'une rencontre internationale d'écrivains, à la salle Pleyel en 1948, Camus précise sa conception de la fonction du témoignage :

> Voilà pourquoi il est vain et dérisoire de nous demander justification et engagement. Engagés, nous le sommes, quoiqu'involontairement. Et, pour finir, ce n'est pas le combat qui fait de nous des artistes, mais l'art qui nous contraint à être des combattants. Par sa fonction même, l'artiste est le témoin de la liberté, et c'est une justification qu'il lui arrive de payer cher. Par sa fonction même, il est engagé dans la plus inextricable épaisseur de l'histoire, celle où étouffe la chair même de l'homme. Le monde étant ce qu'il est, nous y sommes engagés quoi que nous en ayons, et nous sommes par nature les ennemis des idoles abstraites qui y triomphent aujourd'hui, qu'elles soient nationales ou partisanes[1].

C'est parce qu'il est en prise directe avec le monde et la réalité que l'artiste prend le rôle de témoin de la liberté. En ce sens, il est de fait engagé par ce rôle et il ne peut se tenir loin du brouhaha de l'histoire. Dans ce cadre et selon cette vision, c'est la fonction même de l'artiste qui fait de lui quelqu'un d'engagé dans son époque. Lorsqu'il affirme plus loin dans le texte que ces témoins de la liberté que sont les artistes ne sont les « ennemis de personne, sinon des bourreaux », on en revient à la problématique de la violence. Décrire la violence tout en cherchant à la limiter, mettre en lumière le règne du crime tout en ne cessant de se battre contre lui, en cela réside peut-être l'essentiel du rôle que Camus s'assigne après la Seconde Guerre

1 *Ibid.*, p. 493-494.

mondiale. Le témoignage, en ce qu'il permet de mettre en tension contemplation et action, lui semble tout à fait adapté.

Il semble que s'il existe un personnage qui illustre parfaitement la fonction du témoin telle qu'on peut l'envisager pour lutter afin de limiter la violence, c'est bien Rieux le narrateur de *La Peste*. En tant que médecin, il est immergé dans l'action concrète contre l'épidémie de peste ; mais en ajoutant à cela la chronique qu'il fait des événements, il rend cette tragédie visible par tous. Très tôt dans les *Carnets*, l'auteur décide que son personnage sera l'incarnation du témoignage face à la peste qui se déchaîne, il envisage même de faire écrire une préface à ce narrateur, dans laquelle il sera justement question d'« objectivité » et de « témoignage[1] ». Et c'est effectivement ce qu'il fera puisque le roman s'ouvre sur un premier chapitre où l'on peut lire que de son propre aveu, le narrateur se propose de faire la chronique des événements qui sont venus bouleverser toute une ville. À la manière d'un historien, il avance son témoignage qui dépasse la simple description des faits puisque, nous l'apprendrons à la fin, ce narrateur a joué un rôle direct dans les événements qui vont être décrits et que cela lui a permis d'affiner son propos en recoupant notamment ses propres informations et observations avec celles d'autres protagonistes, et d'autres sources encore. Le témoignage est toujours plus probant s'il provient des acteurs mêmes de l'événement. Et finalement, Rieux est à la fois au cœur de la spirale de la peste qui s'abat sur la ville d'Oran et il se bat pour en limiter au maximum les dommages, avant de témoigner de ce combat. Comment ne pas alors faire le parallèle entre cette figure du témoignage et la posture « dans et contre » ? En effet, le médecin est embarqué dans cette aventure et il n'envisage pas de ne pas mettre à profit ses compétences pour lutter contre l'épidémie.

---

1 Albert Camus, *Œuvres complètes Tome II, 1944-1948*, *op. cit.*, p. 978.

De ce fait, son témoignage n'en sera que plus complet car dépassant la simple description, il propose aussi une analyse et surtout des pistes pour se battre contre la peste. Cette lutte, Rieux, peut-être plus que les autres, sait qu'elle est inégale et que si l'épidémie recule ponctuellement, elle n'en reste pas moins vivace mais sous une forme endormie qui se réveillera un jour, au moment où on ne s'y attend plus. Le parallèle avec la spirale de la violence est ici plus qu'éclatant : il est impossible de l'éradiquer totalement même s'il est nécessaire de la limiter autant qu'on le peut. Ces cycles d'actions violentes qui se reproduisent sous d'autres formes et dans d'autres lieux tout en gardant quelque chose de commun, comment ne pas les mettre en relation avec l'excipit du roman qui a déjà été cité plus tôt dans ce chapitre ? Embarqué dans cette spirale, Rieux ne doit pas cesser le combat ; et en faire le récit ensuite, c'est comme lui donner une deuxième vie, le rendre accessible au plus grand nombre. Sur ce plan, il peut être rapproché d'un autre personnage qui lui aussi peut incarner la posture du témoin, en ce qu'il s'est retrouvé enfermé de force dans la ville en quarantaine, qu'il a tenté de s'en échapper et qu'il a fini par se résoudre à la lutte contre l'épidémie, en s'engageant dans les formations sanitaires. Ce personnage, c'est celui du journaliste Rambert dont on peut suivre l'évolution à travers ce qu'en dit Rieux, justement. Son métier de journaliste le poussait à décrire la situation, cela ferait un « beau sujet de reportage[1] » comme le dit Rieux, et pourtant le journaliste se rend vite compte de la gravité de la situation. Pensant d'abord à la fuite, qui s'avère impossible, il finit par s'engager aux côtés des autres protagonistes du roman dans les formations sanitaires chargées de lutter contre l'épidémie, en prenant en charge ses conséquences notamment (enlèvements des corps, soins,

1 *Ibid.*, p. 90.

désinfections, etc.). Lui aussi, embarqué de force, se résout à combattre l'épidémie de l'intérieur maintenant qu'il sait qu'il est impossible d'en sortir par d'autres moyens. À ce titre, il incarne comme Rieux cette tension extrême entre observation et action qui caractérise le rôle du témoin chez Camus, même si Rambert ne témoigne pas directement comme le médecin.

En rendant visible la violence, le témoin en décrit les contours, lui donne une forme et c'est dans cette démarche que réside précisément toute la substance de sa lutte afin d'enrayer le mouvement de la spirale de la violence politique. Rieux, et Camus à travers lui, nous dit qu'il s'agit de témoigner pour l'homme, pour cette part humaine qui reste au coeur de l'oppression et qui mérite qu'on la défende avec courage. Au contact direct des événements historiques, le témoin peut en saisir toute la violence, lorsqu'il la restitue dans son œuvre, il fait le choix de la rendre visible afin de susciter des réactions parmi ceux qui le lisent ou l'écoutent. Lorsqu'il rend visibles ces violences qui ne l'étaient pas, ou ne l'étaient que partiellement, le témoin essaie de susciter chez ses interlocuteurs une prise de conscience sur la réalité du problème représenté. Il tente de mettre fin à l'inertie et à la fatigue en se faisant le porte-voix du cri de révolte contre la violence. Sorte de courroie de transmission entre le particulier et l'universel, le témoin incarne l'une des étincelles possibles au départ d'un mouvement dont il veut qu'il le dépasse ensuite, un mouvement plus large qui luttera effectivement contre la violence en tentant de la limiter sur les plans moral et politique. Le témoignage, dans le cadre défini par Camus tout au long de son œuvre, est donc une manière de s'engager activement afin de lutter dans et contre la violence. Ce dernier ne s'arrête pourtant pas là et tente de donner une incarnation politique à ce dialogue qu'il place au coeur de sa démarche.

Une incarnation politique ou s'engager « à hauteur d'homme »

Cela ressort avec vigueur des chapitres précédents, Camus n'élude pas la problématique de la violence en la combattant. Au contraire, nous l'avons dit, il s'en empare pour lui donner toute la densité qu'elle prend dans le monde tout en essayant de ne pas verser dans un excès d'esthétique à son égard afin de ne pas la justifier et la magnifier. Posant le constat que la violence, et plus précisément le meurtre logique, est omniprésente dans les idéologies dominantes qui occupent la majorité de l'espace intellectuel et culturel de son époque, l'écrivain décide de développer le versant positif de son approche et donc de favoriser le dialogue. Il s'y emploie à la fois sur le plan intellectuel et sur le plan artistique, à chaque nouvelle occasion, en mettant en avant la nécessité de ce dialogue afin de limiter la violence sans chercher à l'éradiquer. Déjà en 1946, à peine sorti de la Seconde Guerre mondiale et pas vraiment encore entré dans la guerre froide, il l'affirmait avec force dans son article « Vers le dialogue » dans la série « Ni victimes ni bourreaux » qu'il reprendra dans *Caliban* en 1948 :

> Ce qu'il faut défendre, c'est le dialogue et la communication universelle des hommes entre eux. La servitude, l'injustice, le mensonge sont les fléaux qui brisent cette communication et interdisent ce dialogue. C'est pourquoi nous devons les refuser. Mais ces fléaux sont aujourd'hui la matière même de l'histoire et, partant, beaucoup d'hommes les considèrent comme des maux nécessaires. Il est vrai, aussi bien, que nous ne pouvons pas échapper à l'histoire, puisque nous y sommes plongés jusqu'au cou. Mais on peut prétendre à lutter dans

l'histoire pour préserver cette part de l'homme qui ne lui appartient pas[1].

Conscient de défendre un point de vue marginal, Camus entend aller jusqu'au bout de sa démarche d'encouragement du dialogue soutenant le fait de ne pas prêcher la sainteté comme les non-violents absolus. Le dialogue que porte Camus est d'une forme singulière, une forme qui n'exclut pas le conflit mais qui, au contraire, lui fait une place pour éviter qu'il ne mène au déchaînement de la violence. Là encore, il s'agit pour lui d'éviter de tomber dans l'illusion d'un monde lisse et entièrement pacifié, débarrassé de toutes les formes de violence. Il lui faut assumer la conflictualité comme rencontre des différences et moteur possible de la vie.

Dans le cadre du dialogue, cette tension passe avant tout par le refus d'une vérité absolue qui l'emporterait sur toutes les autres. À ce titre, tous les points de vue sont intéressants à prendre en compte, même si on ne les partage pas, ils apportent quelque chose du moment qu'ils sont présentés pour faire avancer la communication entre les êtres humains et qu'ils sont constructifs. Lorsque nous évoquions la lutte contre le silence, nous avons cité un passage sur la révolte, extrait des *Carnets* et qui date de 1945. Il y était question de l'articulation entre justice et liberté et la façon dont l'écrivain affirmait la primauté initiale de la liberté sur la justice. En effet, selon lui, « même si la justice n'est pas réalisée, la liberté préserve le pouvoir de protestation contre l'injustice et sauve la communication », alors que la justice sans liberté impose le silence et brise le lien initial qui unit les hommes. Il poursuit en donnant le sens profond de ce qu'il entend par « liberté » dans ce cadre : « La liberté c'est pouvoir défendre ce que je ne pense

1 *Ibid.*, p. 455.

pas, même dans un régime ou un monde que j'approuve. C'est pouvoir donner raison à l'adversaire[1]. » La révolte étant un cri, autant de refus d'une injustice que d'affirmation d'un « soupçon qu'il y a une nature humaine », la liberté de pouvoir pousser ce cri est primordiale. Le désir de justice pourrait vouloir bâillonner la révolte et c'est bien ce que Camus dénonce ici. Dans n'importe quelle situation, l'opposant doit pouvoir s'exprimer, il doit y avoir une place faite aux doutes, à la divergence d'opinions, à la différence tout simplement. Mais cela n'est possible que lorsque l'on adhère à une vision relative de la vérité et que l'on ne verse pas dans l'idéologie, qu'elle soit libérale ou communiste. Rappelons-nous ce court passage de l'article « Le siècle de la peur » de novembre 1946, qui introduit la série « Ni victimes ni bourreaux » : « "Vous ne devez pas parler de l'épuration des artistes en Russie, parce que cela profiterait à la réaction." "Vous devez vous taire sur le maintien de Franco par les Anglo-Saxons, parce que cela profiterait au communisme."[2] » Tout point de vue critique par rapport à l'idéologie en place devient suspect, alors qu'au contraire, pour Camus, il s'agit d'un signe de vie de la révolte, du maintien de la tension entre valeurs fondatrices et esprit critique. Cette tension est difficile à comprendre puisqu'elle est souvent rapprochée, par les tenants des absolus de tous bords, d'une sorte de relativisme qui tendrait vers le nihilisme. Or ce que l'écrivain tente de construire, c'est précisément un relativisme qui ne tombe pas dans ce piège du nihilisme en niant les valeurs dont on peut se servir pour se conduire dans le monde. Ce relativisme n'hésite pas à employer des notions telles que « liberté », « justice », « solidarité » et même « histoire », mais jamais en les affublant d'une majuscule, jamais en les faisant verser

1 Albert Camus, *Œuvres complètes Tome II, 1944-1948*, *op. cit.*, p. 1024.

2 *Ibid.*, p. 437.

dans l'absolu. Camus cherche, en fin de compte, une place entre le nihilisme classique – comme négation de la morale et de ses valeurs fondatrices – et l'idéologie absolue qui a tenté d'y répondre et qui finalement n'aboutit qu'à un nouveau nihilisme se soumettant à un seul impératif, celui de l'efficacité. Si l'on revient en 1945, il renvoyait déjà dos-à-dos chrétiens et marxistes dans cette perspective relativiste qu'il avait adoptée. Après avoir affirmé que les « marxistes ne croient pas à la persuasion ni au dialogue », il disait :

> Les communistes et les chrétiens me diront que leur optimisme est à plus longue portée, qu'il est supérieur à tout le reste, et que Dieu ou l'histoire, selon les cas, sont les aboutissements satisfaisants de leur dialectique. J'ai le même raisonnement à faire. Si le christianisme est pessimiste quant à l'homme, il est optimiste quant à la destinée humaine. Le marxisme, pessimiste quant à la destinée, pessimiste quant à la nature humaine, est optimiste quant à la marche de l'histoire (sa contradiction !). Je dirai moi que, pessimiste quant à la condition humaine, je suis optimiste quant à l'homme.
>
> Comment ne voient-ils pas que jamais n'a été poussé pareil cri de confiance en l'homme ? Je crois au dialogue, à la sincérité. Je crois qu'ils sont la voie d'une révolution psychologique sans égale ; etc., etc.[1]

Contrairement aux chrétiens et aux marxistes, Camus n'entend pas sortir de sa contradiction intérieure qui articule son pessimisme quant à la condition humaine et son optimisme quant à l'homme. La sortie d'une condition humaine dont l'une des dimensions tient justement dans sa violence n'est

1 *Ibid.*, p. 1038-1039.

pas envisagée ; et pourtant, il faut continuer de croire en la capacité des hommes de lutter contre elle, leur moyen de lutte principal se trouvant dans le dialogue. Il faut aussi accepter que parfois ces initiatives soient impuissantes et que la violence devienne inévitable. Le rôle de l'artiste et de l'intellectuel est alors d'œuvrer pour que le dialogue se réinstaure de nouveau une fois que le déchaînement de la violence est passé. Il doit susciter à tous moments, dès qu'il en a l'occasion, la réflexion, le partage, le questionnement et s'investir lui aussi dans ce processus pour que la différence soit maintenue mais qu'elle ne vire pas à la violence.

On retrouve alors précisément la tension que Camus place au cœur de sa définition de la révolte. Lorsque l'esclave se révolte et dénonce l'injustice que le maître lui inflige, il met en avant la différence de traitement qui existe entre eux et la façon dont le maître en tire parti. Pourtant, dans le même mouvement, il affirme que quelque chose les réunit, cette complicité qui unit les êtres humains, cette part de l'humanité que l'histoire ne peut entièrement dévorer et qu'il est nécessaire de préserver face à elle. Le dialogue selon Camus semble se construire de la même façon. D'une part, il est indispensable de maintenir la possibilité de crier sa différence, de faire part d'une opinion divergente ; et d'autre part, le dialogue doit perdurer au-delà de cette différence puisqu'il s'agit là de l'expression de la complicité originelle qui relie les deux protagonistes. De là, naît alors un échange où le conflit comme divergence est maintenu, sans pour autant qu'il soit exprimé par la violence des mots ou des gestes. Dans *Les Justes*, Stepan semble diamétralement opposé à Kaliayev sur les moyens de la révolution, leurs échanges sont souvent houleux et leurs deux logiques s'affrontent tout au long de la pièce et pourtant, l'un comme l'autre, ils ne cessent de se reconnaître comme des frères et camarades. L'expression de leur divergence d'opinions permet aussi d'apaiser leur relation, car c'est précisément en cela que le dialogue se dresse face au surgissement de la violence. En brisant le silence et en exprimant sa vérité, l'homme évite que sa révolte ne tourne au ressentiment. En expliquant sa démarche et en témoignant de son expérience, il initie la discussion et s'ouvre à autrui. Mais Camus insiste sur le fait que cela ne peut se faire qu'avec sincérité et authenticité et surtout, comme on l'a vu, avec de la tolérance pour les opinions de celui qui nous fait face. Cette tolérance a pour seule limite sa volonté de lutter contre le mensonge ou, ce qui revient finalement au même, contre les mystifications qui sont dues à l'adhésion de l'interlocuteur à un absolu. Les différentes polémiques et discussions dans lesquelles il a été embarqué juste après la fin du second conflit mondial nous permettent d'illustrer cela en ce qui le concerne personnellement. En effet, si la polémique qui l'a opposé à Mauriac sur la question de l'Épuration a pu apparaître rude, elle n'a jamais cessé de susciter en lui des réflexions et des remises en question, jusqu'à lui faire admettre même qu'il avait tort contre l'écrivain bordelais comme nous l'avons déjà dit.

Le terme de « pensée modeste » apparaît pour la première fois chez Camus dans un passage de sa participation à une table ronde de 1946 réunissant quelques figures intellectuelles de l'époque autour d'une thématique simple : « Civilisation ». Il commence par réunir sous la bannière « d'une pensée modeste » toutes les personnes qui ne détiennent pas la « Vérité absolue », qui ne veulent tuer personne et qui demandent à ne pas être tuées[1]. Cette pensée modeste n'est donc pas sans rapport avec la spirale de la violence politique qui est entretenue par l'illusion d'une vérité absolue et qui tue autant qu'elle force à tuer. Il semble qu'avant tout, pour s'inscrire dans cette forme de pensée, il faille être conscient du mouvement de cette

1 Albert Camus, *Œuvres complètes Tome II, 1944-1948, op. cit.*, p. 681.

spirale qui à tout moment peut transformer le bourreau en victime et vice versa. Dans un passage des *Carnets* précédemment cité où Camus revient sur l'articulation entre « action et écriture[1] », il reconnaît l'ambivalence possible du langage dans la façon dont il peut être un moteur ou un frein de l'action, notamment dans sa répétition. Si, dans ce passage, il s'attache à montrer les rouages de la dimension « moteur », c'est pour mieux mettre en pratique la dimension « frein » dans son œuvre et dans son itinéraire intellectuel. Camus le sait, les vainqueurs ne le restent pas éternellement et, nous l'avons dit, le jeune Cormery du *Premier Homme* ne tarde pas à ressentir l'amertume du vainqueur après une bagarre d'écolier. Le narrateur avait insisté sur la volatilité de la victoire : « Pour parfaire son éducation, on lui fit connaître sans délai que la roche Tarpéienne est près du Capitole[2]. » Pour en revenir à l'extrait des *Carnets*, la parole peut parfois se faire justification du crime, l'écriture peut devenir un soutien du meurtre et donc entretenir la spirale de la violence politique en entraînant vainqueurs et vaincus à faire monter la tension. La « pensée modeste » défendue par l'auteur serait donc une pensée qui, consciente de ce phénomène, essaie de s'y soustraire. La répartition des rôles entre victimes et bourreaux n'étant pas figée, l'artiste et l'intellectuel, selon Camus, doivent œuvrer à démontrer ce qui les rapproche plutôt que d'entretenir leur opposition. Elle est modeste en ce qu'elle est lucide sur la dimension éphémère de la victoire même lorsque cette dernière s'est faite dans le cadre de la justice et de la lutte pour la liberté. Le meilleur exemple réside sûrement dans la façon dont l'écrivain est devenu l'une des grandes voix de la Résistance tout en essayant de garder une approche critique vis-à-vis de cette expérience. Par la suite,

1 Albert Camus, *Œuvres complètes Tome IV, 1957-1959*, *op. cit.*, p. 1193.

2 *Ibid.*, p. 836.

il a dénoncé les massacres de Sétif et Guelma du mois de mai 1945, il a nuancé avec vigueur l'usage de la bombe nucléaire et n'a pas hésité à revenir sur ses positions au sujet de l'Épuration. On l'a déjà dit aussi, très tôt à la sortie de la Seconde Guerre mondiale, l'écrivain a été conscient de la façon dont les Alliés se sont divisés pour donner lieu à un nouveau conflit mondial latent, la guerre froide, qui aurait pu faire des vainqueurs, de nouveaux vaincus. Le premier axe de cette « pensée modeste » réside donc dans une certaine lucidité quant au côté éphémère de la victoire, ce qui se rapproche du rapport relatif à la vérité.

Dans la construction de cette forme de pensée singulière, le second axe rejoint le premier ; si la répartition entre victimes et bourreaux n'est pas figée, alors pourquoi ne pas essayer de penser en profondeur le rapport à autrui ? En effet, le cœur de la « pensée modeste » chez Camus rejoint cette question du rapport à l'autre, à la différence et la façon dont nous l'abordons. Un court extrait des Carnets est très éclairant à cet égard : « Toute philosophie est justification de soi. La seule philosophie originale serait celle qui justifierait un autre[1]. » En passant de l'expérience individuelle de l'absurde à la dimension collective de la révolte, en affirmant la transition entre la question du suicide et celle du meurtre, l'écrivain reconnaît que finalement c'est dans la justification de l'existence d'autrui que résident les questionnements essentiels pour faire avancer l'individu, dans son tiraillement avec la nécessité de vivre en société, dans cette tension entre solitaire et solidaire que l'artiste n'a eu de cesse de mettre en avant dans ses créations artistiques et intellectuelles. Cette « pensée modeste », en se tournant en priorité vers autrui se confond avec ce que nous avons pu dire jusqu'ici sur le dialogue. L'intérêt de la démarche réside dans le fait de se rapprocher d'autrui, même quand il s'agit d'un adversaire

1 Albert Camus, *Œuvres complètes Tome II, 1944-1948, op. cit.*, p. 1037.

idéologique, afin de comprendre sa cohérence, et tant qu'à s'en éloigner ensuite à la faveur de ses propres principes. Dans ce cadre, la complicité ou solidarité qui unit les êtres humains devient le cœur même de la pensée camusienne, elle doit être préservée à tout prix des assauts qu'elle subit de la violence, du mensonge et du silence. Penser l'autre, et justifier son existence, revient aussi à se penser soi et à réfléchir à la façon dont on existe et dont on peut agir pour le mieux. Les *Carnets* recèlent des passages importants qui illustrent cela. L'un d'eux date de 1945, comme la citation précédente : « "Nous aimons les gens moins pour le bien qu'ils nous ont fait que pour le bien que nous leur avons fait." Non, dans le pire des cas, nous les aimons également. Et ce n'est pas un malheur. Il est naturel qu'on soit reconnaissant à celui qui nous permet d'être une fois au moins meilleur qu'on n'est. C'est une meilleure idée de l'homme qu'on révère et qu'on salue ainsi[1]. » En admettant que nous nous construisons essentiellement dans l'image que nous renvoie autrui, Camus met en avant ici la façon dont l'individu est inévitablement attaché à autrui dans des allers-retours incessants entre la façon dont il agit et la façon dont ses agissements sont perçus. C'est cela que permet le dialogue, cet échange, ces allers-retours permanents. Peut-être l'œuvre qui illustre le mieux ces allers-retours est-elle la nouvelle « L'Hôte[2] » de *L'Exil et le Royaume* publié en 1957. Notons pour le moment que les deux hommes cohabitent à l'écart du monde pendant quelques heures et découvrent en eux cette part qu'ils ne semblaient même pas soupçonner. Il est indispensable de rappeler, à chaque occasion qui se présente, cette complicité originelle qui fait que l'être humain ne se construit que dans sa relation avec l'autre, avec le groupe, dans ces allers-

1 *Ibid.*, p. 1038.

2 Albert Camus, *Œuvres complètes Tome IV, 1957-1959*, *op. cit.*, p. 46.

retours entre l'individu et la société. Malgré tout ce qui les sépare – le crime du prisonnier par exemple dont Daru a horreur ou encore leur appartenance à différentes communautés d'Algérie –, ces deux hommes sont proches dans cette sorte de marginalité qui les tient hors de leur communauté respective. Camus semble aussi les faire se rapprocher autour des besoins primaires que sont le sommeil ou le besoin de se nourrir, ces moments d'extrême humanité sans mot superflu. On l'a vu, la violence s'en prend directement à cette complicité en assignant les rôles temporaires de victimes et de bourreaux et donc en installant une dissymétrie dans les relations humaines puisque les premiers sont soumis aux seconds. En donnant la parole aux victimes, il essaie d'enrayer la dissymétrie créée par la violence et de replacer la victime face au bourreau, en la surélevant et non en rabaissant le second. Là encore, on trouve cette volonté très tôt dans le parcours de Camus, il suffit de rappeler que son premier ouvrage publié en 1938 aux Éditions Charlot, *L'Envers et l'Endroit*, est directement issu d'un texte intitulé « Les Voix du quartier pauvre[1] » ou encore qu'une autre des nouvelles de *L'Exil et le Royaume*, « Les Muets[2] », où ce sont des ouvriers tonneliers en grève, forcés de reprendre le travail après l'échec de leur mouvement qui sont au cœur du récit. Au-delà de ces illustrations par l'œuvre elle-même, Camus a affiché à différentes reprises ce désir de faire entendre la voix de ceux que l'on n'entend pas afin qu'ils prennent place dans la dynamique de dialogue. La vocation de l'artiste elle-même se trouve dans cet échange avec autrui, ce qui fait dire au Prix Nobel de littérature de 1957 que « l'artiste se forge dans cet aller-retour perpétuel de lui aux autres, à mi-chemin de la beauté dont il ne peut se passer et de la communauté à laquelle il ne

---

1 Albert CAMUS, *Œuvres complètes Tome I, 1931-1944*, *op. cit.*, p. 73.

2 Albert CAMUS, *Œuvres complètes Tome IV, 1957-1959*, *op. cit.*, p. 34.

peut s'arracher[1]. » Sans placer son art au-dessus de tout, l'artiste camusien se fait donc le porte-voix de ceux que l'on n'entend jamais et s'il monte sur l'estrade c'est pour mieux parler de ceux-là, ceux dont on ne parle pas et qu'il est indispensable de faire entrer dans le dialogue. Le dialogue chez Camus se construit à « hauteur d'homme », parmi eux et par eux. Peut-être est-ce finalement là que se tient la véritable modestie, au sens noble du terme, de sa pensée : qu'elle puisse s'adresser à la majorité habituellement silencieuse, celle qui subit l'histoire et son lot de violence sans pour autant cesser de lutter, et dont il faut témoigner même du plus petit combat. Mais cette pensée modeste, si elle est créatrice d'une certaine forme de morale, si elle est à l'origine d'une véritable attitude critique cohérente et permanente, doit être encouragée par certaines conditions propices à son développement. D'un même élan, elle pose donc les jalons de son épanouissement et se développe entre théorie et pratique, entre morale et politique.

Dans ses allers-retours entre expériences et réflexions, entre pratique et théorie, l'écrivain tente de faire émerger des valeurs simples en ce qu'elles pourraient être applicables au quotidien, à l'inverse des principes éthérés qui se parent de majuscules mais qui ne trouvent pas de concrétisations réelles au-delà de l'esprit de ceux qui les font naître et les emploient sans les appliquer. C'est peut-être cela qui fait que l'approche morale et politique de Camus est aussi mal comprise par ses contemporains, mais aussi par certains de ses successeurs. En revenant sur l'expérience vécue ou observée et en témoignant à son sujet, il cherche à dégager un certain nombre de valeurs nécessaires pour se guider une fois embarqués sur les flots de l'histoire. Mais la recherche ne s'arrête pas là : une fois ces valeurs dégagées, il est indispensable de continuer la recherche

1 *Ibid.*, p. 240.

des meilleures conditions possibles pour la vie commune, puisqu'elles ne sont pas absolues et qu'elles sont vouées à évoluer en fonction du contexte historique, politique et social. Si ces valeurs ne bénéficient pas du poids de l'absolu et ne sont pas affublées d'une majuscule, elles n'en disposent pas moins d'une véritable densité conceptuelle et pratique dans ce qu'esquisse l'écrivain, en particulier à partir de 1945. Et ces valeurs définies ne sont pas vouées à être seulement maniées dans les discours, elles doivent être à l'origine d'un véritable art de vivre quotidien comme lorsqu'il se pose la question du rapport que l'artiste doit entretenir avec l'argent :

> Conséquence : Ai-je le droit, en tant qu'artiste, attaché encore à la liberté, d'accepter les avantages, en argent et en considération, qui sont liés à cette attitude ? La réponse pour moi serait simple. C'est dans la pauvreté que j'ai trouvé et que je trouverai toujours les conditions nécessaires pour que ma culpabilité, si elle existe, ne soit pas honteuse du moins, et reste fière. Mais dois-je réduire à la pauvreté mes enfants, refuser même le confort très modeste que je leur prépare. Et dans ces conditions, ai-je eu tort d'accepter les tâches et les devoirs humains les plus simples, comme avoir des enfants ? À la limite, a-t-on le droit d'avoir des enfants, d'assumer la condition humaine quand on ne croit pas à Dieu (rajouter les raisonnements intermédiaires)[1].

Attaché à la façon dont ses agissements personnels peuvent incarner ces principes, Camus estime que chaque réflexion au sujet des valeurs, même si elles sont « intermédiaires », a des conséquences sur le plan pratique et dans la vie quotidienne. La question du rapport à l'argent amène à la question

1 *Ibid.*, p. 1036.

d'imposer à ses enfants un mode de vie modeste alors qu'on aimerait leur donner tout ce qu'ils désirent. Ces choix, s'ils peuvent paraître plutôt individuels, ont une facette collective que ce soit au sujet de l'argent, car cela implique la famille et plus largement un rapport à la société, ou au sujet des enfants quant à la reproduction de l'espèce humaine et aux interactions avec une société qui mettra de plus en plus en avant l'injonction de concevoir la vie. La façon dont Camus la défend ici en lui donnant toute sa profondeur dans ce qu'elle représente la cohérence entre pensée et action, entre théorie et pratique, nul doute qu'on puisse la retrouver au sujet de la violence. Si elle est abordée ici de manière globale, cela vient illustrer avec vigueur ce que nous avons déjà relevé dans le soin qu'apporte l'écrivain à maintenir une forme de cohérence et de continuité dans son œuvre comme dans ses engagements d'intellectuel. Morale et politique, en étant extrêmement liées, se retrouvent dans chaque moment de vie, dans chaque choix à faire, elles prennent alors la forme d'un mode de vie, d'un « style de vie » dira-t-il dans un texte éponyme et peu connu du grand public[1], publié en janvier 1946 dans l'hebdomadaire *Terre des hommes*. Cette expression, on la retrouve dans un article tout à fait pertinent pour illustrer l'approche camusienne, venant contredire ce qu'avance Merleau-Ponty dans l'extrait précédent. « Un nouveau contrat social », voilà le titre de cet antépénultième article de la série « Ni victimes ni bourreaux » qui date elle aussi de 1946. Fondé sur un système coopératif, ce qu'avance Camus revient à mettre en place une véritable démocratie internationaliste s'appuyant sur ce qu'il dénomme des « communautés de travail » et des « communautés de réflexion » dont il fixe le rôle de la manière suivante :

1 *Ibid.*, p. 672.

> Plus précisément, la tâche de ces dernières serait d'opposer des paroles claires aux confusions de la terreur et de définir en même temps les valeurs indispensables à un monde pacifié. Un code de justice internationale dont le premier article serait l'abolition générale de la peine de mort, une mise au clair des principes nécessaires à toute civilisation du dialogue pourraient être ses premiers objectifs. Ce travail répondrait aux besoins d'une époque qui ne trouve dans aucune philosophie les justifications nécessaires à la soif d'amitié qui brûle aujourd'hui les esprits occidentaux. Mais il est bien évident qu'il ne s'agirait pas d'édifier une nouvelle idéologie. Il s'agirait seulement de rechercher un style de vie[1].

La « pensée modeste » s'exprime ici en définissant les conditions dans lesquelles elle pourrait s'épanouir et se développer au rythme des avancées des comités de réflexion. Recherche de la paix et dialogue sont mis en avant afin de créer un climat émancipé de la peur qui règne jusque-là. Ces nouvelles structures ne sortent pas entièrement de l'imagination de l'écrivain. On retrouve dans ce qu'il avance dans cet extrait, et à de nombreuses autres occasions, une certaine filiation avec un courant de pensée philosophique et politique déjà ancien mais qui a peiné à s'imposer sur le devant de la scène internationale, payant sûrement sa radicalité : l'anarchisme de son nom générique, que l'on pourra aussi appeler pensée libertaire ou encore anarcho-syndicalisme selon les tendances que l'on en retient. Mouvement pour la paix, internationalisme, communauté de travail et communauté de réflexion, dialogue, voilà autant de mots et d'expressions qui font partie intégrante du lexique anarchiste depuis sa naissance au milieu du XIXe siècle. Décidé à participer à l'élaboration d'un socialisme

1 *Ibid.*, p. 452-453.

non-marxiste au sens traditionnel du terme, Camus a depuis longtemps été traversé par les différents courants de pensée d'extrême-gauche ou de gauche radicale, comme on le dirait aujourd'hui. Nous pensons que c'est dans ces courants qu'il trouve précisément « les conditions d'une pensée modeste » qui n'est pas sans avoir de conséquences sur son rapport à la violence et à la guerre. Partant d'une pratique hétérodoxe d'un communisme de section locale au milieu des années 1930, il semblerait que ce soit plutôt la pensée anarchiste dans sa diversité qui ait le plus irrigué son itinéraire intellectuel comme son œuvre jusqu'à sa mort en 1960. Au-delà de sa participation à de nombreuses revues et à divers journaux d'obédience libertaire – Lou Marin[1] a réuni ces textes dans l'un des ouvrages cités plus haut –, la proximité philosophique et politique de Camus avec les milieux anarchistes et libertaires n'est plus à démontrer. On l'a déjà vu précédemment, il semblerait que l'on puisse faire remonter le début de ce compagnonnage à sa rencontre avec Rirette Maîtrejean alors qu'ils faisaient tous les deux partie de la rédaction de *Paris-Soir* en 1940. C'est elle qui l'introduit dans le milieu des ouvriers du livre constitué en majorité de libertaires de toutes sensibilités. L'écrivain s'y sentira à son aise sa vie durant, une complicité réciproque comme en témoigne l'ouvrage qui lui rend hommage après sa mort et qui réunit les témoignages d'ouvriers du livre qui l'ont côtoyé[2]. Avant cela, il y avait eu aussi pendant les années 1930, son soutien aux républicains espagnols qui, pour une grande partie, étaient libertaires et anarchistes. Ce soutien, il l'entretiendra toute sa vie jusqu'en 1960, d'articles en prises de paroles

1 Lou Marin (dir.), *Albert Camus et les libertaires : 1948-1960*, Marseille, Égrégores éd, 2008, 361 p. Albert Camus, *Écrits libertaires : 1948-1960*, 4e édition., Montpellier, Indigène éditions, 2016, 313 p.

2 *À Albert Camus, ses amis du livre.*, Paris, Lagny-sur-Marne, Gallimard ; Impr. E. Grevin et fils, 1962.

publiques, dans les grandes salles de meeting comme dans les lieux de réunion les plus exigus[1]. Notons que ces différents rapprochements de figures ou de groupes diffusant une pensée anarchiste ou anarcho-syndicaliste se font la plupart du temps dans un contexte de violence : la guerre d'Espagne pour les républicains espagnols, la Seconde Guerre mondiale concernant Rirette Maîtrejean et les ouvriers du livre, les premiers temps de la guerre froide pour les mouvements internationalistes et la guerre d'Algérie pour les mouvements d'objecteurs de conscience – même si Camus entretenait déjà des relations solides et anciennes avec les défenseurs de cette cause comme Louis Lecoin par exemple.

Peut-être le point d'orgue de ce compagnonnage avec la pensée anarchiste se trouve-t-il dans *L'Homme révolté*. À la fin de l'essai, le problème du meurtre est de nouveau posé par l'écrivain en ce qu'il entre en contradiction profonde avec l'idée de la révolte qu'il a tenté d'éclairer par ses analyses. C'est précisément sur ce constat du déchirement quant à l'usage de la violence que l'auteur va finir d'esquisser sa définition de la révolte par l'intermédiaire de la « Pensée de midi » et la traduction politique qu'il en dégage. Au sujet de cette traduction sur le terrain politique, Camus évoque le syndicalisme révolutionnaire :

> C'est que le syndicalisme partait de la base concrète, la profession, qui est à l'ordre économique ce que la commune est à l'ordre politique, la cellule vivante sur laquelle l'organisme s'édifie, tandis que la révolution césarienne part de la doctrine et y fait entrer de force le réel. Le syndicalisme, comme la

1 Lucio Urtubia, militant anarchiste espagnol exilé témoigne de sa rencontre avec Camus à l'occasion de l'une de ces minuscules rencontres qui représentent bien la modestie de la pensée camusienne. Lucio Urtubia, *Ma morale anarchiste*, Saint-Georges d'Oléron [Crespin], les Éd. libertaires Los Solidarios-Las Solidarias, 2005, 140 p.

> commune, est la négation au profit du réel, du centralisme bureaucratique et abstrait. La révolution du XXe siècle, au contraire, prétend s'appuyer sur l'économie, mais elle est d'abord une politique et une idéologie. Elle ne peut, par fonction, éviter la terreur et la violence faite au réel. Malgré ses prétentions, elle part de l'absolu pour modeler la réalité. La révolte, inversement, s'appuie sur le réel pour s'acheminer dans un combat perpétuel vers la vérité. La première tente de s'accomplir de haut en bas, la seconde de bas en haut. Loin d'être un romantisme, la révolte, au contraire, prend le parti du vrai réalisme. Si elle veut une révolution, elle la veut en faveur de la vie, non contre elle[1].

Le syndicalisme révolutionnaire d'un Fernand Pelloutier – fondateur des Bourses du travail – ou encore d'un Georges Sorel – auteur des *Réflexions sur la violence*[2] –, pourrait donc être une traduction politique de la « Pensée de midi ». Partant de la réalité, de la base – c'est en cela qu'elle est modeste – elle en tire des principes directeurs qui peuvent évoluer, mais qui doivent rester fidèles à la vie elle-même. Contre les nihilismes qui entérinent la dissymétrie entre les hommes, la « Pensée de midi », en se fondant sur l'articulation entre liberté et justice, ramène les victimes au rang qu'elles méritent dans le mouvement de la révolte. S'« il y a donc, pour l'homme, une action et une pensée possibles au niveau moyen qui est le sien[3] », ce que l'on a déjà appelé une « pensée modeste », c'est dans la « Pensée de midi » que Camus la forge. Opposée à un socialisme césarien, la forme de politique qui est décrite ici fait écho au passage que nous avons cité précédemment, issu de l'article

1 Albert Camus, *Œuvres complètes Tome III, 1949-1956*, *op. cit.*, p. 316-317.

2 Georges Sorel, *Réflexions sur la violence*, Paris, M. Rivière et Cie, 1972, 394 p.

3 Albert Camus, *Œuvres complètes Tome III, 1949-1956*, *op. cit.*, p. 320.

« Un nouveau contrat social » de 1946, en particulier en remettant au centre le travail comme communauté et en le mettant en parallèle avec une dimension politique qui prend la forme de la commune. La « Pensée de midi » de Camus prend place au cœur de la nébuleuse anarchiste qui irrigue durablement la philosophie politique occidentale depuis le XIXe siècle. La « commune » s'oppose à l'État, la « société concrète » affronte la société absolutiste, la « liberté réfléchie » contre la tyrannie rationnelle et « l'individualisme altruiste[1] » fait face à la colonisation des masses. L'objectif principal restant de mettre la vie en avant et donc de lutter contre toutes les formes de violences mortifères. Bien loin des accusations de verser dans la « pure morale », l'écrivain semble, au contraire, ancrer sa pensée dans un courant important du mouvement ouvrier depuis la Révolution industrielle. Son combat pour limiter la violence par le dialogue s'incarne donc à la fois sur le plan moral et sur le plan politique. En somme, la « Pensée de midi » prend la forme d'une réponse de Camus au déchirement de la violence ressenti par le révolté. Sans chercher à évacuer la violence, sans chercher à s'en emparer totalement, ce dernier est condamné à trouver le bon équilibre dans la façon dont il use d'une violence inévitable. Coincé entre oui et non, entre violence et non-violence, entre individu et société aussi, le révolté doit se maintenir dans la tension inconfortable qui se trouve au fondement même du mouvement qu'il a lancé.

1 Cet enchaînement de notions provient directement de *L'Homme révolté*. Camus y développe sa conception de la « Pensée de midi » et de ce syndicalisme révolutionnaire dont il est question. Albert Camus, *Œuvres complètes Tome III, 1949-1956*, *op. cit.*, p. 317.

Conclusion

« Ce livre qui part d'une impossibilité, illustre à sa manière, une sorte de lutte pour équilibrer l'impossible, la recherche d'une valeur élémentaire, la volonté de vivre, et de faire vivre, sans rien refuser de la réalité. Peut-on, de la négation elle-même et de la révolte qu'elle suppose, tirer une règle de vie ? Peut-on, sans recours aux principes absolus, échapper à une logique de destruction, et retrouver une promesse de fécondité et de fierté, au niveau de l'homme humilié[1] ? » Dans cet extrait de « Défense de *L'Homme révolté* » datant de 1952, Camus évoque l'élan qui l'a poussé à écrire ce qui restera son dernier essai. Après avoir cherché au cœur de l'absurde cette même possibilité d'esquisser une règle de vie sans avoir recours à des principes absolus qui figeraient sa pensée en mouvement, Camus puise directement dans son expérience de la Seconde Guerre mondiale et de la Résistance afin de poursuivre sa réflexion sur la révolte. La violence, par l'intermédiaire du meurtre notamment, devient alors un élément central à prendre en compte dans cette recherche. Cette nouvelle question, nous avons vu qu'elle le confrontait directement à un autre paradoxe : le recours au meurtre comme nouvelle logique politique a imposé la violence comme moyen principal, que ce soit dans le cadre de la conquête du pouvoir par les révolutionnaires ou de son maintien par les conservateurs, pour le dire schématiquement. Combattant à la fois le nihilisme et l'historicisme, Camus propose une piste qui mêle théorie et pratique autant que morale

1 Albert Camus, *Œuvres complètes Tome III, 1949-1956*, Paris, Gallimard, coll. « Bibliothèque de la Pléiade », 2008, p. 368.

et politique et qu'il nomme la « Pensée de midi ». Soulignant la contradiction qui existe entre la révolte comme affirmation d'une communauté des hommes et l'acte meurtrier qui retranche immédiatement la vie reconnue comme sœur, l'écrivain met en lumière le déchirement que représente la question de la violence lorsqu'on la pose dans le cadre de la révolte et le dépassement des contradictions logiques qui avait lieu dans son approche de l'absurde, pour aller vers quelque chose de plus profond, de plus obscur.

> La non-violence absolue fonde négativement la servitude et ses violences ; la violence systématique détruit positivement la communauté vivante et l'être que nous en recevons. Pour être fécondes, ces deux notions doivent trouver leurs limites. Dans l'histoire, considérée comme un absolu, la violence se trouve légitimée ; comme un risque relatif, elle est une rupture de communication. Elle doit donc conserver, pour le révolté, son caractère provisoire d'effraction, être toujours liée, si elle ne peut être évitée, à une responsabilité personnelle, à un risque immédiat. La violence de système se place dans l'ordre ; elle est, en un sens, confortable. *Führerprinzip* ou Raison historique, quel que soit l'ordre qui la fonde, elle règne sur un univers de choses, non d'hommes. De même que le révolté considère le meurtre comme la limite qu'il doit, s'il s'y porte, consacrer en mourant, de même la violence ne peut être qu'une limite extrême qui s'oppose à une autre violence, par exemple dans le cas de l'insurrection. Si l'excès d'injustice rend cette dernière impossible à éviter, le révolté refuse d'avance la violence au service d'une doctrine ou d'une raison d'État[1].

1 *Ibid.*, p. 311.

Camus remet en cause l'opposition classique entre les notions de violence et de non-violence, faisant de ces deux pôles des absolus à combattre et préférant se placer entre elles. De cette façon, il marque sa préférence pour leur mise en tension comme l'avait fait entre l'affirmation et la négation dans le mouvement de la révolte, c'est-à-dire comme deux éléments indispensables qui se limitent mutuellement. Ni victime ni bourreau, nous avons finalement cherché à démontrer que toute la densité de l'approche camusienne réside dans le fait qu'il se place à la fois chez l'un et chez l'autre, qu'il ancre sa pensée à la fois dans la figure de la victime et dans celle du bourreau. En se tenant entre violence et non-violence qu'il garde en tension permanente, il renvoie ainsi à des positions absolues mais confortables ceux qui s'opposent à une telle prise de position. Le midi de sa pensée de la violence tient donc dans cet inconfort permanent qui force à réévaluer ses positions en fonction du déroulement des événements historiques, des rencontres et des situations, qui pousse à une introspection intense même lorsque son identité propre est en jeu, lorsque ses convictions les plus profondes vacillent. Si la période de décolonisation algérienne a été aussi déchirante, c'est précisément à cause de cette tension extrême dans la pensée et le positionnement intellectuel de l'écrivain.

Mais alors, qu'est-ce que Camus peut nous dire de la violence d'aujourd'hui, des terrorismes actuels ou récents, et des autres formes de violence dont nous sommes témoins tous les jours ? Qu'est-ce qu'une telle prise de position apporte à notre époque ? Peu de choses. Il est important, voire primordial, de se garder de tomber dans une énième récupération ou utilisation de l'œuvre ou de la pensée d'un homme qui les refusait toutes, ne se sentant pas l'âme d'un guide ou d'un maître pour ses lecteurs[1]. Nous refuserons donc, ici, de tirer à nous la pensée de Camus dont on a vu qu'elle était particulièrement ancrée dans son époque, dans l'itinéraire singulier de l'écrivain lui-même et dans son articulation avec les différents pans de son œuvre. Le risque d'une telle démarche réside essentiellement dans des simplifications et en quelque sorte une systématisation de la pensée de Camus qui reviendrait à nier son fondement premier qui consiste justement dans le refus de tout système de pensée. Les réflexions de l'écrivain, son corpus, sont complexes et multiples, divers et à différentes entrées. Il est indispensable de ne pas chercher à lisser ces différents aspects avec pour simple objectif d'utiliser le Prix Nobel de littérature de 1957 comme caution intellectuelle. S'il nous faut le préciser, c'est qu'aujourd'hui fleurissent de nombreuses tentatives de récupérer la figure de l'intellectuel solitaire des années 1950 qui aurait désormais raison contre Sartre et bien d'autres, le penseur de la mesure qui viendrait justifier une certaine forme de « Ni gauche ni droite » tiède, ou encore l'icône de la littérature française qui, lorsqu'on y fait référence, suffit à apporter du crédit à son propre propos. Inutile, donc, de chercher à plaquer telle quelle la grille d'analyse camusienne de la violence – cette synthèse que nous avons tenté de réunir et d'harmoniser – sur les différentes formes observables à notre époque. Cela reviendrait à aller à l'encontre de la démarche de l'auteur qui cherchait à faire émerger des questions chez ses lecteurs plus qu'à leur transmettre un arsenal de réponses clés

1 Il suffit de lire sa première réponse à sa « Dernière interview » de décembre 1959 pour s'en convaincre : « Je ne parle pour personne : j'ai trop à faire à trouver mon propre langage. Je ne guide personne : je ne sais pas, ou je sais mal, où je vais. Je ne vis pas sur un trépied : je marche du même pas que tous dans les rues du temps. Je me pose les mêmes questions que se posent les hommes de ma génération, voilà tout, et il est bien naturel qu'ils les retrouvent dans mes livres, s'ils les lisent. Mais un miroir renseigne, il n'enseigne pas. » Albert Camus, *Œuvres complètes Tome IV, 1957-1959*, Paris, Gallimard, coll. « Bibliothèque de la Pléiade », 2008, p. 661.

en main. Ce serait aussi susciter, derrière cette dynamique, un certain nombre d'anachronismes puisque le monde a changé depuis la mort de Camus et qu'à certains égards son propos pourrait apparaître comme daté. Si nous ne pouvons pas penser comme Camus la violence actuelle, cela ne nous empêche pas pourtant de penser avec lui, à partir de son analyse et de son œuvre. En gardant à l'esprit les notions de doute et de cohérence qu'il plaçait en amont de chacune de ses réflexions et de ses créations, il nous est sûrement possible de bâtir notre propre analyse des différentes formes de violence observables aujourd'hui, en particulier dans la sphère politique, à partir des positions de l'écrivain face à la spirale de la violence politique à laquelle il faisait face en son temps.

Le premier élément de cet usage des réflexions de Camus pour penser la violence aujourd'hui réside sûrement dans ce que nous évoquions : le renvoi dos-à-dos de la violence et de la non-violence, dans leur forme absolue, notamment dans le cadre politique. Alors que les inégalités ne cessent de croître, que les injustices qu'elles soient judiciaires, sociales, économiques ou politiques se multiplient en France comme dans le monde, les raisons de se révolter demeurent nombreuses. Les rangs des révoltés ne cessent de grossir et se pose à eux la même question que celle de Camus : comment rendre concrète la révolte que l'on ressent contre l'oppression que l'on endure ou que l'on observe? Quels moyens choisir pour lutter contre ces oppressions qui ne cessent de croître? La violence a-t-elle sa place dans ces luttes actuelles des différentes volontés d'émancipation? La problématique de son usage se pose à nouveau dans les milieux militants qui entendent porter en avant les différentes contestations de l'ordre établi. De récentes publications en France montrent que l'intérêt de cette question s'installe durablement autant dans la sphère militante qu'à l'Université : *Se défendre : une philosophie de la violence*[1] d'Elsa Dorlin, *Le déchaînement du monde. Logique nouvelle de la violence*[2] de François Cusset ou encore la traduction en français de l'ouvrage de l'Américain Peter Gelderloos *Comment la non-violence protège l'État : essai sur l'inefficacité des mouvements sociaux*[3]. Ce sont autant d'ouvrages parus à la fin des années 2010 qui replacent la problématique de l'usage de la violence dans le cadre de la révolte ou de la révolution et qui ancrent leurs raisonnements à la fois dans l'histoire de la pensée dont Camus fait partie et dans un contexte actuel sur lequel ils reviennent en détail. Chacun à sa manière, ces ouvrages montrent que le mouvement de la spirale de la violence politique n'a pas perdu de sa force aujourd'hui, au contraire. En revenant sur les trois phases que nous avons définies comme constitutives de cette spirale – injustice/révolte/répression –, leurs auteurs insistent sur la nécessité de se réapproprier le problème philosophique de la violence, en l'insérant dans l'histoire des mouvements sociaux et révolutionnaires mais aussi de l'État, et surtout en l'éclairant à la lumière de la situation actuelle sur les plans politique, social, économique et même climatique. Notre analyse sur l'approche morale et politique de la violence chez Camus représenterait, dans ce sens, une véritable étape d'histoire intellectuelle dans une démarche plus large de construction d'une « éthique situationnelle de la violence[4] » ancrée dans notre

1 Elsa Dorlin, *Se défendre : Une philosophie de la violence*, Zones, Paris, 2017.

2 François Cusset, *Le Déchaînement du monde. Logique nouvelle de la violence*, Paris, La Découverte Éditions, 2018.

3 Peter Gelderloos, *Comment la non-violence protège l'État : essai sur l'inefficacité des mouvements sociaux*, Libres, Paris, 2018.

4 Le terme « éthique situationnelle » est emprunté à Miguel Benasayag tel qu'il l'emploie dans son séminaire « Comprendre et agir dans la complexité » et le fonde à la fois sur la philosophie spinoziste en ce qui concerne l'éthique et sartrienne sur l'aspect situationnel. Nous pensons qu'il est indispensable de l'appliquer à la problématique de la violence, afin de proposer une analyse critique accompagnée de pistes de propositions morales et politiques de la violence telles

contexte historique et les mutations nombreuses qu'il connaît actuellement. En prenant appui sur les différentes grandes lignes esquissées par l'écrivain et surtout en élargissant cette construction à des bases qui dépasseraient le seul corpus camusien, il s'agirait de penser aujourd'hui la violence telle qu'elle se présente à nous dans les différentes phases de cette spirale de la violence politique. En quoi les différentes formes d'injustice qui persistent sur le globe peuvent-elles prendre le nom de violence ? Dans quelle mesure les mouvements de révolte qui naissent à leur suite maintiennent ou non l'opposition entre violence et non-violence dans leurs moyens d'action ? Comment se met en place la répression de ces mouvements et surtout sur quelles bases de justification ? Finalement, l'œuvre de Camus aura réussi son pari en suscitant plus de questionnements que de réponses, en laissant la liberté à celle ou celui qui s'en empare de s'en servir comme base à une réflexion critique et personnelle qui la dépasse.

Si l'on décidait de se concentrer seulement sur la façon dont le camp de la révolte – qui pourrait s'intégrer dans la continuité de l'histoire intellectuelle de la notion que dresse Camus dans *L'Homme révolté* –, on observerait qu'il se trouve de nouveau face au problème de l'utilisation de la violence, dans des termes proches de la façon dont il se posait à l'époque de l'écrivain. Aujourd'hui, est-il indispensable d'employer la violence pour se révolter ? De quelle manière son emploi éventuel participe-t-il à l'amplification de la spirale de la violence politique, entraînant une répression toujours plus armée et toujours plus féroce ? D'un autre côté, les actions non-violentes ont-elles un véritable impact dans le rapport de force qui oppose la révolte aux forces conservatrices ? Voilà autant de questions qui se posent aujourd'hui et auxquelles les réflexions de Camus

qu'elle se déploie dans nos sociétés aujourd'hui.

peuvent nous aider à répondre, en particulier grâce à l'une des lignes de force de son approche : la mise en tension de violence et non-violence qui permet de ne pas tomber dans leur opposition franche et stérile. Les trois ouvrages cités plus haut semblent partager ce point de vue avec ce qu'avançait Camus en son temps : il est plus fécond, de nos jours, d'articuler stratégiquement – c'est-à-dire de mettre en tension – violence et non-violence au cœur d'un mouvement de révolte, plutôt que de créer une division supplémentaire en son sein en opposant partisans de la violence et adeptes de la non-violence. Préférer la tension entre violence et non-violence, plutôt que leur opposition, voilà une première base solide afin de construire un projet nouveau, à partir des réflexions camusiennes sur le sujet. Mais cette mise en tension est-elle seulement encore possible ? Les derniers mouvements sociaux qui sont nés dans différents pays continuent de poser cette question avec l'affrontement des partisans de l'usage de la violence et de ceux qui la refusent à tout prix. Là encore, des éclairages historiques et géographiques seraient nécessaires pour comprendre comment cette tension est possible ou non, et surtout pour saisir ce qui fait basculer un mouvement vers l'un ou l'autre des camps lorsque cela se produit. Les mouvements sociaux français des années 2010 ne s'ancrent pas dans la même histoire que ceux qui se déroulent actuellement en Algérie, par exemple, pays récemment sorti d'une décennie durant laquelle la violence a connu un terrible déchaînement. Le mouvement récent de révolte en Algérie, appelé *Hirak*, a permis d'observer toute la complexité de cette question en contexte algérien. Et les exemples de ce type ne manquent pas qui méritent qu'on les questionne à l'aide de cette grille de lecture que pourrait devenir une « éthique situationnelle de la violence ».

Un autre élément de la pensée de Camus au sujet de la violence pourrait enfin servir de point d'appui à une réflexion actuelle. Nous avons montré que son approche de la violence a quelque chose à voir avec ce qu'il appelle un « soupçon qu'il existe une nature humaine ». Ce soupçon, il n'a cessé de le reprendre et de le retravailler sous des angles nouveaux, en particulier sous la forme d'une part des êtres humains à défendre, grâce à laquelle ils auraient une tendance naturelle à coopérer et à faire preuve de solidarité. La communauté, c'est ce qui réunit victime et bourreau malgré l'acte violent, c'est cette « union des différences » dont nous avons parlé à la suite d'Alessandro Bresolin[1] et qui était si chère à Camus dans sa forme politique qui est le fédéralisme; mais c'est aussi, et simplement, la reconnaissance de l'appartenance de tous à la communauté humaine, ce qui oblige au respect de la dignité qui en découle. Aujourd'hui, quelle atteinte à la dignité humaine est plus révoltante que le sort qui est réservé aux différentes populations qui fuient leurs pays avant tout parce qu'ils sont ravagés par la guerre mais aussi pour des raisons économiques, sociales, sans oublier les raisons climatiques? Il est impossible de ne pas penser à ce que Laurent Bove a pu appeler une « éthique de l'amour[2] » et qui tient justement dans la façon dont Camus envisage la notion de communauté, les rapports à entretenir avec l'Autre, avec la différence. Travailler en faveur du dialogue, dans le sens de la construction de cette communauté à l'échelle locale comme à l'échelle internationale, penser le rapport à l'Autre et à la différence en tentant de dissiper les peurs et les préjugés, voilà autant de manières d'œuvrer à une

1 Alessandro Bresolin, *Albert Camus : l'union des différences. Le legs humain et politique d'un homme en révolte*, Presse fédéraliste, coll. « Textes fédéralistes », 2017, 312 p.

2 Le philosophe a employé cette expression dans le cadre de sa présentation aux dernières Journées Internationales des Rencontres Méditerranéennes Albert Camus de Lourmarin de 2018, dont la thématique était « De l'ombre au soleil : Albert Camus face à la violence ». Il faudra se reporter à la publication prochaine des actes.

« éthique de l'amour » à la suite de ce que l'écrivain a réellement commencé de bâtir au milieu des années 1950[1]. Ce n'est pas s'éloigner de la problématique initiale de la violence que d'évoquer une telle « éthique de l'amour » ou plus simplement les diverses réflexions camusiennes au sujet de la communauté, bien au contraire. Nous avons pu montrer que la violence avait un véritable impact sur cette union initiale des êtres humains et qu'elle les éloignait plus qu'elle ne les rapprochait, qu'elle venait recouvrir en quelque sorte cette part commune des hommes que Camus n'a eu de cesse de mettre en lumière. Comme il y aurait un consentement actif et un consentement passif au meurtre et à la violence, ne pourrait-on pas dire que s'abstenir d'œuvrer en faveur de la communauté, c'est déjà favoriser l'émergence d'une violence ? Pour être plus clair et pour rapprocher cela du contexte actuel, ne pourrait-on dire que c'est faire preuve de violence que de refuser d'accueillir ceux qui, bien que différents sur certains plans, fuient la mort certaine pour l'espoir d'une vie possible ?

1 Il suffit, par exemple, de lire des textes comme la nouvelle « L'Hôte » ou encore la totalité de ce qui nous est parvenu du *Premier Homme* pour voir que ce questionnement jalonne la pensée de Camus durant ces années.

Bibliographie

Œuvres d'Albert Camus

Œuvres complètes Tome I, 1931-1944, Jacqueline Lévi-Valensi (dir.), Paris, Gallimard, coll. « Bibliothèque de la Pléiade », 2006 [œuvres les plus citées : *Révolte dans les Asturies, L'Envers et l'Endroit, L'Étranger, Le Mythe de Sisyphe, Caligula, Le Malentendu, La Mort heureuse,* articles d'*Alger républicain* et du *Soir républicain*] ;

Œuvres complètes Tome II, 1944-1948, Jacqueline Lévi-Valensi (dir.), Paris, Gallimard, coll. « Bibliothèque de la Pléiade », 2006 [œuvres les plus citées : *Lettres à un ami allemand, La Peste, Actuelles. Chroniques 1944-1948, Carnets 1935-1948,* articles de *Combat*] ;

Œuvres complètes Tome III, 1949-1956, Raymond Gay-Crosier (dir.), Paris, Gallimard, coll. « Bibliothèque de la Pléiade », 2008 [œuvres les plus citées : *Les Justes, L'Homme révolté, Actuelles II. Chroniques 1948-1953, L'Été*, articles et conférences divers] ;

Œuvres complètes Tome IV, 1957-1959, Raymond Gay-Crosier (dir.), Paris, Gallimard, coll. « Bibliothèque de la Pléiade », 2008 [œuvres les plus citées : *L'Exil et le Royaume, Discours de Suède, Actuelles III. Chroniques algériennes 1939-1958, Le Premier Homme, Carnets 1949-1959*, articles et conférences divers] ;

Essais, Roger Quilliot et Louis Faucon (dir.), Paris, Gallimard, coll. « Bibliothèque de la Pléiade », 1965 ;

Théâtre, récits, nouvelles, Roger Quilliot et Jean Grenier (dir.), Paris, Gallimard, coll. « Bibliothèque de la Pléiade », 1962 ;

Correspondance Albert Camus / René Char : 1946-1959, Franck Planeille (dir.), Paris, Gallimard, 2007 ;

Correspondance Albert Camus / Jean Grenier : 1932-1960, Marguerite Dobrenn (dir.), Paris, Gallimard, 1981 ;

Correspondance Albert Camus / Louis Guilloux : 1945-1959, Agnès Spiquel (dir.), Paris, Gallimard, 2013 ;

Correspondance Albert Camus / André Malraux : 1941-1959, et autres textes, Sophie Doudet (dir.), Paris, Gallimard, 2016 ;

Correspondance Albert Camus / Roger Martin du Gard : 1944-1958, Claude Sicard (dir.), Paris, Gallimard, 2013 ;

Correspondance Albert Camus / Francis Ponge : 1941-1957, Jean-Marie Gleize (dir.), Paris, Gallimard, 2013 ;

Albert Camus et les libertaires : 1948-1960, Lou Marin (dir.), Marseille, Égrégores éd, 2008 ;

Écrits libertaires : 1948-1960, Lou Marin (dir.), Montpellier, Éditions Indigène, 2016 ;

Camus à Combat *: éditoriaux et articles, 1944-1947*, Jacqueline Lévi-Valensi (dir.), Paris, Gallimard, 2013 ;

Le Premier Camus, Paul Viallaneix (dir.), Paris, Gallimard, « Cahiers Albert Camus » n° 1, 1973 ;

Fragments d'un combat tome I et II, André Abbou et Jacqueline Lévi-Valensi (dir.), Paris, Gallimard, « Cahiers Albert Camus » n° 3, 1978 ;

Albert Camus éditorialiste à « L'Express » : mai 1955-février 1956, Paul-F. Smets (dir.), Paris, Gallimard, « Cahiers Albert Camus » n° 6, 1987 ;

Réflexions sur le terrorisme, Jacqueline Lévi-Valensi (dir.), textes de Denis Salas et Antoine Garapon, Paris, Nicolas Philippe, 2002 ;

Albert Camus contre la peine de mort, Ève Morisi (dir.), préface de Robert Badinter, Paris, Gallimard, 2011 ;

"Correspondance Camus-Sénac" dans *Albert Camus, Jean Sénac ou le fils rebelle*, Hamid Nacer-Khodja, Paris/Alger, EDIF, coll. « Cachet volant », 2004.

Les autres sources primaires

Arendt Hannah, *On Violence*, Londres, Royaume-Uni, Allen Lane the Penguin Press, 1970 ;

— *La Crise de la culture : huit exercices de pensée politique* [1972], traduit par Patrick Lévy, Paris, Gallimard, 1989 ;

— *La Vie de l'esprit* [1981], traduit par Lucienne Lotringer, Paris, PUF, 2013 ;

Beauvoir Simone de, *Les Mandarins*, Paris, Gallimard, 1954 ;

— *La Force de l'âge*, Paris, Gallimard, coll. « Soleil », 1960 ;

Benjamin Walter, *Œuvres*, Maurice de Gandillac, Rainer Rochlitz et Pierre Rusch (trad.), Paris, Gallimard, 2000 ;

Bespaloff Rachel, *De l'Iliade* [1943], Paris, Allia, 2004 ;

Câmara Dom H., *Le Tiers Monde trahi*, Paris, Desclée de Brouwer, 1968 ;

— *Spirale de la violence*, Paris, Desclée de Brouwer, 1970 ;

Char René, *Dans l'Atelier du poète*, Paris, Gallimard, 2007 ;

— *Œuvres complètes*, Jean Roudaut (dir.), Paris, Gallimard, coll. « Bibliothèque de la Pléiade », 1991 ;

Fanon Frantz, *Les Damnés de la terre*, préface de Jean-Paul Sartre, Paris, F. Maspéro, 1961 ;

Feuillade Lucien et Lazarevitch Nicolas (dir.), *Tu peux tuer cet homme. Scènes de la vie révolutionnaire russe*, Paris, Gallimard, coll. « Espoir », 1950 ;

Grenier Jean, *Essai sur l'esprit d'orthodoxie* [1938], Paris, Gallimard, coll. « Idées », 1967 ;

Merleau-Ponty Maurice, *Œuvres*, Paris, Gallimard, coll. « Quarto », 2010 ;

— *Humanisme et terreur : essai sur le problème communiste* [1947], Paris, Gallimard, 1980 ;

— *Les Aventures de la dialectique* [1955], Paris, Gallimard, 2000 ;

Orwell George, *À ma guise : chroniques, 1943-1947*, Jean-Jacques Rosat (dir.), Marseille, Agone, 2008 ;

— *Essais, articles, lettres*, Sonia Orwell et Ian Angus (dir.), Paris, Éditions Ivrea et Éditions de l'Encyclopédie des nuisances, 1995 ;

— *Chroniques du Temps de la Guerre : 1941-1943*, Gérard Lebovici (dir.), Paris, Gérard Lebovici, 1988 ;

Ricœur Paul, *Lectures II*, Paris, Éditions du Seuil, 1992 ;

Saïd Edward, *Culture and imperialism*, New York, États-Unis, Knopf, 1993 ;

Sartre Jean-Paul, *L'Être et le Néant : essai d'ontologie phénoménologique* [1943], Paris, Gallimard, coll. « Tel », 1994 ;

— *L'Existentialisme est un humanisme* [1945], Paris, Nagel, 1960 ;

— *Les Mains sales : pièce en sept tableaux* [1948], Paris, Gallimard, 2015 ;

— *Critique de la raison dialectique : L'intelligibilité de l'histoire* [1960], Paris, Gallimard, coll. « Bibliothèque de philosophie », 1985 ;

Savinkov Boris Viktorovitch, *Le Cheval blême* [1909], Paris, Phébus, 2003 ;

— *Souvenirs d'un terroriste* [1909], Paris, Champ libre, 1982 ;

— *Ce qui ne fut pas (Trois frères)* [1921], J.-Wladimir Bienstock et Michel Niqueux (trad.), Paris, Prairial, 2017 ;

Sorel Georges, *Réflexions sur la violence* [1908], Paris, M. Rivière et Cie., 1972 ;

Tillion Germaine, « Dans l'Aurès. Le drame des civilisations archaïques », *Annales. Économies, Sociétés, Civilisations*, vol. 12, n° 3, 1957, p. 393-402 ;

— *L'Algérie en 1957*, Paris, Éditions de Minuit, 1957 ;

— *Les Ennemis complémentaires : Guerre d'Algérie* [1958], Paris, Tirésias, 2005 ;

— *L'Algérie aurésienne*, Paris, La Martinière, 2001 ;

— *L'Afrique bascule vers l'avenir* [1959], Paris, Tirésias, 1999 ;

Tolstoï Léon, *Quelle est ma foi ?* [1884], Paris, Stock, 1924 ;

Weber Max, *Le Savant et le politique* [1919], Paris, La Découverte, 2003 ;

Weil Simone, *« L'Iliade » ou Le poème de la force : et autres essais sur la guerre* [1941], Paris, Payot & Rivages, 2013 ;

— *L'Enracinement, Prélude à une déclaration des devoirs envers l'être humain*, Paris, Gallimard, coll. « Espoir », 1949 ;
— *La Source grecque*, Paris, Gallimard, coll. « Espoir », 1953 ;
— *Oppression et Liberté*, Paris, Gallimard, coll. « Espoir », 1955 ;
— *Écrits de Londres et dernières lettres*, Paris, Gallimard, coll. « Espoir », 1957 ;
— *Écrits historiques et politiques*, Paris, Gallimard, coll. « Espoir », 1960 ;

Littérature critique

Ouvrages

Aronson Ronald, *Camus et Sartre, amitié et combat*, Paris, Alvik, 2005 ;
Audi Paul, *Qui témoignera pour nous ? Albert Camus face à lui-même*, Lagrasse, France, Verdier, 2013 ;
Bove Laurent, *Albert Camus, de la transfiguration : pour une expérimentation vitale de l'immanence*, Paris, Publications de la Sorbonne, 2014 ;
Brée Germaine, *Camus*, New Brunswick, États-Unis, Rutgers University Press, 1959 ;
Bresolin Alessandro, *Albert Camus : l'union des différences. Le legs humain et politique d'un homme en révolte*, Presse fédéraliste, coll. « Textes fédéralistes », 2017 ;
Brochier Jean-Jacques, *Albert Camus, philosophe pour classes terminales*, Paris, Balland, 1979 ;
Carroll David, *Albert Camus, the Algerian : colonialism, terrorism, justice*, New-York, Columbia University Press, 2007 ;
Davis Colin, *Traces of War : Interpreting Ethics and Trauma in Twentieth-Century French Writing*, England, Liverpool University Press, 2018 ;
Dunwoodie Peter et Hughes Edward Joseph, *Constructing memories : Camus, Algeria and "Le Premier Homme"*, Stirling, University of Stirling, 1998 ;
— *Une histoire ambivalente : le dialogue Camus-Dostoïevski*, Paris, Nizet, 1996 ;
Grenier Jean, *Albert Camus : souvenirs*, Paris, Gallimard, 1968 ;
Grenier Roger, *Albert Camus : soleil et ombre. Une biographie intellectuelle*, Paris, Gallimard, 1987 ;
Guérin Jeanyves, *Albert Camus : portrait de l'artiste en citoyen*, Paris, François Bourin, 1993 ;
— *Dictionnaire Albert Camus*, Guérin Jeanyves (dir.), Paris, Robert Laffont, 2009 ;
— *Albert Camus : littérature et politique*, Paris, H. Champion, coll. « Champion classiques. Essais », 2013 ;

Kaplan Alice, *En quête de L'Étranger*, Paris, Gallimard, 2016 ;
Lévi-Valensi Jacqueline, *Albert Camus ou la naissance d'un romancier, 1930-1942*, Paris, Gallimard, 2006 ;
— *Les Critiques de notre temps et Camus*, Paris, Garnier, 1971 ;
Lottman Herbert, *Albert Camus*, Paris, Éditions du Seuil, 1985 ;
Loubet Del Bayle Jean-Louis, *Albert Camus et la politique*, Toulouse, Université des sciences sociales, 1979 ;
Marin Lou, *Camus et sa critique libertaire de la violence*, Montpellier, Éditions Indigène, 2011 ;
Mino Hiroshi, *Le Silence dans l'œuvre d'Albert Camus*, Paris, J. Corti, 1987 ;
Morisi Ève, *Albert Camus, le souci des autres*, Paris, Classiques Garnier, 2013 ;
Muller Jean-Marie, *Penser avec Albert Camus : le meurtre est la question*, Lyon, Chronique sociale, 2013 ;
Novello Samantha, *Albert Camus as political thinker : nihilisms and the politics of contempt*, New York, Palgrave Macmillan, 2010 ;
Phéline Christian et Spiquel Agnès, *Camus, militant communiste : Alger 1935-1937*, Gallimard, 2017 ;
Poncet Charles, *Camus et l'impossible trêve civile. Suivi d'une correspondance avec Amar Ouzegane*, Langrand Yvette, Phéline Christian, Spiquel Agnès (dir.), Paris, Gallimard, 2015 ;
Rey Pierre-Louis, *Camus : l'homme révolté*, Paris, Gallimard, coll. « Découvertes Gallimard », 2006 ;
Salas Denis, *Albert Camus, la juste révolte*, Paris, Michalon, coll. « Le bien commun », 2002 ;
Todd Olivier, *Albert Camus : une vie*, Paris, Gallimard, 1999 ;
Trottier Yves et Imbeault Marc, *Limites de la violence : lecture d'Albert Camus*, Québec, Presses de l'Université Laval, 2006 ;
Werner Éric, *De la violence au totalitarisme, essai sur la pensée de Camus et de Sartre*, Paris, Calmann-Lévy, 1972 ;
Weyembergh Maurice, *Albert Camus ou La mémoire des origines*, Bruxelles/Paris, De Boeck Université, 1998.

Ouvrages généraux

Sur la violence

Balibar Étienne, *Violence et civilité : « Wellek library lectures » et autres essais de philosophie politique*, Paris, Galilée, 2010 ;
Chesnais Jean-Claude, *Histoire de la violence : en Occident, de 1800 à nos jours*, Paris, Hachette, coll. « Collection Pluriel », 1982 ;

Cotta Sergio, *Pourquoi la violence? : une interprétation philosophique*, Québec, Presses de l'Université Laval, 2002;

Crépon Marc, *La Vocation de l'écriture : la littérature et la philosophie à l'épreuve de la violence*, Paris, Odile Jacob, 2014;

— *Le Consentement meurtrier*, Paris, Éditions du Cerf, coll. « Passages », 2012;

Crépon Marc et Worms Frédéric, *La Philosophie face à la violence*, Format électronique, Sainte-Marguerite-sur-Mer, France, Éditions des Équateurs, 2015;

Cusset François, *Le Déchaînement du monde. Logique nouvelle de la violence*, Paris, La Découverte, 2018;

Dorlin Elsa, *Se Défendre : une philosophie de la violence*, Paris, Zones, 2017;

Enzensberger Hans Magnus, *Politique et crime : neuf études*, Lily Jumel (trad.), Paris, Gallimard, coll. « Tel », 2011;

Gelderloos Peter, *Comment la non-violence protège l'État : essai sur l'inefficacité des mouvements sociaux*, Libres, Paris, 2018;

Gellner Ernest, *Anthropology and politics : revolutions in the sacred grove*, Oxford, Blackwell Publishers, 1996;

Héritier Françoise, *De la Violence : séminaire de Françoise Héritier Tome I*, Paris, Odile Jacob, coll. « De la violence », 2005;

De la Violence : séminaire de Françoise Héritier Tome II, Paris, Odile Jacob, coll. « De la violence », 2005;

« Quels fondements de la violence? », *Cahiers du Genre*, n° 35, 1er décembre 2003, p. 21-44.

Hoffman Piotr, *Violence in modern philosophy*, Chicago, University of Chicago Press, 1989;

— *Italie et Méditerranée mélanges*, École française de Rome (dir.), Rome, École française de Rome, 2003;

Marandet Marie-Claude, *Violence(s) de la préhistoire à nos jours : les sources et leur interprétation*, Perpignan, Presses Universitaires de Perpignan, 2011;

Michaud Yves, *La Violence*, 6e éd. refondue, Paris, Presses Universitaires de France, coll. « Que sais-je? », 2004, 127 p.

— *Violence et politique*, Paris, Gallimard, coll. « Les Essais », 1978;

Ogilvie Bertrand, *L'Homme jetable : essai sur l'exterminisme et la violence extrême*, préface par Balibar Étienne, Paris, Éditions Amsterdam, 2012;

Patou-Mathis Marylène, *Préhistoire de la violence et de la guerre*, Paris, Odile Jacob, 2013;

Pinker Steven, *La part d'ange en nous : histoire de la violence et de son déclin*, Paris, Les Arènes, 2017.

Table des matières

Composition : Le Bord de L'eau éditions

Cet ouvrage a été achevé d'imprimer en août 2024
pour le compte des éditions Le Bord de L'eau
par Présence graphique (37260 Monts).

Dépôt légal : Septembre 2024

Imprimé en France